New Paris Interiors
Nouveaux intérieurs parisiens

New Paris Interiors

Nouveaux intérieurs parisiens

Edited by | Sous la direction de | Herausgegeben von
Angelika Taschen

Text by | Text de | Text von
Ian Phillips

TASCHEN

HONG KONG KÖLN LONDON LOS ANGELES MADRID PARIS TOKYO

Endpapers | Pages de garde | Vorsatz :
The building on Square des Batignolles, which houses the flat of musician Bertrand Burgalat, is typical of the Haussmann style. | L'immeuble typiquement haussmannien du musicien Bertrand Burgalat, près du Square des Batignolles. | Das Gebäude an der Square des Batignolles, in dem sich die Wohnung des Musikers Bertrand Burgalat befindet, ist typisch für den Haussmann-Stil.

Compilation, editing & layout: Angelika Taschen, Berlin
General Project Manager: Stephanie Bischoff, Cologne
Text: Ian Phillips, Paris
Special contributor: Mathieu Paris, Paris
French translation: Philippe Safavi, Paris
German translation: Christiane Burkhart, textkontor, Munich
Production: Thomas Grell, Cologne

Printed in China
ISBN 978-3-8365-0250-4
ISBN 978-3-8365-0252-8 (edition with French cover)

Contents
Sommaire
Inhalt

Paris revisited
Preface by Angelika Taschen

Paris revisité
Préface de Angelika Taschen

Paris revisited
Vorwort von Angelika Taschen

It is exactly 15 years since I edited the first "Paris Interiors" volume. The book marked the beginning of a new series that was an immediate success. Paris was followed by Morocco, London, New York, Berlin, Provence and many more. There are devoted collectors all over the world who proudly tell me they have bought all the volumes in the series. And it makes me very happy every time I hear how much these books have inspired them.

"Paris" has in the meantime enjoyed a short beauty sleep and is now ready to present itself with new élan. On the other hand, since 1992, technology has developed with breathtaking speed. How well I remember, for the original Paris book and the subsequent volumes, having to make a paltry brownish colour photocopy of each individual slide I had chosen for the layout. Once the precise percentage of the enlargement had been calculated, it took a couple of minutes for the copying machine to print the four colors one after the other. Then I had to trim the copy by hand, push it through a wax machine and glue it to the printed sheet – only to realise that the result did not quite meet my expectations. And so the nerve-racking procedure started all over again with a new photograph.

I still ask myself sometimes how I managed to produce books then, books that can even be reprinted today and looked at without embarrassment. Now I receive digital scans by computer, which I can insert into the layout in a matter of fractions of a second. If the result is not to my liking, I can try five or six alternative motifs at lightning speed – until I am one hundred percent satisfied.

But not only has technology progressed. A new generation of photographers, designers and architects has emerged whose works are shaping the appearance of the new millennium. Art and design are increasingly merging, and are almost eye to eye. Today there are galleries not only for art, but also for contemporary design. The most important art fairs are complemented by design fairs, and the exorbitant prices of designer furniture are often very close to those of artworks. And there seems to be no end in sight to this development.

Voilà juste quinze ans que j'ai publié « Paris Interiors », le premier ouvrage d'une collection dont le succès ne s'est pas fait attendre. Il a été suivi de livres sur le Maroc, Londres, New York, Berlin, la Provence et bien d'autres encore. Des collectionneurs passionnés de tous les coins du monde me racontent avec fierté qu'ils les ont tous achetés. Quand ils m'avouent ensuite combien ces livres les ont inspirés, je suis ravie.

Pendant ce temps, Paris s'est refait une beauté pour se présenter aujourd'hui plus vivante que jamais. Et puis la technologie s'est développée à une vitesse vertigineuse depuis 1992. Je me souviens encore très bien du livre sur Paris et des ouvrages suivants : je devais faire une copie en couleur – brunâtre et boueuse – de chaque diapositive choisie pour la maquette.

Il fallait calculer exactement le pourcentage de l'agrandissement et attendre la copieuse qui mettait plusieurs minutes à appliquer les quatre couleurs l'une après l'autre. Ensuite il fallait découper la copie à la main, la glisser dans une machine à cirer et la coller sur l'épreuve – et tout cela pour me rendre compte que le résultat ne me plaisait pas. Je choisissais alors une autre photo et la procédure énervante recommençait de plus belle.

Je me demande encore comment j'ai réussi à faire des livres que l'on puisse aujourd'hui réimprimer et regarder sans rougir. Il n'y a pas si longtemps que j'obtiens, grâce à l'ordinateur, des scans numériques que je peux insérer dans la maquette en une fraction de seconde. Si le résultat ne me plaît pas, je retente le coup très vite avec cinq ou six autres motifs – jusqu'à ce que je sois absolument satisfaite.

Mais la technologie n'est pas la seule à avoir évolué. Une nouvelle génération de photographes, de designers et d'architectes occupent le devant de la scène et leurs travaux marquent de leur empreinte le visage du nouveau millénaire. L'art et le design fusionnent de plus en plus et se trouvent presque à hauteur d'yeux. Ainsi on voit aujourd'hui à côté des galeries d'art des galeries consacrées au design contemporain. Les principales foires de l'art sont complétées par des foires du design, et les prix exorbitants qu'atteignent les meubles design n'ont

Genau 15 Jahre sind vergangen, seit ich den ersten Band »Paris Interiors« herausgegeben habe. Das Buch war der Auftakt einer neuen Reihe, die sofort sehr erfolgreich war. Es folgten Bände über Marokko, London, New York, Berlin, die Provence und viele weitere. Überall auf der Welt gibt es leidenschaftliche Sammler, die mir stolz erzählen, alle Bände der Reihe gekauft zu haben. Wenn ich dann noch höre, wie sehr sie diese Bücher inspiriert haben, macht mich das jedes Mal sehr glücklich.

In der Zwischenzeit hat Paris einen kleinen Schönheitsschlaf gehalten, um heute wieder mit neuer Lebendigkeit aufzuwarten. Dafür hat sich die Technik seit 1992 mit atemberaubendem Tempo weiterentwickelt. Ich kann mich noch sehr genau erinnern, wie ich damals für das Paris-Buch und die folgenden Bände von jedem einzelnen Dia, das ich für das Layout ausgesucht hatte, eine schmuddelige, braunsoßige Farbkopie machen musste. Nachdem ich zuvor genauestens die Prozentzahl der Vergrößerung ausgerechnet hatte, dauerte es Minuten, bis der Kopierer die vier Farben nacheinander auftrug. Anschließend musste die Kopie von Hand ausgeschnitten, durch eine Wachsmaschine geschoben und auf den Satzbogen geklebt werden – nur um dann festzustellen, dass das Ergebnis meinen Ansprüchen nicht genügte. Also ging die nervenzehrende Prozedur mit einem neuen Foto von vorne los.

Ich frage mich immer noch, wie ich damals die Bücher so hinbekommen habe, dass man sie heute noch nachdrucken und, ohne in Verlegenheit zu geraten, anschauen kann. Seit nicht so langer Zeit erhalte ich via Computer digitale Scans, die ich in Bruchteilen einer Sekunde in das Layout einfügen kann. Gefällt mir das Resultat nicht, probiere ich in Windeseile fünf, sechs alternative Motive aus – bis ich hundertprozentig zufrieden bin.

Aber nicht nur die Technik hat sich entwickelt. Es ist eine neue Generation von Fotografen, Designern und Architekten herangewachsen, die mit ihren Arbeiten das Gesicht des neuen Jahrtausends prägen. Kunst und Design wachsen immer enger zusammen und befinden sich fast auf Augenhöhe. So gibt es heute nicht nur Galerien für Kunst, sondern auch für zeitgenössisches Design. Die wichtigen Kunst-

It is no coincidence that today some of the world's most renowned designers and gallery owners again have their headquarters in Paris. After all, it is home to an elegant and financially solvent clientele and to ardent collectors with impeccable taste.

Interior designers in Paris work closely with design galleries, thus ensuring an appropriate setting for the valuable items. This gives rise to enchanting presentations of a calibre achieved nowhere else in the world.

Now that French designers like Jean Prouvé, Charlotte Perriand and Jean Royère are regarded as classics worldwide, a new international generation is setting the tone in Paris – like the Bouroullec brothers, Martin Szekely, Marc Newson and India Mahdavi.

The marvellous thing about Paris is that despite globalisation the city radiates its very own charm, in art and designs as in other fields, and succeeds in remaining incomparable and romantic. Among the reasons for this are the fact that people here work not against, but with tradition.

For me it was certainly a great pleasure to discover and assemble the wonderful and extraordinary apartments presented in this book. I would like to express my gratitude to all the residents, photographers, journalists, gallery owners and designers who helped me to capture 21st-century Paris. And to repeat it yet again: Paris est très, très chic!

souvent plus rien à envier à ceux des œuvres d'art. La fin de cette évolution n'est pas prévisible.

Le fait que quelques-uns des designers et des galeries les plus renommés sur la scène internationale ont de nouveau pignon sur rue à Paris n'a rien d'étonnant : c'est ici aussi que vivent des clients élégants et solvables, des collectionneurs passionnés au goût sûr.

Les designers d'intérieur parisiens collaborent étroitement avec des galeries de design, ce qui leur permet d'assurer la présentation adéquate des précieux objets. Une magie de la mise en scène voit ainsi le jour que l'on ne trouve nulle part ailleurs.

Alors que des designers français comme Jean Prouvé, Charlotte Perriand et Jean Royère sont considérés aujourd'hui comme des classiques, une nouvelle génération internationale donne le ton de nos jours à Paris – nous ne citerons que les frères Bouroullec, Martin Szekely, Marc Newson et India Mahdavi.

Le miracle, c'est qu'en dépit de la mondialisation qui se fait sentir aussi dans les domaines de l'art et du design, Paris n'a rien perdu de son charme très particulier et reste inégalable et romantique. Cela tient aussi au fait que l'on ne travaille pas contre la tradition ici mais avec elle.

Moi en tout cas, j'ai eu beaucoup de plaisir à découvrir et rassembler les habitations merveilleuses et sortant de l'ordinaire présentées dans ce livre. Je remercie leurs occupants ainsi que les photographes, les journalistes, les galeristes et les designers qui m'ont aidée à saisir le Paris du XXIe siècle. Je ne peux que le répéter : Paris est très, très chic !

messen werden von Designmessen ergänzt, und die exorbitanten Preise für Designmöbel stehen denen für Kunstwerke oft nicht mehr nach. Ein Ende dieser Entwicklung ist nicht absehbar.

Es ist kein Zufall, dass heute einige der weltweit renommiertesten Designer und Galerien ihren Sitz wieder in Paris haben, denn hier leben eine elegante, zahlungskräftige Klientel und passionierte Sammler mit erlesenem Geschmack.

Die Pariser Interiordesigner arbeiten eng mit Designgalerien zusammen und sorgen so für eine angemessene Präsentation der kostbaren Stücke. Auf diese Weise entsteht eine Magie der Inszenierung, die auf der Welt ohne Beispiel ist.

Nachdem französische Designer wie Jean Prouvé, Charlotte Perriand und Jean Royère inzwischen weltweit zu den Klassikern zählen, gibt in Paris heute eine neue internationale Generation den Ton an – so wie die Brüder Bouroullec, Martin Szekely, Marc Newson und India Mahdavi.

Das große Wunder von Paris ist, dass die Stadt trotz Globalisierung auch auf den Gebieten der Kunst und des Designs ihren höchst eigenen Charme und Flair verbreitet und es schafft, unverwechselbar und romantisch zu bleiben. Das liegt auch daran, dass hier nicht gegen die Tradition, sondern mit ihr gearbeitet wird.

Mir jedenfalls hat es sehr große Freude gemacht, die in diesem Buch präsentierten wunderbaren und außergewöhnlichen Wohnungen zu entdecken und zusammenzutragen. Ich danke all den Bewohnern, Fotografen, Journalisten, Galeristen und Designern, die mir geholfen haben, das Paris des 21. Jahrhunderts einzufangen. Noch immer und immer wieder: Paris est très, très chic!

This apartment in the 16th arrondissement certainly has a lot going for it: a 140-square-metre roof garden, views of the Eiffel Tower and a spectacular double-height main room. It was originally constructed around a number of architectural elements. In the wood-panelled sitting room are a stained-glass window and vintage Versailles parquet. In the main room, an imposing oak fireplace carved with lion's heads, a 19th-century balustrade and 15th-century pillars. Architect Christian Baquiast's mandate was to open up the space. He created an aperture above the fireplace and bestowed the master bedroom with a porthole. He also paid homage to the flat's architectural heritage. "My idea," he says, "was to use industrial materials, but to give them a classical twist." An example? A concrete wall bearing a wood-grain relief, created using a mould of an oak plank.

Rue des Belles-Feuilles

Cet appartement du 16e arrondissement a tout pour lui : un jardin en terrasse de 140 mètres carrés, des vues sur la Tour Eiffel et un séjour spectaculaire avec double hauteur sous plafond. Il a été construit autour d'éléments architecturaux. Le petit salon lambrissé possède un vitrail et un parquet Versailles ; le living, une imposante cheminée en chêne sculptée de têtes de lion, une balustrade du XIXe siècle et des poutres du XVe. L'architecte Christian Baquiast avait pour consigne d'ouvrir l'espace. Il a créé une ouverture au-dessus de la cheminée et un hublot dans la chambre principale, respectant le patrimoine architectural des lieux. « J'ai voulu utiliser des matériaux industriels en leur donnant une tournure classique », explique-t-il. Exemple : un mur en béton texturé imitant le grain du bois, réalisé à l'aide du moulage d'une planche en chêne.

Dieses Appartement im 16. Arrondissement hat wirklich einiges zu bieten, unter anderem einen 140 Quadratmeter großen Dachgarten mit Blick auf den Eiffelturm und einen spektakulär hohen Raum mit Galerie. Ursprünglich wurde es um mehrere Architekturelemente herumgebaut. Im holzvertäfelten Wohnzimmer gibt es ein Buntglasfenster sowie altes Versailles-Parkett. Im großen Wohnraum befinden sich ein imposanter Eichenkamin mit geschnitzten Löwenköpfen, ein Geländer aus dem 19. Jahrhundert sowie Säulen aus dem 15. Jahrhundert. Die Aufgabe des Architekten Christian Baquiast bestand darin, die Räume zu verbinden. Er sorgte für eine Öffnung über dem Kamin und bestückte das Schlafzimmer mit einem Bullauge. Trotzdem respektierte er das architektonische Erbe der Wohnung. »Meine Idee war, Industriematerialien zu benutzen, ihnen aber einen klassischen Dreh zu geben.« Ein Beispiel? Die wie Holz gemaserte Betonwand, für die ein Eichenbrett abgegossen wurde.

Below: Baquiast punched a porthole into one wall of the master bedroom.
Following pages: *In the wood-panelled sitting room, Jean Royère's "Œuf" sofa and chairs still have their original 1950s fabric. The coffee table is by Olivier Mourgue and the photo a collaboration between Bruno Bressolin and Bruno Juminer. The garden on the terrace was created by landscape architect Hugues Peuvergne.*

En bas : *Baquiast a percé un hublot dans un mur de la chambre principale.*
Pages suivantes : *Dans le salon lambrissé, le canapé et les fauteuils « Œuf » de Jean Royère possèdent encore leur tissu d'origine. La table basse est d'Olivier Mourgue. La photo est une œuvre conjointe de Bruno Bressolin et de Bruno Juminer. Le jardin en terrasse a été paysagé par Hugues Peuvergne.*

Unten: *Baquiast ließ ein Bullauge in eine Schlafzimmerwand brechen.*
Folgende Seiten: *Das »Œuf«-Sofa und die dazugehörigen Sessel von Jean Royère haben immer noch ihren Originalbezug aus den 1950er-Jahren. Der Couchtisch ist von Olivier Mourgue und das Foto eine Gemeinschaftsarbeit von Bruno Bressolin und Bruno Juminer. Den Garten auf der Dachterrasse schuf der Landschaftsarchitekt Hugues Peuvergne.*

Previous pages and facing page: *The main room is structured around a 19th-century fireplace. The two copper and glass chandeliers are one-off creations by André Dubreuil. The dining table is by Warren Platner and the two black armchairs by Ignazio Gardella.*
Above: *The wooden balustrade, which rings the gallery, dates from the 19th century.*

Pages précédentes et page de gauche : *La pièce principale s'articule autour d'une cheminée du XIXe siècle. Les deux lustres en cuivre et verre sont des pièces uniques signées André Dubreuil. La table de salle à manger est de Warren Platner et les deux fauteuils noirs d'Ignazio Gardella.*
En haut : *La balustrade en bois de la galerie date du XIXe siècle.*

Vorhergehende Seiten und gegenüberliegende Seite: *Der Galerieraum ist um einen Kamin aus dem 19. Jahrhundert angeordnet. Die beiden Kronleuchter aus Kupfer und Glas sind Unikate von André Dubreuil. Der Esstisch ist von Warren Platner, und die beiden schwarzen Sessel hat Ignazio Gardella entworfen.*
Oben: *Das Holzgeländer der Galerie stammt aus dem 19. Jahrhundert.*

PULP
HANS MEMLING

"It's essentially an apartment for the mind," states interior designer Valérie Mazérat. "The idea was to have pure forms to create a serene atmosphere for thinking." The owner, Maria Bonnafous-Boucher, does a lot of the latter. As an academic, she requested lots of different tables throughout where she could read and write. The ground-floor flat itself is fundamentally classical and Mazérat's approach was to keep that spirit, but update it. Thus, she encased the traditional fireplace with a minimalist surround and painted the vintage parquet in the master bedroom white. She also left the windows without curtains in order to capture as much natural light as possible. The result is certainly very peaceful.

Maria Bonnafous-Boucher

« C'est avant tout un appartement pour l'esprit » explique la décoratrice Valérie Mazérat. « Les formes sont épurées pour avoir une atmosphère sereine propice à la réflexion. » C'est que la propriétaire, l'universitaire Maria Bonnafous-Boucher, est une tête. Elle a demandé à avoir partout des tables sur lesquelles lire et écrire. Situé au-rez-de-chaussée, l'appartement est d'une facture classique que Mazérat a cherché à conserver tout en la modernisant. Elle a enveloppé la cheminée traditionnelle d'un manteau minimaliste, peint en blanc le parquet ancien de la chambre principale et laissé les fenêtres sans rideaux pour laisser entrer le plus de lumière naturelle possible. Le résultat est d'une paix absolue.

»Es ist im Grunde genommen eine Wohnung für den Geist«, sagt die Interiordesignerin Valérie Mazérat. »Es kam mir auf klare Formen an, die eine ruhige Atmosphäre zum Nachdenken schaffen.« Und die Besitzerin, Maria Bonnafous-Boucher, denkt viel nach. Die Akademikerin bat um viele verschiedene Tische, an denen sie lesen und schreiben kann. Die Parterrewohnung ist ein klassischer Pariser Altbau. Mazérat wollte das Klassische erhalten, dem Ganzen aber einen zeitgenössischen Touch verleihen. Deshalb umgab sie den traditionellen Kamin mit einer minimalistischen Einfassung und strich das alte Parkett im Schlafzimmer weiß. Außerdem beließ sie die Fenster ohne Vorhänge, um so viel natürliches Tageslicht hereinzulassen wie möglich. Die Atmosphäre ist vor allem sehr beruhigend. Wie Mazérat sagt: »Es ist weit davon entfernt, das Klischee eines chaotischen Schriftstellers zu erfüllen.«

Previous pages: *A chair by Julian Mayor stands next to an Empire side table and India Mahdavi's "Big Swing" lamp in one corner of the sitting room.*
Above: *The lacquered kitchen units were custom-made.*
Right: *The Corian kitchen table is only one of the places where the owner can read and write.*

Pages précédentes : *Dans un coin du salon, une chaise de Julian Mayor près d'un guéridon Empire et d'un lampadaire « Big Swing » d'India Mahdavi.*
En haut : *Les placards laqués de la cuisine ont été réalisés sur mesure.*
À droite : *La table de cuisine en Corian n'est que l'un des nombreux endroits où la propriétaire aime s'installer pour lire et travailler.*

Vorhergehende Seiten: *Ein Stuhl von Julian Mayor steht neben einem Beistelltischchen im Empire-Stil und der Stehlampe »Big Swing« von India Mahdavi.*
Oben: *Die eingebaute, weiß lackierte Küche ist eine Maßanfertigung.*
Rechts: *Der Küchentisch aus Corian ist nur einer von vielen Plätzen, an denen die Wohnungsbesitzerin schreiben und lesen kann.*

Right: *A view from the kitchen towards a cupboard made from hemlock.*
Below: *For the entrance hall, India Mahdavi created a chest on which the owner can display works of art.*
Following pages: *Contemporary meets classic in the sitting room. Sycamore banquettes by India Mahdavi stand on either side of the fireplace. The Napoleon III armchairs were reupholstered in linen.*

À droite : *Depuis la cuisine, une vue sur un placard en pruche.*
En bas : *Pour le hall d'entrée, India Mahdavi a créé un meuble de rangement sur lequel la propriétaire peut exposer des œuvres d'art.*
Pages suivantes : *Dans le salon, le contemporain côtoie le classique. De chaque côté de la cheminée, des banquettes en sycomore d'India Mahdavi. Les fauteuils Napoléon III ont été retapissés en lin.*

Rechts: *Blick aus der Küche auf einen Schrank aus Kiefernholz.*
Unten: *Für den Flur schuf India Mahdavi ein maßgefertigtes Sideboard, auf dem die Bewohnerin Kunstwerke ausstellen kann.*
Folgende Seiten: *Im Wohnzimmer trifft zeitgenössisches auf klassisches Design. Von India Mahdavi maßgefertigte Bänke aus Platanenholz stehen zu beiden Seiten des Kamins. Die Sessel aus der Napoléon-III-Epoche wurden mit Leinen bezogen.*

Right: *Both the bathroom sink and tap are from Boffi. The cupboards are made of hemlock.*
Below: *The pièce de résistance in the sitting room is an immense sycamore desk custom-designed by Mahdavi.*

À droite : *Le lavabo et la robinetterie viennent de chez Boffi. Les étagères sont en pruche.*
En bas : *Dans le salon, la pièce de résistance : un immense bureau en sycomore réalisé sur mesure par Mahdavi.*

Rechts: *Waschbecken und Armaturen sind von Boffi. Die Schränke sind aus Kiefernholz.*
Unten: *Das Glanzstück im Wohnzimmer ist der von Mahdavi sonderangefertigte riesige Schreibtisch aus Platanenholz.*

Above: *An antique banquette stands at the foot of the bed.*
Right: *Two steel and opalescent-glass doors add an avant-garde touch to the apartment's corridor.*

En haut : *Une banquette ancienne devant le lit.*
À droite : *Deux portes en acier et verre opalescent confèrent un côté avant-gardiste au couloir de l'appartement.*

Oben: *Ein antikes Sofa steht vor dem Bett.*
Rechts: *Zwei Türen aus Stahlrahmen mit mattiertem Glas verleihen dem Flur eine avantgardistische Note.*

CONCIERGE

Bertrand Burgalat's life is all about music. He has arranged, composed or produced about a hundred albums, created remixes for Depeche Mode and worked with the controversial writer Michel Houellebecq. He also has his own recording label, Tricatel. A grand piano and electric harpsichord stand in the living room of his apartment. The latter looks out onto the picturesque Square des Batignolles – of which he has been particularly fond since he was a child. "It feels more like you're in the provinces than Paris," he states. The flat itself also has musical connections. Its former owner was Edith Piaf's impresario, Loulou Barrier, who bequeathed both the bookshelves and sofas to Burgalat. Since taking it over, he has been keen to maintain its spirit. "I simply repainted the walls and changed the carpet," he says. "I daren't change anything else. I'm too scared to ruin it!"

Bertrand Burgalat

Toute la vie de Bertrand Burgalat tourne autour de la musique. Il a arrangé, composé ou produit une centaine de disques, créé des remix pour Depeche Mode et collaboré avec l'écrivain sulfureux Michel Houellebecq. Il possède également son propre label, Tricatel. Un piano à queue et un clavecin électrique dominent son séjour qui donne sur le pittoresque square des Batignolles, un quartier qu'il aime depuis son enfance. « On a l'impression d'être plus en province qu'à Paris », explique-t-il. Même l'appartement a un rapport avec la musique. Son ancien propriétaire était Loulou Barrier, l'impresario d'Edith Piaf. Il a légué sa bibliothèque et ses canapés à Burgalat, qui s'est efforcé de conserver l'esprit des lieux. « J'ai simplement refait la peinture et la moquette. Structurellement, je n'ose rien changer. J'ai trop peur de le charcuter, cet appartement ! »

Bei Bertrand Burgalat dreht sich alles um Musik. Er hat ungefähr hundert Alben arrangiert, komponiert oder produziert, Remixes für Depeche Mode gemacht oder mit dem umstrittenen Autor Michel Houellebecq zusammengearbeitet. Er besitzt auch ein eigenes Plattenlabel namens Tricatel. Ein Flügel und eine Elektro-Orgel stehen im Wohnzimmer seines Appartements. Von Letzterem schaut man auf den malerischen Square des Batignolles hinaus – ein Platz, den Burgalat schon seit Kindertagen ins Herz geschlossen hat. »Hier kommt man sich eher vor wie in der Provinz und nicht wie in Paris«, sagt er. Auch die Wohnung selbst hat eine musikalische Vergangenheit. Ihr früherer Besitzer war Loulou Barrier, der Impresario von Edith Piaf. Er überließ Burgalat sowohl die Bücherregale als auch die Sofas. Seit der Musiker die Wohnung übernahm, hat er genau darauf geachtet, das ursprüngliche Flair zu erhalten. »Ich habe bloß die Wände gestrichen und einen neuen Teppich verlegt«, sagt er. »Mehr habe ich mich nicht getraut zu tun. Ich habe viel zu viel Angst, das Appartement zu ruinieren!«

Previous pages: *In the entrance of the building, the concierge's "loge" still has its traditional frontage.*
Above: *Among the instruments in the living room are a Baldwin electric harpsichord and a Schimmel grand piano.*
Right: *Louis XVI-style chairs are grouped around an Eames dining table.*

Pages précédentes : *Dans l'entrée de l'immeuble, la loge de concierge a conservé sa devanture traditionnelle.*
En haut : *Parmi les instruments qui trônent dans le séjour, un clavecin électrique Baldwin et un piano de concert Schimmel.*
À droite : *Des chaises de style Louis XVI autour d'une table d'Eames.*

Vorhergehende Seiten: *Am Eingang des Gebäudes hat die Concierge-loge immer noch ihre traditionelle Fassade.*
Oben: *Zu den Instrumenten im Wohnzimmer gehören eine Baldwin-Elektro-Orgel und ein Schimmel-Flügel.*
Rechts: *Stühle im Louis-XVI-Stil stehen um einen Eames-Esstisch.*

Right: *The Max Walter Svanberg tapestry is entitled "Le Baiser de la Femme de Rêve" (The Kiss of the Dream Woman).*
Below: *The former owner, Loulou Barrier, left the two sofas for Burgalat. The one on the right is from Maison Jansen. In the corner, a fake fern has been mounted on a wooden column.*
Following pages: *Burgalat's record collection is arranged by style of music. When closed, the 1960s record player resembles a die. On the right of the radiator is a silver cigarette box, which once belonged to Italian writer Gabriele D'Annunzio. An old 16mm Bolex camera. The head-shaped object to the right of the piano is a Neumann studio microphone.*

À droite : *La tapisserie réalisée d'après un carton de Max Walter Svanberg est intitulée « Le Baiser de la Femme de Rêve ».*
En bas : *L'ancien propriétaire, Loulou Barrier, a laissé les deux canapés à Burgalat. Celui de droite vient de la maison Jansen. Dans le coin, une fausse fougère posée sur une colonne en bois.*
Pages suivantes : *La collection de disques de Burgalat est classée par styles de musique. Fermé, le tourne-disque des années 1960 forme un dé à jouer. Sur la droite du radiateur, un étui à cigarettes en argent ayant appartenu à l'écrivain italien Gabriele D'Annunzio. Une vieille caméra 16mm Bolex. L'objet en forme de tête à droite du piano est un micro de studio Neumann.*

Rechts: *Der Wandteppich von Max Walter Svanberg heißt »Le Baiser de la Femme de Rêve« (»Der Kuss der Traumfrau«).*
Unten: *Der frühere Eigentümer Loulou Barrier überließ Burgalat beide Sofas. Das Rechte ist von Maison Jansen.*
Folgende Seiten: *Burgalats Plattensammlung ist nach Musikstilen sortiert. Der Plattenspieler aus den 1960er-Jahren sieht geschlossen aus wie ein Würfel. Rechts von der Heizung befindet sich eine silberne Zigarettendose, die einst dem italienischen Schriftsteller Gabriele D'Annunzio gehörte. Eine alte 16mm-Bolex-Kamera. Der Kopf rechts vom Flügel ist ein Neumann-Studio-Mikrofon.*

ESPAGNE
HOUSE
AMBIENT TRIP HOP
RAP

BOLEX
H16 Reflex
SAFETY MATCHES

SCHIMMEL
VIE DE JESUS

In 2004, architect Sébastien Segers received a call from a client, himself a designer. "I've seen an extraordinary house," he was told. "We've got to find the owner." The house in question is situated near the Parc des Buttes-Chaumont and was built in 1953 by a French architect called Fernand Riehl as his own home and office. It was lying more or less abandoned. "The previous owner," says Segers, "had ripped out almost everything inside." The new owner masterminded the restoration as he wanted to ensure that it would be as sympathetic to the original as possible. Outside the windows and concrete detailing were restored. Inside, the layout was more or less maintained and traditional materials, such as Carrara marble in the bathroom and leather for the upstairs flooring were employed. A touch of modernity was added with the inclusion of rounded architectural forms and numerous design classics pieces. "I can't imagine getting rid of this place," states the owner. "It's unique."

Les Buttes-Chaumont

En 2004, l'architecte Sébastien Segers reçut l'appel d'un client, lui-même designer : « J'ai vu une maison extraordinaire. Il faut trouver le propriétaire ! ». Située près du parc des Buttes-Chaumont, la maison en question, plus ou moins abandonnée, fut construite en 1953 par l'architecte Fernand Riehl pour y vivre et travailler. « Le précédent occupant avait déjà presque tout détruit à l'intérieur » explique Segers. Le nouveau propriétaire a conçu la restauration qu'il voulait la plus respectueuse possible de l'original. Les fenêtres et les détails en béton de la façade ont été restaurés, à l'intérieur le plan au sol a été plus ou moins conservé en utilisant des matériaux traditionnels tels que le marbre de Carrare pour la salle de bains et le cuir pour le sol à l'étage. Des formes architecturales arrondies et des meubles design apportent à l'ensemble une touche de modernité. « Je ne peux imaginer me défaire de cet endroit. Il est unique » déclare le maître des lieux.

Im Jahr 2004 erhielt der Architekt Sébastien Segers einen Anruf von einem seiner Kunden, der selbst Designer ist. »Ich habe ein außergewöhnliches Haus entdeckt«, bekam er zu hören. »Wir müssen den Eigentümer ausfindig machen.« Das fragliche Haus liegt unweit des Parc des Buttes-Chaumont und wurde 1953 von dem französischen Architekten Fernand Riehl als dessen Wohnhaus und Büro gebaut. Inzwischen lag es mehr oder weniger verlassen da. »Der Vorbesitzer«, so Segers, »hatte beinahe alles rausgerissen.« Der neue Besitzer entwarf das Konzept für die Restaurierung, dabei wollte er dem Original so weit wie möglich Rechnung tragen. An der Fassade wurden die Fenster und Betondetails wieder hergestellt. Das Innere wurde größtenteils beibehalten: Es wurden traditionelle Materialien wie Carrara-Marmor im Bad und Leder für den Bodenbelag im Obergeschoss verwendet. Durch die Einbettung runder architektonischer Formen und zahlreicher Designklassiker wurde für einen modernen Touch gesorgt. »Ich kann mir nicht vorstellen, das Haus je wieder aufzugeben«, so der jetzige Eigentümer. »Es ist einzigartig.«

Previous pages: *Both the office desk and chair were designed by Marc Newson. In the dining room, Achille Castiglioni's "Arco" lamp hangs over a table made from African bubinga wood.*
Above: *The custom, sheet-metal doors of the kitchen units were painted a powder blue to match the Aga range.*
Right: *Traditional Carrara marble in the first-floor bathroom.*
Facing page: *A Franco Albini shelving system in the office.*
Following pages: *On the first floor, a foldaway blue lacquered screen can be extended in order to enclose the master bedroom.*

Pages précédentes : *Le bureau et le fauteuil ont été dessinés par Marc Newson. Dans la salle à manger, un lampadaire « Arco » d'Achille Castiglioni éclaire une table en bubinga africain.*
En haut : *Les placards bleu pastel harmonisent avec la cuisinière Aga.*
À droite : *Dans la salle de bains le marbre de Carrare traditionnel.*
Page de droite : *Dans le bureau, une bibliothèque de Franco Albini.*
Pages suivantes : *Au premier étage, le paravent en laque bleu se déploie pour préserver l'intimité de la chambre à coucher.*

Vorhergehende Seiten: *Büroschreibtisch und Stuhl sind Entwürfe von Marc Newson. Im Esszimmer hängt Achille Castiglionis »Arco«-Lampe über einem Tisch aus afrikanischem Bubinga-Holz.*
Oben: *Die Blechtüren der speziell angefertigten Küche wurden in einem pudrigen Blauton gestrichen, damit sie zum Herd von Aga passen.*
Rechts: *Carrara-Marmor im Bad.*
Gegenüberliegende Seite: *Das Regalsystem von Franco Albini im Büro.*
Folgende Seiten: *Im ersten Stock lässt sich ein blau lackierter Wandschirm ausklappen, um das Schlafzimmer abzugrenzen.*

ARAKI

When the owners of this duplex in the 16th arrondissement first saw it, they immediately realised it would be the perfect setting for an art collection. It's easy to see why. The double-height sitting room has both a huge window and a skylight, reminiscent of a painter's studio. Working with art consultant Philippe Ségalot, they particularly like making acquisitions in the United States because of the buzz they feel there. They collect works by Warhol and Murakami, photos by Cindy Sherman and Hiroshi Sugimoto, and have a passion for the drawings of Raymond Pettibon. They claim that once you start collecting them, you can't stop. And their favourite work? A self-portrait of Jean-Michel Basquiat, whose skeleton-like form seems to presage the artist's untimely death.

Collectionneurs d'Art

Dès le premier coup d'œil, les propriétaires de ce duplex du 16e arrondissement ont su qu'il était idéal pour abriter leur collection d'art. En effet, avec son immense fenêtre, sa verrière et sa double hauteur sous plafond, le séjour rappelle un atelier d'artiste. Avec l'aide du consultant Philippe Ségalot, ils achètent surtout aux États-Unis, où le monde de l'art leur semble plus palpitant. Ils collectionnent des œuvres de Warhol, de Murakami, de Cindy Sherman et ont une passion pour les dessins de Raymond Pettibon. Selon eux, une fois qu'on commence à les collectionner, on ne peut plus s'arrêter. Leur œuvre préférée ? Un autoportrait de Jean-Michel Basquiat, dont la silhouette squelettique semble présager la mort prématurée de l'artiste.

Als die Eigentümer dieser Duplexwohnung im 16. Arrondissement die Wohnung zum ersten Mal besichtigten, sahen sie gleich, dass sie den perfekten Rahmen für eine Kunstsammlung bietet. Das ist mehr als offensichtlich: Der hohe Wohnraum mit Galerie hat sowohl ein riesiges Fenster als auch ein Oberlicht, womit er an das Atelier eines Malers erinnert. Die Besitzer arbeiten viel mit dem Kunstberater Philippe Ségalot zusammen und kaufen besonders gern Kunst in den Vereinigten Staaten, weil dort eine besondere Energie herrscht. Sie sammeln Arbeiten von Warhol und Murakami, Fotos von Cindy Sherman und Hiroshi Sugimoto und begeistern sich für die Zeichnungen von Raymond Pettibon. Sie sagen, hätte man erst einmal mit dem Sammeln begonnen, könne man nicht mehr aufhören. Und ihre Lieblingsarbeit? Ein Selbstporträt von Jean-Michel Basquiat, dessen skelettartige Form den viel zu frühen Tod des Künstlers vorwegzunehmen scheint.

Previous pages: *A Takashi Murakami sculpture in the dining room entitled "Tatsuya."*
Above: *An India Mahdavi bench, two Marc Newson standing lights and a carpet from Diurne in Paris can be seen in the entrance hall.*
Right: *Another Murakami sculpture, called "The Mushroom", from the Galerie Emmanuel Perrotin.*

Pages précédentes : *Dans la salle à manger, une statue de Takashi Murakami intitulée « Tatsuya ».*
En haut : *Dans l'entrée, un banc d'India Mahdavi, deux luminaires de Marc Newson et un tapis de la galerie parisienne Diurne.*
À droite : *Une autre sculpture de Murakami, « The Mushroom », de la Galerie Emmanuel Perrotin.*

Vorhergehende Seiten: *Eines der Fotos von Hiroshi Sugimoto zeigt die Wachsfigur von Elizabeth I. in Madame Tussaud's in London. Eine Skulptur von Takashi Murakami mit dem Titel »Tatsuya« im Esszimmer.*
Oben: *Eine Bank von India Mahdavi, zwei Stehlampen von Marc Newson und ein Teppich von Diurne, Paris, schmücken den Flur.*
Rechts: *Eine weitere Skulptur von Murakami mit dem Titel »The Mushroom«, von der Galerie Emmanuel Perrotin.*

Right: *The huge painting called "The Porter" is by Jean-Michel Basquiat.*
Below: *An interesting mix of styles in the living room: Jean Royère armchairs and ottoman, Christian Liaigre sofas and standing lights on the right by the Bouroullec brothers and Alberto Giacometti.*

À droite : *L'immense toile intitulée « The Porter » est de Jean-Michel Basquiat.*
En bas : *Dans le séjour, un intéressant mélange de styles : un pouf et des fauteuils de Jean Royère, des canapés Christian Liaigre et, sur la droite, des lampadaires des frères Bouroullec et d'Alberto Giacometti.*

Rechts: *Das große Gemälde mit dem Titel »The Porter« stammt von Jean-Michel Basquiat.*
Unten: *Eine interessante Mischung im Wohnzimmer: zwei Sessel und eine Ottomane von Jean Royère, Sofas von Christian Liaigre, rechts davon eine Stehlampe von den Brüdern Bouroullec und dahinter eine von Alberto Giacometti.*

Decorators Michael Coorengel and Jean-Pierre Calvagrac are modern-day dandies with a penchant for extravagance. Take their 250-square-metre apartment, located in an 1836 town mansion in the 10th arrondissement, built by Baron Louis, a protégé of the French statesman Talleyrand. Each room is more sumptuous than the next. One has been painted silver. Another has jet-black walls and golden mouldings. Throughout, the furnishings are a mix of their differing styles. Coorengel likes all things baroque, Calvagrac prefers modern design. The result is really quite thrilling. An early 19th-century méridienne has been reupholstered in a shocking green silk and a Mies van der Rohe "Barcelona" chair juxtaposed with a bed in which Napoleon is said to have slept! "Our goal," they claim, "is to find a happy medium between our two creative worlds."

Michael Coorengel & Jean-Pierre Calvagrac

Les décorateurs Michael Coorengel et Jean-Pierre Calvagrac sont deux dandys modernes avec un faible pour l'extravagance. Leur appartement de 250 mètres carrés a été construit en 1836 par le baron Louis, un protégé de Talleyrand. Chaque pièce surpasse la précédente en somptuosité. Une est peinte en argent, une autre en noir comme du jais avec des moulures dorées. Le mobilier éclectique reflète leurs goûts différents. Coorengel aime le baroque, Calvagrac préfère le design moderne. Le résultat est fascinant. Une méridienne du début du XIXe siècle a été retapissée en soie vert shocking et un fauteuil « Barcelona » de Mies van der Rohe côtoie un lit où Napoléon aurait dormi ! « Notre objectif est de trouver un équilibre harmonieux entre deux univers créatifs », déclarent-ils.

Die Innenausstatter Michael Coorengel und Jean-Pierre Calvagrac sind moderne Dandys mit einem Hang zur Extravaganz. Das zeigt auch ihre 250 Quadratmeter große Wohnung in einer Stadtvilla von 1836, die sich im 10. Arrondissement befindet und von einem Schützling des französischen Staatsmannes Talleyrand namens Baron Louis erbaut wurde. Die Zimmer scheinen sich in ihrer Opulenz gegenseitig übertrumpfen zu wollen. Eines wurde ganz in Silber gestrichen, ein anderes verfügt über pechschwarze Wände mit vergoldeten Stuckverzierungen. Die Möbel sind eine Mischung aus verschiedenen Stilen. Coorengel mag alles, was barock ist, Calvagrac bevorzugt modernes Design. Das Ergebnis ist ziemlich aufregend. Eine Chaiselongue aus dem frühen 19. Jahrhundert wurde mit grellgrüner Seide neu bezogen und Mies van der Rohes »Barcelona«-Sessel mit einem Bett kombiniert, in dem angeblich Napoleon geschlafen haben soll! »Unser Ziel«, so die beiden, »besteht darin, den goldenen Mittelweg zwischen unseren kreativen Welten zu finden.«

Ponti
Poul Kjærholm

Previous pages: *In the "Silver Room", two Marcel Breuer chairs sit either side of a 1960s dining table. The Louis XVI sofa is thought to have been created for the Petit Trianon at Versailles.*
Above: *A Mies van der Rohe "Barcelona" chair, a George Nakashima coffee table, and a bed in which Napoleon is said to have slept.*
Right: *A bust of Demosthenes and obelisks adorn the master bathroom.*
Facing page: *A buffet stocked with sterling silver and nautilus shells.*
Following pages: *A shocking green Empire banquette stands on a Verner Panton rug in the opulent "Gold Room".*

Pages précédentes : *Dans le « salon argenté », deux fauteuils de Marcel Breuer de chaque côté d'une table des années 1960. Le canapé Louis XVI aurait été créé pour le Petit Trianon à Versailles.*
En haut : *Un fauteuil « Barcelona » de Mies van der Rohe, une table basse de George Nakashima et un lit dans lequel Napoléon aurait dormi.*
À droite : *Un buste de Démosthène et des obélisques des années 1940 dans la salle de bains des maîtres de maison.*
Page de droite : *Un buffet rempli d'argenterie et de nautiles.*
Pages suivantes : *Une banquette Empire vert shocking sur un tapis de Verner Panton dans l'opulent « salon doré ».*

Vorhergehende Seiten: *Im »Silbernen Zimmer« rahmen zwei Marcel-Breuer-Stühle einen Esstisch aus den 1960er-Jahren ein. Das Louis-XVI-Sofa soll für das Petit Trianon in Versailles gefertigt worden sein.*
Oben: *Ein Bett, in dem Napoleon geschlafen haben soll.*
Rechts: *Eine Büste des Demosthenes und Obelisken aus den 1940er-Jahren schmücken das Bad.*
Gegenüberliegende Seite: *Ein Küchenbüfett aus dem 16. Jahrhundert, das mit Sterlingsilber und mit Nautilusmuscheln bestückt ist.*
Folgende Seiten: *Eine grellgrün bezogene Empire-Liege auf einem Teppich von Verner Panton im opulenten »Goldenen Zimmer«.*

For 12 years, Alexandre de Betak's main base has been New York. It's from there that he masterminds special events and fashion shows for the likes of Christian Dior and Victoria's Secret. When he and his model fiancée Audrey Marnay decided to buy a pied-à-terre in Paris, they opted for the type of place that the citizens of their adopted America generally favour. "I had a fantasy of a really traditional flat in a touristy area," he admits. Situated near Trocadéro, the largely black-and-white apartment is filled with intriguing kinetic objects and "weird lights", one of which originally belonged to a Long Island gay club. There are also a whole host of robots, which Betak has brought back from Japan, and a number of his own furniture creations. Among them are the daybed in the living room and the Plexiglas bookshelves in his office.

Alexandre de Betak

Alexandre de Betak est basé à New York depuis douze ans. C'est de là-bas qu'il organise des événements et des défilés pour des clients tels que Christian Dior ou Victoria's Secret. Quand sa fiancée, le mannequin Audrey Marnay, et lui ont décidé d'acheter un pied-à-terre à Paris, ils ont opté pour le genre d'endroit que privilégient habituellement les citoyens de leur pays d'adoption. « J'ai eu envie d'un appartement très classique dans un endroit pour touristes », avoue-t-il. Situé près du Trocadéro, l'appartement où domine le noir et blanc est rempli de curieux objets cinétiques et de « lumières bizarroïdes », dont l'une provient d'un club gay de Long Island. On y trouve aussi une foule de robots rapportés du Japon et de meubles créés par Betak. Parmi eux, le lit de repos du séjour et les étagères en plexiglas de son bureau.

Seit zwölf Jahren lebt der Franzose Alexandre de Betak eigentlich überwiegend in New York. Von dort aus organisiert er Spezialevents und Modeschauen zum Beispiel für Christian Dior und Victoria's Secret. Als er und seine Freundin, das Model Audrey Marnay, beschlossen, sich ein Pied-à-terre in Paris zu kaufen, suchten sie sich einen Ort aus, wie er normalerweise von Amerikanern bevorzugt wird. »Ich träumte von einer ganz traditionellen Wohnung in einem Touristenviertel«, gibt er zu. Das unweit der Place du Trocadéro gelegene Appartement ist überwiegend in Schwarz-Weiß gehalten und zum Teil mit eigenen Möbelentwürfen eingerichtet, wie die Liege im Wohn- und die Plexiglasregale im Arbeitszimmer. Und es steckt voller faszinierender kinetischer Objekte und »verrückter« Lampen, so stammt eine davon ursprünglich aus einem Schwulenclub auf Long Island. Es gibt auch ganze Armeen von Robotern, die Betak meist aus Japan mitgebracht hat.

***Previous pages:** In the living room, a 1960s prototype of a chair by Jørgen Kastholm stands beneath a light sculpture by Gianfranco Fini. The 1970s chrome lamp was bought on New York's Lower East Side.*
***Above:** Betak created the neon installation entitled "Gisèle's Bra and Hair" for a Victoria's Secret event. His leather and Plexiglas daybed is produced by Domeau & Pérès.*
***Right:** Betak designed both the table and benches in the kitchen. As elsewhere, there are numerous light sculptures, including a glass cube on the floor, by André Cazenave.*

***Pages précédentes :** Dans le séjour, un prototype d'une chaise de Jørgen Kastholm sous une sculpture lumineuse de Gianfranco Fini. La lampe chromée des années 1970 a été achetée dans le Lower East Side à New York.*
***En haut :** Betak a créé l'installation en néon intitulée « Gisèle's Bra and Hair » pour un événement de Victoria's Secret. Son lit de repos en cuir et plexiglas est édité par Domeau & Pérès.*
***À droite :** Betak a dessiné la table et les bancs de la cuisine. Comme toutes les pièces, celle-ci accueille de nombreuses sculptures lumineuses dont un cube en verre d'André Cazenave.*

***Vorhergehende Seiten:** Im Wohnzimmer steht der Prototyp eines Stuhls von Jørgen Kastholm unter einer Lichtskulptur von Gianfranco Fini, die Betak in Berlin entdeckte. Die Chromlampe aus den 1970er-Jahren wurde in der New Yorker Lower East Side erworben.*
***Oben:** Betak selbst schuf die Neon-Installation mit dem Titel »Gisèle's Bra and Hair« für ein Event von Victoria's Secret. Seine Liege aus Leder und Plexiglas wird von Domeau & Pérès produziert.*
***Rechts:** Betak entwarf den Tisch und auch die Bänke in der Küche. Wie überall gibt es hier zahlreiche Leuchtskulpturen wie den Glaswürfel auf dem Boden von André Cazenave.*

Right: *In the kitchen, the light sculpture is by Giacomo Benevelli. The collection of robots comes mainly from Japan.*
Below: *In the sitting room, a pair of Catherine Memmi sofas flanks coffee tables of Betak's own design. The two resin casts of turtle shells date from the 1970s. Hanging in the far left corner is a 1960s kinetic sculpture by Gianni Colombo.*
Following pages: *The Plexiglas bookshelves in the office were designed by Betak. On a table in the same room are silvered glass balls, which Betak had made for a light installation. The photo of Betak was taken by Karl Lagerfeld and the portrait of a pregnant Marnay by Jean-Baptiste Mondino.*

À droite : *Dans la cuisine une sculpture lumineuse de Giacomo Benevelli. La collection de robots vient principalement du Japon.*
En bas : *Dans le séjour, une paire de canapés Catherine Memmi flanquent des tables basses dessinées par Betak. Les deux carapaces de tortue en résine datent des années 1970. Suspendue dans l'angle, une sculpture cinétique de Gianni Colombo des années 1960.*
Pages suivantes : *Betak a dessiné les étagères en plexiglas de son bureau. Sur la table, des boules en verre argenté que Betak a fait faire pour une installation lumineuse. La photo de Betak est de Karl Lagerfeld et celle de Marnay enceinte est de Jean-Baptiste Mondino.*

Rechts: *Die Lichtskulptur in der Küche ist von Giacomo Benevelli. Die Robotersammlung kommt überwiegend aus Japan.*
Unten: *Im Wohnzimmer wurden zwei Sofas von Catherine Memmi um Couchtische gruppiert, die Betak selbst entworfen hat. Die beiden Gießharzgüsse von Schildkrötenpanzern sind aus den 1970er-Jahren.*
Folgende Seiten: *Die Plexiglasregale im Arbeitszimmer wurden von Betak entworfen. Auf einem Tisch im selben Zimmer befinden sich versilberte Glaskugeln, die Betak für eine Lichtinstallation anfertigen ließ. Das Foto von Betak wurde von Karl Lagerfeld aufgenommen, und das Porträt der schwangeren Marnay ist von Jean-Baptiste Mondino.*

Des Mondes impossibles
Karim rashid
Le meuble
DADA SURREALISME
Türk Hat Sanati
ROBERT MORRIS
INDUSTRIAL DESIGN
STAIRS
le consortium
BAUHAUS
ART AT THE TURN OF THE MILLENNIUM
LIGHT & SPACE
MAPPLETHORPE ALTARS
NEW YORK 1960
PHOTOREALISM
Francis Bacon
Seaside Interiors
BE MY GUEST
Paris Interiors
Alpine Interiors
Le musée de la maison
Intérieurs de Provence
STYLE ELLE DECO
GREECE
I COLOMBO
FULL MOON
ELECTRA
PICASSO
Walda Pairon
DANISH CHAIRS
SENSATION
LIGHT
ART NOW
TAKAYAMA

Facing page: *The couple has two sons, Aidyn Anakyn and Amaël. The cartoon character in Aidyn Anakyn's bedroom was drawn by the graffiti artist André. The mobile on the ceiling represents planets.*
Above: *In one corner of the living room is an old architect's table and an industrial stool. A white "Robosapiens" toy stands on a 1970s Italian light sculpture.*
Right: *Betak designed the master bed from stained, sanded oak. The multi-coloured light on the floor is a 1980s disco ball.*

Page de gauche : *La chambre de l'un des deux fils du couple, Aidyn Anakyn et Amaël. Le personnage de dessin animé a été peint par l'artiste de graffiti André. Le mobile représente les planètes.*
En haut : *Dans un coin du séjour, un vieux bureau d'architecte et un tabouret industriel. Un jouet « Robosapiens » blanc sur une sculpture lumineuse italienne des années 1970.*
À droite : *Dans la chambre des maîtres, Betak a créé un lit en chêne sablé et teinté. Au sol, une boule disco multicolore des années 1980.*

Gegenüberliegende Seite: *Das Paar hat zwei Söhne, Aidyn Anakyn und Amaël. Die Comicfigur in Aidyn Anakyns Zimmer zeichnete der Graffiti-Künstler André. Das Mobile an der Decke zeigt eine Planetenkonstellation.*
Oben: *In einer Ecke des Wohnzimmers stehen ein alter Zeichentisch und ein Industriestuhl. Ein weißer »Robosapiens« steht auf einer italienischen Lichtskulptur aus den 1970er-Jahren.*
Rechts: *Betak entwarf das Bett aus gebeizter, geschliffener Eiche. Das bunte Licht auf dem Boden ist eine Discolampe aus den 1980er-Jahren.*

Antique dealer Franck Delmarcelle runs a boutique called Et Caetera in the Marais district, which is frequented by the likes of John Galliano and Christian Lacroix. He describes his style as "poor chic." "By that," he explains, "I mean objects that don't necessarily have an intrinsic value, but that have a soul." His 50-square-metre flat is full of them. The paint on the dining chairs is slightly worn. An 18th-century plaster statue looks like it has been left out in the rain and a Louis XVI sofa in the bedroom still has its original Aubusson tapestry. Throughout, there are numerous examples of taxidermy – a horse's head, a lizard and several stuffed birds. There is also a cabinet de curiosités and religious paraphernalia – altar decorations, a limestone cross and even a statue of the Virgin Mary.

Franck Delmarcelle

Et Caetera, la boutique de l'antiquaire Franck Delmarcelle dans le Marais, attire des sommités tels que John Galliano et Christian Lacroix. Il définit lui-même son style « chic pauvre ». « J'entends par là des objets qui n'ont pas forcément une valeur intrinsèque mais qui ont une âme. » Son appartement de 50 mètres carrés n'en manque pas. Les chaises de sa salle à manger sont légèrement défraîchies. Une statue en plâtre du XVIIIe siècle semble avoir été oubliée sous la pluie et le sofa Louis XVI dans la chambre possède encore sa tapisserie d'Aubusson d'origine. Il a un faible pour la taxidermie : on croise chez lui une tête de cheval, un lézard et plusieurs oiseaux empaillés. On trouve également un cabinet de curiosités et des objets religieux : des décors d'autels, une croix en calcaire et même une statue de la Vierge Marie.

Dem Antiquitätenhändler Franck Delmarcelle gehört ein Laden namens Et Caetera im Marais, zu dessen Kunden John Galliano und Christian Lacroix zählen. Er beschreibt seinen Stil als »poor chic«: »Damit meine ich Einrichtungsgegenstände, die an und für sich nicht wertvoll sind, aber eine Seele haben«, erklärt er. Seine 50 Quadratmeter große Wohnung ist voll davon. Der Lack der Esszimmerstühle ist bereits etwas abgeblättert. Eine Gipsstatue aus dem 18. Jahrhundert sieht aus, als hätte sie jemand im Regen vergessen, und das Louis-XVI-Sofa im Schlafzimmer besitzt immer noch seinen originalen Aubusson-Bezug. Überall finden sich präparierte Tiere – ein Pferdekopf, eine Echse und diverse ausgestopfte Vögel. Es gibt auch ein Kuriositätenkabinett sowie zahlreiche religiöse Devotionalien – Altardekorationen, ein Kreuz aus Kalkstein und auch eine Statue der Jungfrau Maria.

Previous pages: *The elm dining table probably comes from a convent. The chairs have been reupholstered in an 18th-century linen.*
Facing page: *Altar decorations in the form of brass lilies and an allegorical painting sit atop a Louis XV-style console table. The limestone cross comes from a chapel in Picardy.*
Above: *Two 19th-century armchairs stand either side of a dresser.*
Right: *A painting of a pot of geraniums hangs above the kitchen sink.*

Pages précédentes : *La table de salle à manger en orme provient d'un couvent. Les chaises ont été retapissées avec du lin du XVIIIe siècle.*
Page de gauche : *Des ornements d'autel en laiton en forme de lis et une allégorie sur une console de style Louis XV. La croix en calcaire vient d'une chapelle de Picardie.*
En haut : *Deux fauteuils du XIXe siècle encadrent un vaisselier.*
À droite : *Une peinture représentant un pot de géraniums au-dessus de l'évier de la cuisine.*

Vorhergehende Seiten: *Der Esstisch aus Ulmenholz stammt wahrscheinlich aus einem Nonnenkloster. Die Stühle aus dem 19. Jahrhundert wurden mit Leinen aus dem 18. Jahrhundert bezogen.*
Gegenüberliegende Seite: *Altardekorationen sowie ein allegorisches Gemälde schmücken einen Konsoltisch im Louis-XV-Stil. Das Kalksteinkreuz stammt aus einer Kapelle in der Picardie.*
Oben: *Zwei Sessel aus dem 19. Jahrhundert rahmen eine Anrichte aus dem 18. Jahrhundert ein.*
Rechts: *Ein Gemälde mit Geranien hängt über der Küchenspüle.*

Facing page: Delmarcelle created a washed linen slip cover for the Louis XVIII sofa. To its left is an 18th-century garden sculpture and to its right a Virgin made from plaster, dating from c. 1900.

Page de droite : Delmarcelle a créé la housse en lin délavé du canapé Louis XVIII. Il est flanqué, à gauche, d'une statue de jardin du XVIIIe siècle et, à droite, d'une Vierge en plâtre datant de 1900 environ.

Gegenüberliegende Seite: Für das Louis-XVIII-Sofa fertigte Delmarcelle einen verwaschenen Leinenüberzug an. Links steht eine Gartenskulptur aus dem 18. Jahrhundert und rechts eine Marienstatue aus Gips, die etwa um 1900 geschaffen wurde.

Above: The Louis XVI sofa in the bedroom still has its original Aubusson tapestry upholstery. The corner chest dates from the Empire period.
Right: The bedroom mirror was created using the frame of a bull's-eye window. On the Directoire bedside table is the "Bourgie" lamp, designed by Ferruccio Laviani for Kartell.

En haut : Le sofa Louis XVI dans la chambre possède encore sa tapisserie d'Aubusson d'origine. L'encoignure date de la période Empire.
À droite : Le miroir dans la chambre a été créé en recyclant le cadre d'un œil-de-bœuf. Sur la table de nuit Directoire, une lampe « Bourgie », dessinée par Ferruccio Laviani pour Kartell.

Oben: Das Louis-XVI-Sofa im Schlafzimmer besitzt immer noch seinen originalen Aubusson-Bezug. Die Eckkommode stammt aus der Empire-Zeit.
Rechts: Der Schlafzimmerspiegel entstand, indem der Rahmen eines Butzenfensters verwendet wurde. Auf dem Directoire-Nachttisch steht die »Bourgie«-Lampe, ein Entwurf von Ferruccio Laviani für Kartell.

Decorator Jean-Louis Deniot is a world traveller. He has projects in places like Delhi and Colombia, and five residences between France and the United States. Among them is a 45-square-metre pied-à-terre in the Saint-Germain-des-Prés district, which perfectly reflects his philosophy about small spaces – that you should bestow them with great refinement. "That way," he says, "you compensate for the lack of space." He covered the walls with fake parchment and had the doors stylishly painted to resemble rosewood. He also filled the two main rooms with a plethora of objects. "If you do something too minimalist, small apartments immediately look like shoeboxes," he opines. Most cleverly, he integrated a maximum of storage throughout. In the bedroom, he devised two walk-in dressing rooms and created drawers in the base of the bed. He also hid a small office space and a tiny kitchen behind doors in the living room.

Jean-Louis Deniot

Jean-Louis Deniot est un décorateur globe-trotter, sillonnant la planète de New Delhi à la Colombie. Parmi ses cinq résidences réparties entre la France et les États-Unis, son pied-à-terre de 45 mètres carrés à Saint-Germain-des-Prés reflète parfaitement sa philosophie des petits espaces : un raffinement extrême permet de compenser le manque de place. Les murs sont tapissés de faux parchemin et les portes peintes en trompe-l'œil de bois de rose. Les deux pièces principales sont remplies d'objets. « Trop minimalistes, les petits appartements ressemblent à des boîtes à chaussures », observe-t-il. Partout, il a imaginé des espaces de rangement astucieux : dans la chambre, il a conçu deux dressings et des tiroirs encastrés dans le sommier du lit ; dans le salon, des portes cachent un petit bureau et une kitchenette.

Der Innenausstatter Jean-Louis Deniot ist ein Mann von Welt. Er hat Projekte in Delhi und Kolumbien sowie fünf Wohnsitze zwischen Frankreich und den USA. Dazu gehört auch ein 45 Quadratmeter großes Pied-à-terre im Viertel Saint-Germain-des-Prés, das seine Philosophie hinsichtlich kleiner Räume perfekt illustriert – nämlich, dass man sie mit großer Raffinesse einrichten sollte. »Auf diese Weise kann man den Platzmangel hervorragend kompensieren.« Er bespannte die Wände mit falschem Pergament und ließ die Türen so bemalen, dass sie an Rosenholz erinnern. Außerdem dekorierte er die beiden Haupträume mit einer Fülle von Objekten, denn »wenn man zu minimalistisch vorgeht, sehen kleine Appartements schnell aus wie Schuhschachteln.« Höchst geschickt hat er überall ein Maximum an Stauraum geschaffen. Im Flur beherbergt ein Schrank die Waschmaschine. Im Schlafzimmer gestaltete er zwei begehbare Kleiderschränke und integrierte Schubladen in den Bettsockel. Hinter Türen im Wohnzimmer versteckte er sogar ein kleines Büro und eine winzige Küche.

Previous pages: *A minuscule kitchen is tucked behind a pair of double doors in the sitting room. The Modénature armchair has been reupholstered in chocolate-coloured pony skin.*
Right: *A 1940s coffee table and a 1920s plaster column stand on a bold, Madeleine Castaing-designed rug.*
Below: *Both the green armchairs and the elegant stone fireplace were designed by Deniot.*

Pages précédentes : *Dans le salon, les doubles portes cachent une minuscule kitchenette. Le fauteuil Modénature a été retapissé en poulain couleur chocolat.*
À droite : *Une table basse des années 1940 et un socle en plâtre des années 1920 sur un tapis aux couleurs vives dessiné par Madeleine Castaing.*
En bas : *Deniot a dessiné les fauteuils verts et l'élégante cheminée en pierre.*

Vorhergehende Seiten: *Hinter einer Doppeltür im Wohnzimmer versteckt sich eine Mini-Küche. Der Modénature-Sessel wurde mit schokoladenfarbenem Ponyfell neu bezogen.*
Rechts: *Ein Couchtisch aus den 1940er- und eine Gipssäule aus den 1920er-Jahren stehen auf einem gestreiften Teppich, nach einem Entwurf von Madeleine Castaing.*
Unten: *Sowohl die grünen Sessel als auch der elegante Kamin sind Entwürfe von Deniot.*

Above: *An early 20th-century copy of a Titian portrait hangs above a Louis XVI sofa. In the background, a 1930s plaster bas-relief can be seen on one wall of the bedroom.*
Right: *The wall behind the bed is covered with a striped silk from Dominique Kieffer. The 1940s clock was bought at a Paris flea market.*

En haut : *Une copie d'un portrait du Titien datant du début du XXe siècle au-dessus d'un canapé Louis XVI. Dans le fond, on aperçoit un bas-relief en plâtre des années 1930 sur le mur de la chambre.*
À droite : *Le mur derrière le lit est tapissé d'une soie rayée de Dominique Kieffer. L'horloge des années 1940 a été chinée au marché aux puces de Paris.*

Oben: *Die Kopie eines Tizianporträts aus dem frühen 20. Jahrhundert hängt über einem Louis-XVI-Sofa. Im Hintergrund sieht man ein aus den 1930er-Jahren stammendes Gipsrelief an einer der Schlafzimmerwände.*
Rechts: *Eine gestreifte Seidentapete von Dominique Kieffer schmückt die Wand hinter dem Bett. Die Uhr aus den 1940er-Jahren stammt von einem Pariser Flohmarkt.*

Simon de Pury's Parisian pied-à-terre is housed in an 18th-century town mansion in the Marais, built by Claude-Nicolas Ledoux. Author Madame de Staël was born here in 1766. More recently, de Pury's duplex belonged to German artist Anselm Kiefer. De Pury is chairman of the auction house Phillips de Pury & Company and, today, the apartment doubles as offices for the firm's three Parisian employees. The décor is distinctly purist. Objects may be few and far between, but each has an interesting provenance. There are several pieces by Ron Arad, a desk by Martin Szekely, and chairs and a sofa by the Campana brothers. There is also an immense dining table and chairs specially commissioned from Franz West. The former proved so huge that a special crane had to be hired to lift it into the building!

Simon de Pury

Le pied-à-terre de Simon de Pury est situé dans un hôtel particulier du Marais, bâti au XVIIIe siècle par Claude-Nicolas Ledoux. Madame de Staël y est née en 1766. Plus récemment, ce duplex appartenait à l'artiste allemand Anselm Kiefer. Président de la maison de ventes Phillips de Pury & Company, Pury accueille également chez lui les bureaux des trois employés de sa branche parisienne. Le décor est puriste. Les objets sont rares mais chacun a son histoire. Il y a plusieurs pièces de Ron Arad, un bureau de Martin Szekely, des fauteuils et un canapé des frères Campana. La table immense et les chaises qui l'entourent ont été commandées spécialement à l'artiste Franz West. Il a fallu louer une grue pour les hisser dans l'appartement !

Simon de Purys Pariser Pied-à-terre befindet sich im Marais, in einer Stadtvilla aus dem 18. Jahrhundert, die von Claude-Nicolas Ledoux erbaut wurde. Die Schriftstellerin Madame de Staël kam hier 1766 zur Welt, zuletzt gehörte das Duplex dem deutschen Künstler Anselm Kiefer. De Pury ist Präsident des Auktionshauses Phillips de Pury & Company, seine Wohnung dient gleichzeitig als Büro für die drei Pariser Angestellten der Firma. Die Einrichtung ist bewusst reduziert und puristisch. Es gibt nur wenige, locker verteilte Einrichtungsgegenstände, aber ein jeder hat eine interessante Herkunft. Da sind verschiedene Möbel von Ron Arad, ein Tisch von Martin Szekely sowie Stühle und ein Sofa der Campana-Brüder. Der riesige Esstisch ist eine Sonderanfertigung des Künstlers Franz West, von dem auch die Stühle sind. Dieser Tisch musste mit einem Spezialkran in das Gebäude gehievt werden!

Following pages: *A series of Mario Testino photos hangs temporarily above de Pury's bed on the upper floor of the duplex. To the left is a 16th-century stone skull and a wooden sculpture of the Madonna and Child. To the right, Axel Salto's "Sprouting Vase" and a ceramic lamp base designed by Georges Jouve.*

Pages suivantes : *Une série de photos de Mario Testino est provisoirement accrochée au-dessus du lit à l'étage supérieur du duplex. À gauche, un crâne en pierre du XVIe siècle et une sculpture en bois d'une Vierge à l'Enfant. À droite, le « Sprouting Vase » d'Axel Salto et un pied de lampe en céramique dessiné par Georges Jouve.*

Folgende Seiten: *Eine Fotoserie von Mario Testino hängt vorübergehend über de Purys Bett im oberen Geschoss des Duplex. Links davon befinden sich ein steinerner Totenkopf aus dem 16. Jahrhundert und eine Holzskulptur der Jungfrau Maria mit Kind. Rechts sind Axel Saltos »Sprouting«-Vase und ein Keramiklampenfuß von Georges Jouve zu sehen.*

Previous pages: *In de Pury's bedroom, the "A.K." desk by Martin Szekely, the "Little Heavy Chair" by Ron Arad and the steel-wire "Corallo" armchair by the Campana brothers.*
Facing page: *The dining table and chairs were specially commissioned from Franz West. The table top was made from part of the floor of the Austrian artist's studio.*
Above and right: *The minimalistic kitchen and bathroom reflect de Pury's preference for pared-down spaces.*

Pages précédentes : *Dans la chambre de Pury, le bureau « A.K. » de Martin Szekely, la « Little Heavy Chair » de Ron Arad et le fauteuil en fil d'acier « Corallo » des frères Campana.*
Page de gauche : *La table et les chaises de salle à manger ont été commandées spécialement à Franz West. Le plateau de table a été réalisé avec une partie du sol de l'atelier de l'artiste autrichien.*
En haut et à droite : *La cuisine et la salle de bains minimalistes reflètent le goût de Pury pour les espaces épurés.*

Vorhergehende Seiten: *In de Purys Schlafzimmer stehen der »A.K.«-Schreibtisch von Martin Szekely, der »Little Heavy Chair« von Ron Arad sowie der Stahldrahtsessel »Corallo« von den Campana-Brüdern.*
Gegenüberliegende Seite: *Der Esstisch und die Stühle sind eine Spezialanfertigung von Franz West. Die Tischplatte besteht aus einem Teil des Atelierbodens des österreichischen Künstlers.*
Oben und rechts: *Die minimalistische Küche sowie das Bad spiegeln de Purys Vorliebe für puristische Räume wider.*

THE UN BUILDING
ETTORE SOTTSASS CERAMICS
New Art & Artists
CINA
Oleg Vassiliev Memory Speaks
All of a sudden JACK PIERSON

The Comte and Comtesse Hubert d'Ornano have lived in the same flat for the past 35 years. Originally decorated by the legendary Henri Samuel, it stretches over two floors of an immensely grand building on the Left Bank. Best known as the founders of the skincare and perfume firm Sisley, the couple have also created a style of decoration very much their own. "It's all about mixing things without inhibition," asserts the Comtesse. There are clusters of tables and armchairs, opulent fabrics and rugs, family photos stapled to walls and screens, and numerous works of art. Among them, a portrait of one of the Comtesse's ancestors – Barbara, Queen of Poland – and quirky sculptures of snails and sheep by Jean-François Fourtou. As one commentator judiciously remarked: "There is a grandeur and richness and yet not an ounce of pretence."

Comte & Comtesse Hubert d'Ornano

Le comte et la comtesse Hubert d'Ornano habitent le même appartement depuis 35 ans. Initialement décoré par le légendaire Henri Samuel, il occupe deux étages d'un somptueux immeuble de la rive gauche. Connu pour avoir fondé la maison de cosmétiques et de parfums Sisley, le couple a également créé son propre style de décoration. « On mélange les genres sans inhibition », déclare la comtesse. Des groupes de tables et de fauteuils cohabitent avec de riches étoffes et tapis, des paravents et d'innombrables œuvres d'art. Parmi elles, un portrait d'une ancêtre de la comtesse, Barbara, reine de Pologne, et d'étranges sculptures d'escargots et de moutons de Jean-François Fourtou. Un commentateur a observé judicieusement : « Il y a de la grandeur et de la richesse sans une once de prétention ».

Comte und Comtesse Hubert d'Ornano haben die letzten 35 Jahre immer in derselben Wohnung gelebt. Das ursprünglich vom legendären Henri Samuel eingerichtete Appartement erstreckt sich über zwei Geschosse eines großzügigen, hochherrschaftlichen Gebäudes am linken Seine-Ufer. Das Paar, das vor allem als Gründer der Kosmetik- und Parfümfirma Sisley bekannt wurde, hat einen sehr eigenen Einrichtungsstil kreiert. »Das Geheimnis besteht darin, Dinge ungehemmt miteinander zu kombinieren«, erklärt die Comtesse. Es gibt zahlreiche Gruppen von Tischen und Sesseln, kostbare Stoffe und opulente Teppiche, an Wände und Vertäfelungen gelehnte und gehängte Familienfotos und Kunstwerke. Dazu zählen auch das Porträt der polnischen Königin Barbara, eine Vorfahrin der Comtesse, dazu schräge Skulpturen von Schnecken und Schafen von Jean-François Fourtou. Wie ein Besucher so treffend bemerkte: »Hier findet man Pracht und Reichtum, aber kein bisschen Protz.«

Previous pages: *The green colour was inspired by panelling from Versailles. The crocodile chairs are by Claude Lalanne and the bird sculpture by César.* **Facing page:** *A Louis XIV clock hangs above a Napoleon III sofa in the dining room. The walls are covered in a Bracquenié fabric.* **Above:** *Bronislaw Krzysztof created the table, which depicts the fall of Icarus.*

Pages précédentes : *Le vert des murs a été inspiré par des boiseries du château de Versailles. Les chaises crocodile sont de Claude Lalanne et la sculpture d'oiseau de César.* **Page de gauche :** *Dans la salle à manger, une horloge Louis XIV au-dessus d'un canapé Napoléon III. Les murs sont tapissés de tissu Bracquenié.* **En haut :** *Bronislaw Krzysztof a créé la table qui représente la chute d'Icare.*

Vorhergehende Seiten: *Die grüne Farbe ist von der Vertäfelung in Versailles inspiriert. Die Krokodilstühle sind von Claude Lalanne, und die Vogelskulptur stammt von César.* **Gegenüberliegende Seite:** *Eine Louis-XIV-Uhr hängt über einem Napoléon-III-Sofa im Esszimmer. Die Wände sind mit Bracquenié-Stoffen bespannt.* **Oben:** *Bronislaw Krzysztof schuf den Tisch, der den Fall des Ikarus symbolisiert.*

Raffaele Curi is a man of the theatre. He has worked as an actor and is now a director. As a sideline, he has also decorated several residences for Alda Fendi, of the famous Roman fur family. Among them is her Parisian apartment, situated in a former artist's studio in Saint-Germain-des-Prés. Fendi says she gave Curi "military instructions" and requested "a rarefied scent of the past in an ultra-modern atmosphere". He translated the brief in a radical fashion and dotted the minimalistic space with artistic references. There was already some paint splattered on the floorboards and he added more. He placed a huge ladder with paint pots on it in the centre of the living room and integrated a collection assembled by Dino Pedriali of photos of Man Ray. "They are really dear to me," asserts Fendi. "For me, Man Ray... is still the artist who best sums up our era."

Alda Fendi

Raffaele Curi est un homme de théâtre, un acteur passé à la mise en scène. Occasionnellement, il décore également les résidences d'Alda Fendi, de la famille des célèbres fourreurs romains, dont son appartement parisien, un atelier d'artiste à Saint-Germain-des-Prés. Pour ce dernier, elle lui a donné « des instructions martiales : un parfum précieux du passé dans une ambiance ultramoderne. » Il s'est attelé à sa mission de manière radicale en parsemant l'espace minimaliste de références artistiques. Il a rajouté des éclaboussures de peinture sur le plancher déjà taché et placé une immense échelle ornée de pots de peinture au centre du séjour. Il y a également intégré une série de portraits de Man Ray par le photographe Dino Pedriali. « J'y tiens beaucoup », confie Fendi. « Pour moi, Man Ray... est encore l'artiste qui résume le mieux notre époque. »

Raffaele Curi ist ein Theatermann. Er hat als Schauspieler gearbeitet und ist jetzt Regisseur. Als Nebenjob hat er außerdem verschiedene Wohnsitze für Alda Fendi, die Tochter aus der berühmten römischen Leder- und Pelzfamilie, eingerichtet. Dazu gehört auch ihr Pariser Appartement, das sich in einem früheren Künstleratelier im Viertel Saint-Germain-des-Prés befindet. Fendi sagt, sie habe Curi »militärische Instruktionen« erteilt und »einen Hauch Vergangenheit in einer ultramodernen Atmosphäre« verlangt. Er befolgte die Anordnung radikal und verteilte in dem minimalistischen Raum zahlreiche Verweise auf die Kunst. Auf den Dielenbrettern prangten bereits mehrere Farbspritzer, denen er weitere hinzufügte. Er stellte eine riesige Leiter mit Farbdosen in die Mitte des Wohnzimmers. Dort integrierte er auch eine Sammlung von Man-Ray-Fotos von Dino Pedriali. »An ihr hänge ich wirklich sehr«, bekräftigt Fendi. »Für mich ist Man Ray ... immer noch der Künstler, der unsere Zeit am besten zusammenfasst.«

Paper designer Eliane Fiévet loves white. When she creates cards and envelopes, the only other colours she uses are silver and gold. The apartment where she has lived since 1961 is equally nuanced and monochromatic. Situated near the Tuileries Gardens, it was built in the Directoire style. She kept all of the period features, such as the mouldings and fireplaces, and adopted a resolutely minimalistic décor. The living room is dominated by the first two prototypes of Shiro Kuramata's famous "How High The Moon" chair. There are also a Dutch chest and English chairs in the master bedroom, and an old desk from a post office in Fiévet's atelier. Her aesthetic, she says, was influenced by her late husband, the Japanese architect Masakazu Bokura. "He taught me how to pare things down and there's been no going back!"

Eliane Fiévet

Créatrice de papier, Eliane Fiévet adore le blanc. Pour ses cartes et enveloppes, les seules autres couleurs qu'elle utilise sont l'or et l'argent. L'appartement qu'elle habite depuis 1961 est pareillement nuancé et monochrome. Son immeuble, situé près des Tuileries, date du Directoire. Elle a conservé les détails d'époque tels que moulures et cheminées, qui ponctuent un décor minimaliste. Son séjour est dominé par les deux premiers prototypes du célèbre fauteuil de Shiro Kuramata « How High The Moon ». Un coffre hollandais et des chaises anglaises meublent sa chambre ; pour son atelier, elle a trouvé un vieux bureau de postier. Elle avoue que son sens esthétique tient beaucoup de son défunt mari, l'architecte japonais Masakazu Bokura. « C'est lui qui m'a appris à dépouiller. Maintenant, c'est irréversible. »

Die Papierdesignerin Eliane Fiévet liebt die Farbe Weiß. Wenn sie Briefkarten und Umschläge entwirft, verwendet sie ansonsten nur noch Silber und Gold. Das Appartement, in dem sie seit 1961 wohnt, ist ebenso monochrom. Es liegt ganz in der Nähe der Tuilerien und wurde im Directoire-Stil erbaut. Sie behielt alle Stilmerkmale der damaligen Zeit wie den Stuck und die Kamine bei, verlegte sich aber auf eine streng minimalistische Einrichtung. Das Wohnzimmer beherrschen die beiden ersten Prototypen von Shiro Kuramatas berühmtem Stuhl »How High The Moon«. Im Schlafzimmer gibt es dafür eine niederländische Kommode und englische Stühle, während in Fiévets Atelier ein alter Schreibtisch aus einem Postamt steht. Ihre Ästhetik, so Fiévet, wurde von ihrem verstorbenen Mann, dem japanischen Architekten Masakazu Bokura beeinflusst. »Er hat mir gezeigt, wie man reduziert, und jetzt gibt es kein Zurück mehr!«

***Previous pages:** A view from the living room into the master bedroom. On the wall is a garland from Tsé & Tsé. Beneath it, a paper vase by Pierre Pozzi stands on a zinc box designed by Christine Goumot.*
***Above:** A panel of greetings cards created by Fiévet hangs above the bed.*
***Right:** Japanese ceramics are arranged on the table in the dining room. The altuglas screen in front of the window was made by Marc Couturier.*

***Pages précédentes :** La chambre principale, vue depuis le séjour. Au mur, une guirlande lumineuse de Tsé & Tsé. Dessous, un vase en papier de Pierre Pozzi sur une boîte en zinc de Christine Goumot.*
***En haut :** Au-dessus du lit, un panneau de cartes de vœux créées par Fiévet.*
***À droite :** Sur la table de la salle à manger, une série de vases japonais en céramique. L'écran en altuglas devant la fenêtre est de Marc Couturier.*

***Vorhergehende Seiten:** Ein Blick vom Wohn- ins Schlafzimmer. An der Wand hängt eine Girlande von Tsé & Tsé. Darunter steht eine Papiervase von Pierre Pozzi auf einer Zinkkiste, die Christine Goumot entwarf.*
***Oben:** Ein Glasrahmen mit Fiévet-Glückwunschkarten hängt über dem Bett.*
***Rechts:** Japanische Keramik wurde auf dem Esszimmertisch arrangiert. Die Altuglas-Sichtblende vor dem Fenster stammt von Marc Couturier.*

Right: *In the sitting room, Hans Coray's "Landi" chair stands in front of a Quart de Poil cardboard desk.*
Below: *In the master bedroom, a Niki de Saint Phalle sculpture stands atop a vintage Dutch chest of drawers. To the left of the fireplace is an Issey Miyake shirt mounted between two sheets of Plexiglas. To the right, an English chair from the late 18-century.*
Following pages: *Fiévet bought the two Shiro Kuramata prototype chairs in Tokyo. They have solid metal feet, unlike the edited versions. Above the fireplace are a series of her artworks in paper entitled "Figures de Papier".*

À droite : *Dans le petit salon, une chaise « Landi » d'Hans Coray, devant un bureau en carton de Quart de Poil.*
En bas : *Dans la chambre principale, une sculpture de Niki de Saint-Phalle posée sur une commode ancienne hollandaise. Sur la gauche de la cheminée, une chemise d'Issey Miyake monté entre deux plaques de plexiglas. Sur sa droite, une chaise anglaise de la fin du XVIIIe siècle.*
Pages suivantes : *Fiévet a acheté les deux prototypes de Shiro Kuramata à Tokyo. Contrairement aux versions éditées, les fauteuils ont des pieds solides en métal. Au-dessus de la cheminée, une série d'œuvres de la maîtresse de maison intitulées « Figures de Papier ».*

Rechts: *Im Wohnzimmer steht Hans Corays »Landi«-Stuhl vor einem Papptisch von Quart de Poil.*
Unten: *Auf einer alten niederländischen Schubladenkommode steht eine Skulptur von Niki de Saint Phalle. Links vom Kamin wurde ein Hemd von Issey Miyake zwischen zwei Plexiglasscheiben montiert. Rechts davon befindet sich ein englischer Stuhl aus dem 18. Jahrhundert.*
Folgende Seiten: *Fiévet erwarb die beiden Stuhl-Prototypen von Shiro Kuramata in Tokio. Anders als das Serienmodell besitzen sie stabile Metallfüße. Über dem Kamin hängt eine Serie ihrer Papierarbeiten mit dem Titel »Figures de Papier«.*

Designer Didier Gomez's apartment in the Marais district used to be home to a pharmaceuticals factory. When he first saw it, the windows were blocked up and there was machinery everywhere. He kept the general floor plan, but removed the glass roof from one of the rooms to create a 300-square-metre garden. "It's like a really peaceful enclave," he asserts. Inside, the interior is peppered with numerous artefacts from Africa – a continent he knows well. Among them is a leather-clad panel that used to grace the wall of a hair salon in Kenya. The hues throughout are deliberately soothing – pistachio for the daytime rooms and chocolate brown for the nocturnal zone. "I work here quite a lot and need a serene space," he explains. He even ended up getting rid of a bright-red Jean Prouvé desk which he used to own. "I just couldn't concentrate with such a striking colour!"

Didier Gomez

L'appartement de Didier Gomez dans le Marais était autrefois une usine pharmaceutique. Quand il l'a visitée la première fois, elle était remplie de machines et les fenêtres étaient condamnées. Il a conservé le plan au sol mais a enlevé la verrière d'une des pièces pour créer un jardin de 300 mètres carrés. « Il est calme. C'est une vraie enclave. » L'intérieur est parsemé d'objets d'Afrique, un continent qu'il connaît bien. Parmi eux, un panneau en cuir qui ornait autrefois un salon de coiffure au Kenya. Partout, les tons sont délibérément apaisants : pistache pour les pièces de jour, chocolat pour la partie nocturne. « Je travaille beaucoup chez moi et j'ai besoin d'un espace serein », explique-t-il. Il s'est même défait de son bureau de Jean Prouvé rouge vif. « Avec cette couleur, je ne pouvais pas me concentrer du tout ! »

In der Wohnung des Designers Didier Gomez im Marais war früher eine Pharmafabrik untergebracht. Als er sie das erste Mal sah, waren die Fenster vernagelt, und überall standen Maschinen herum. Er behielt den ursprünglichen Grundriss bei, ließ aber das Glasdach von einem der Zimmer entfernen, um einen 300 Quadratmeter großen Garten zu schaffen. »Er ist eine wirklich friedliche Oase«, bestätigt er. In der Wohnung sorgen verschiedene Kunstwerke aus Afrika für Abwechslung – ein Kontinent, den Gomez gut kennt. Dazu gehört auch ein Lederpaneel, das einst die Wand eines Friseursalons in Kenia schmückte. Die Farbtöne sind bewusst beruhigend gewählt – Pistazie für die tagsüber benutzten Zimmer und Schokoladenbraun für die Schlafräume. »Ich arbeite oft hier und brauche einen ruhigen Ort«, so der Designer. Deshalb trennte er sich sogar von einem roten Tisch von Jean Prouvé. »Ich konnte mich bei dieser Knallfarbe einfach nicht konzentrieren!«

Previous pages: *A view from the dining room into the kitchen. The column in the corner originally belonged to an English palace.*
Above and right: *The sitting room is dominated by a number of Gomez's own creations, most notably the L-shaped "Opium" sofa (Cinna) and the "Prisme" coffee table (Ligne Roset). The Jérôme Abel Seguin artwork on the wall is made from woven wood fibres.*

Pages précédentes : *Une vue de la cuisine depuis la salle à manger. La colonne dans le coin vient d'un château anglais.*
En haut et à droite : *Dans le salon, de nombreuses créations de Gomez, dont le sofa « Opium » en L (Cinna) et la table basse « Prisme » (Ligne Roset). L'œuvre de Jérôme Abel Seguin au mur est réalisée en tissage de fibres de bois.*

Vorhergehende Seiten: *Blick vom Esszimmer auf die Küche. Die Säule in der Ecke gehörte ursprünglich zu einem englischen Schloss.*
Oben und rechts: *Das Wohnzimmer wird von Gomez' Eigenkreationen beherrscht. Mit am Auffälligsten sind das L-förmige »Opium«-Sofa (Cinna) und der Couchtisch »Prisme« (Ligne Roset). Das Bild an der Wand ist von Jérôme Abel Seguin und besteht aus miteinander verwebten Holzfasern.*

Right: *In the office-cum-TV room, two of Gomez's "Annaba" sofas (Ligne Roset) flank an oil painting by Emile Baez. The occasional table in the middle is by Jean-Michel Frank.*
Below: *In the sitting room, a pony-skin Pascal Mourgue chair stands to the left of Pierre Paulin's "Ribbon" chair.*
Following pages: *Among the artefacts in the flat are a mask from the Congo and a stool from Mali. The two drawings were executed by Boullard-Devé during André Citroën's "Croisière Jaune" expedition in 1931. The leather panel above the bed originally hung in a hair salon in Kenya.*

À droite : *Dans le bureau/salle de télévision, deux canapés « Annaba » de Gomez pour Ligne Roset flanquent une huile d'Emile Baez. La table d'appoint au centre est de Jean-Michel Frank.*
En bas : *Dans le séjour, un siège en poulain de Pascal Mourgue à gauche d'un fauteuil « Ribbon » de Pierre Paulin.*
Pages suivantes : *Parmi les objets de l'appartement, un masque du Congo et un tabouret malien. Les deux dessins ont été réalisés par Boullard-Devé durant la Croisière Jaune d'André Citroën en 1931. Le panneau en cuir au-dessus du lit vient d'un salon de coiffure kenyan.*

Rechts: *Im Arbeits- und Fernsehzimmer flankieren Gomez' »Annaba«-Sofas (Ligne Roset) ein Ölgemälde von Emile Baez. Das Beistelltischchen in der Mitte ist von Jean-Michel Frank.*
Unten: *Im Wohnzimmer steht ein Ponyfell-Sessel von Pascal Mourgue neben Pierre Paulins »Ribbon«-Stuhl.*
Folgende Seiten: *Zu den Kunstgegenständen in der Wohnung zählen eine Maske aus dem Kongo und ein Hocker aus Mali. Die beiden Zeichnungen fertigte Boullard-Devé 1931 auf der Citroën-Expedition »Croisière Jaune« an. Das Lederpaneel über dem Bett hing in einem Friseursalon in Kenia.*

"I can't live without colour," affirms Michelle Halard. "For me, it's essential." Bright hues certainly dominate the 120-square-metre apartment she shares with her husband right by the church of Saint-Sulpice. The dining room is purple, the sitting room green and the bedroom an orangey-red. The couple have been in the interiors business since 1950 and are best known for the furnishings they create under the Yves Halard label. Michelle has also outfitted restaurants and hotels, and created dinnerware for Gien. Here, their decorating approach was free and easy. "It's simply jam-packed with things," admits Michelle. Among them are numerous objects of whimsy – a model of a Danish boat, chairs from a stage set and a wooden figure from a 19th-century merry-go-round.

Michelle & Yves Halard

« Je ne peux pas vivre sans couleurs. Elles me sont vitales », affirme Michelle Halard. De fait, les 120 mètres carrés du couple, à deux pas de l'église Saint-Sulpice, sont dominés par les tons vifs : la salle à manger est violette, le salon vert et la chambre rouge orangé. Ils travaillent dans la décoration depuis 1950 et sont surtout connus pour le mobilier qu'ils créent pour la marque Yves Halard. Michelle a également décoré des hôtels et des restaurants, et dessiné de la vaisselle pour Gien. Dans leur appartement, ils ont opté pour un décor décontracté et facile à vivre. « Un vrai bric-à-brac », reconnaît-elle. On y trouve de nombreux objets coup de cœur : une maquette de bateau danois, des chaises de théâtre et une figure en bois provenant d'un manège du XIXe siècle.

»Ich kann nicht ohne Farbe leben«, bestätigt Michelle Halard. »Sie ist für mich ganz wesentlich.« So wird die 120 Quadratmeter große Wohnung direkt neben der Kirche Saint-Sulpice, die sie gemeinsam mit ihrem Mann bewohnt, eher von kräftigen Farbtönen dominiert. Das Esszimmer ist lila, das Wohnzimmer grün und das Schlafzimmer orangerot. Das Paar ist bereits seit 1950 im Interior-Design-Bereich tätig und vor allem für seine Möbel, die es unter dem Label Yves Halard entwirft, bekannt. Michelle hat auch Restaurants und Hotels ausgestattet sowie Geschirr für Gien entworfen. Bei sich zu Hause sind die beiden ganz locker und unverkrampft an die Einrichtung herangegangen. »Die Wohnung ist einfach mit allem Möglichen vollgestopft«, gibt Michelle zu. Unter anderem mit viel Heiterem, wie dem Modell eines dänischen Boots, Stühlen aus einem Theaterfundus und einer Holzfigur von einem Karussell aus dem 19. Jahrhundert.

Création du Ciel & de la Terre
Adam & Eve chassez du Paradis Terrestre.

REINE

Previous pages: *The apartment looks out directly onto the church of Saint-Sulpice. Throughout, the flat is filled with a whole host of unusual objects, such as a sculpture from a 19th-century fairground, a wooden Pinocchio and a Chinese horse.*
Facing page: *A 1930s vase in hammered silver.*
Above: *A neo-Gothic cabinet dominates the dining room. The dining chairs are the "Clarisse" model from Yves Halard.*
Right: *A yellow armchair from the Yves Halard collection.*

Pages précédentes : *Les fenêtres donnent sur l'église Saint-Sulpice. L'appartement est rempli d'objets inhabituels : une sculpture provenant d'une fête foraine du XIXe siècle, un Pinocchio et un cheval chinois.*
Page de gauche : *Un vase en argent martelé des années 1930.*
En haut : *Un vaisselier néogothique domine la salle à manger. Les chaises « Clarisse » sont d'Yves Halard.*
À droite : *Dans le salon, un fauteuil jaune de la collection Yves Halard.*

Vorhergehende Seiten: *Von der Wohnung sieht man direkt auf die Kirche Saint-Sulpice. Die ganze Wohnung ist voller ungewöhnlicher Objekte: Eine Jahrmarktsfigur aus dem 19. Jahrhundert, ein hölzerner Pinocchio und ein chinesisches Pferd.*
Gegenüberliegende Seite: *Eine Vase der 1930er-Jahre aus gehämmertem Silber, die die Halards vor etwa 50 Jahren kauften.*
Oben: *Ein neugotischer Schrank beherrscht das Esszimmer. Die Esszimmerstühle sind das Modell »Clarisse« von Yves Halard.*
Rechts: *Ein gelber Sessel aus der Yves-Halard-Kollektion steht im Wohnzimmer. Das Gemälde über dem Kamin ist von Christian d'Orgeix.*

MORSØ

RUSSIA
THE RUSSIAN
EMPIRE

Previous pages: *Two orange Louis XVI armchairs stand in front of the living-room windows. The rug was created by blowing up the pattern of an Yves Halard fabric. The Yves Halard sofa is upholstered in a cotton velvet from Nobilis and the 18th-century prie-dieu in a yellow damask. The photo with a view from the Casa Malaparte in Capri was taken by the Halards' son, François.*
Above and right: *Michelle often works on her new fabric collections at the kitchen table.*

Pages précédentes : *Deux fauteuils Louis XVI orange devant les fenêtres du salon. Le dessin du tapis est un agrandissement d'un motif de tissu Yves Halard. Le canapé Yves Halard est tapissé d'un velours de coton Nobilis et le prie-Dieu du XVIIIe siècle d'un damas jaune. La vue depuis la maison de Malaparte à Capri est une photo du fils des Halard, François.*
En haut et à droite : *Sur la table de la cuisine, Michelle travaille à sa nouvelle collection de tissus.*

Vorhergehende Seiten: *Zwei orangefarbene Louis-XVI-Sessel stehen vor den Wohnzimmerfenstern. Der Teppich entstand durch die Vergrößerung des Musters eines Yves-Halard-Bezugstoffs. Das Yves-Halard-Sofa ist mit Baumwollsamt von Nobilis bezogen und der Betstuhl aus dem 18. Jahrhundert mit gelbem Damast. Das Foto, das einen Ausblick von der Casa Malaparte auf Capri zeigt, wurde von François, dem Sohn der Halards, aufgenommen.*
Oben und rechts: *Michelle arbeitet oft am Küchentisch an ihren neuen Stoffkollektionen.*

Right: *The armchair was originally made for a theatre production.*
Below: *Above the bed, a female nude by Bernard Dufour.*

À droite : *Ce fauteuil a été conçu pour un décor de théâtre.*
En bass : *Au-dessus du lit, un nu féminin de Bernard Dufour.*

Rechts: *Der Sessel wurde ursprünglich für eine Theateraufführung angefertigt.*
Unten: *Über dem Bett hängt eine Arbeit von Bernard Dufour, die einen weiblichen Akt zeigt.*

Fashion designer Anne Valérie Hash must have one of the most spectacular showrooms in existence. Its main room shimmers with thousands of tiny gold mosaics and boasts both ornately painted ceilings and a whole host of wonderfully bizarre sculptures. In the 19th century, it was part of a restaurant called "Marguery", frequented by the likes of Émile Zola. Its history since then has been equally colourful. It has successively been a brothel, a synagogue and the headquarters of a strange African sect. When Hash first saw it, there was "monstrous" red carpet everywhere, a tasteless mirrored drop ceiling and hundreds of pigeons. With the help of architect Isabelle Stanislas, she got everything in shape in just five weeks! The result is simply bewitching. As Hash herself says, "Something attracted me to the place, like a magnet."

Anne Valérie Hash

Le showroom de la styliste Anne Valérie Hash est tout simplement spectaculaire. Sa pièce principale est ornée de milliers de petites mosaïques dorées chatoyantes, de plafonds peints et ouvragés, de sculptures merveilleusement bizarres. Au XIXe siècle, il faisait partie d'un restaurant, le Marguery, dont Émile Zola était l'un des piliers. Depuis, il a connu une histoire pittoresque, ayant été maison close, synagogue puis quartier général d'une étrange secte africaine. Lorsque Hash l'a découvert, il y avait partout une moquette rouge « monstrueuse », un faux-plafond en miroir d'un goût douteux et des centaines de pigeons. Avec l'architecte Isabelle Stanislas, elles l'ont restauré en cinq semaines seulement ! Le résultat est envoûtant. Comme le dit Hash elle-même : « Quelque chose m'a attiré ici, comme un aimant. »

Die Modedesignerin Anne Valérie Hash besitzt einen der spektakulärsten Showrooms überhaupt. Der Hauptraum, in dem Tausende von winzigen Goldmosaiken um die Wette schimmern, prunkt mit bemalten Kassettendecken und beherbergt wunderbar bizarre Skulpturen. Im 19. Jahrhundert gehörte er zu einem Restaurant namens »Marguery«, das von Berühmtheiten wie Émile Zola besucht wurde. Seine anschließende Geschichte ist nicht weniger faszinierend. Er war nacheinander Bordell, Synagoge und schließlich das Hauptquartier einer abstrusen afrikanischen Sekte. Als ihn Hash das erste Mal sah, lag überall ein »monströser« roter Teppich. Es gab eine geschmacklose, abgehängte Spiegeldecke sowie Hunderte von Tauben. Mithilfe der Architektin Isabelle Stanislas gelang es ihr in nur fünf Wochen, alles auf Vordermann zu bringen! Das Ergebnis ist einfach betörend. Hash sagt selbst: »Irgendwie hat mich der Ort angezogen wie ein Magnet.«

Previous pages: *Jurgen Bey's "Light Shade Shade" chandelier illuminates the Flemish Room. The Jeppe Hein electrical installation is entitled "Neon Cube 90°".*
Above: *Some of Hash's fashion creations stand at the top of the main staircase.*
Right: *The velvet sofa was found at Montreuil flea market.*
Facing page: *Hash stocks her former collections on the gallery, which was added to the Flemish Room in the 1960s.*
Following pages: *The letters on the fireplace spell out "Marguery" – the name of the 19th-century restaurant.*

Pages précédentes : *Un lustre de Jurgen Bey, « Light Shade Shade », illumine la salle flamande. L'installation électrique de Jeppe Hein s'intitule « Neon Cube 90° ».*
En haut : *Des modèles de Hash attendent en haut des escaliers.*
À droite : *Le canapé rouge a été trouvé aux Puces de Montreuil.*
Page de droite : *Hash stocke ses anciennes collections sur la mezzanine, ajoutée à la salle flamande dans les années 1960.*
Pages suivantes : *Sur la cheminée, l'enseigne du « Marguery », le restaurant du XIXe siècle pour lequel la salle flamande a été conçue.*

Vorhergehende Seiten: *Jurgen Beys »Light Shade Shade«-Kronleuchter erhellt das Flämische Zimmer. Die Lichtinstallation auf dem Boden von Jeppe Hein heißt »Neon Cube 90°«.*
Oben: *Einige von Hashs Modekreationen stehen am Ende des großen Treppenaufgangs.*
Rechts: *Das rote Samtsofa stammt vom Flohmarkt in Montreuil.*
Gegenüberliegende Seite: *Hash bewahrt ihre früheren Kollektionen auf der Galerie auf, die in den 1960er-Jahren hinzugefügt wurde.*
Folgende Seiten: *Die Buchstaben auf dem Kamin bilden das Wort »Marguery« – so hieß das Restaurant im 19. Jahrhundert.*

ÉTÉ
2007
HIVER
06/07
À LIVRER
ÉTÉ 2007
-BELLINDA
-HEPBURN

Swiss-born attorney-at-law Martin Hatebur bought his first work of art (an untitled piece by Christopher Wool) in 1996. Today, it hangs in his Paris living room. The front of the two-floor flat looks out directly over the Seine. At the back, the kitchen is housed in what was originally a winter garden built by Gustave Eiffel. Hatebur says it took him about ten years to furnish. Over that time, he has accumulated every light created by his designer friend, Arik Levy, as well as numerous pieces by Charlotte Perriand, Jean Prouvé and Pierre Jeanneret. Still, his main passion remains art. He talks about discovering Polish painter Wilhelm Sasnal on a trip to Warsaw and admits to having some 100 works divided between Paris and his home in Basle.

Martin Hatebur

L'avocat suisse Martin Hatebur a acheté sa première œuvre d'art en 1996 (un Christopher Wool sans titre). Aujourd'hui, elle est accrochée dans son séjour parisien. La façade du duplex donne sur la Seine ; à l'arrière, sa cuisine est située dans un ancien jardin d'hiver construit par Gustave Eiffel. Hatebur a mis dix ans à le meubler. Durant cette période, il a accumulé tous les luminaires créés par son ami Arik Levy ainsi que de nombreuses pièces de Charlotte Perriand, Jean Prouvé et Pierre Jeanneret. Mais l'art demeure sa vraie passion. Il raconte comment il a découvert le peintre polonais Wilhelm Sasnal lors d'un séjour à Varsovie et avoue posséder près de 100 œuvres réparties entre Paris et sa demeure à Bâle.

Der in der Schweiz geborene Rechtsanwalt Martin Hatebur erwarb sein erstes Kunstwerk 1996 (eine Arbeit von Christopher Wool ohne Titel). Heute hängt es in seinem Pariser Wohnzimmer. Der Blick aus der über zwei Geschosse reichenden Wohnung geht direkt auf die Seine hinaus. Die auf der Hofseite liegende Küche befindet sich in einem früheren Wintergarten, der von Gustave Eiffel gebaut wurde. Hatebur meint, er habe gut zehn Jahre zum Einrichten gebraucht. In dieser Zeit sammelte er jede Lampe seines Freundes, des Designers Arik Levy, sowie zahlreiche Möbel von Charlotte Perriand, Jean Prouvé und Pierre Jeanneret. Trotzdem gilt seine größte Liebe der Kunst. Er erzählt davon, wie er auf einer Warschaureise den polnischen Künstler Wilhelm Sasnal entdeckte, und gesteht, in seinen Wohnungen in Paris und Basel bestimmt 100 Kunstwerke zu besitzen.

CITIZEN

PHILLIPS
CONTEMPORARY ART

Previous pages: *Verner Panton's "Flower Pot" light fixture hangs above a monastery table in the dining room next to a light box by Chen Zhen. The kitchen features a Piet Hein and Bruno Mathsson table, Jean Prouvé "Standard" chairs, Arik Levy's "Flexible Flyer" ceiling light, and artworks by Wilhelm Sasnal (left) and Georgine Ingold (right).*
Right: *Above a Charlotte Perriand/Ateliers Jean Prouvé bookshelf in the office is a work by Sigmar Polke.*
Below: *In the living room, an untitled work by Christopher Wool as well as two photos by Ryan Gander hang behind a sofa from the store Caravane in Paris.*

Pages précédentes : *Dans la salle à manger, un lustre « Flower Pot » de Verner Panton est suspendu au-dessus d'une table de monastère. Au sol, une boîte lumineuse de Chen Zhen. Dans la cuisine, une table de Piet Hein et Bruno Mathsson, des chaises « Standard » de Jean Prouvé, un plafonnier « Flexible Flyer » d'Arik Levy et des œuvres d'art de Wilhelm Sasnal (à gauche) et de Georgine Ingold (à droite).*
À droite : *Dans le bureau, au-dessus des étagères de Charlotte Perriand pour les ateliers Jean Prouvé, une œuvre de Sigmar Polke.*
En bas : *Dans le séjour, une œuvre sans titre de Christopher Wool ainsi que deux photos de Ryan Gander sont accrochées derrière un canapé provenant de la boutique Caravane à Paris.*

Vorhergehende Seiten: *Verner Pantons »Flower Pot«-Lampen hängen über einem Refektoriumstisch im Esszimmer neben einem Leuchtkasten von Chen Zhen. In der Küche kann man einen Tisch von Piet Hein und Bruno Mathsson, »Standard«-Stühle von Jean Prouvé, Arik Levys »Flexible Flyer«-Deckenleuchte sowie Kunst von Wilhelm Sasnal (links) und Georgine Ingold (rechts) bewundern.*
Rechts: *Über dem Bücherregal von Charlotte Perriand, Ateliers Jean Prouvé, hängt eine Arbeit von Sigmar Polke.*
Unten: *Im Wohnzimmer hängen eine Arbeit von Christopher Wool sowie zwei Fotografien von Ryan Gander hinter einem Sofa aus dem Geschäft »Caravane« in Paris.*

***Above:** The desk was designed by Arne Vodder and the sofas by Pierre Jeanneret for Chandigarh in India.*
***Right:** The master bedroom is situated on the top floor of the duplex.*
***Following pages:** The living room is decorated with artworks by Christopher Wool (left), Stephen Prina (right) and two small works by Ugo Rondinone (far right). There is also a Charlotte Perriand stool and a bench, which she created for the Cité Cansado in Mauritania for a firm called Miferma. In the background is Jean Prouvé's "Antony" daybed.*

***En haut :** Un bureau d'Arne Vodder. Les canapés ont été dessinés par Pierre Jeanneret pour Chandigarh en Inde.*
***À droite :** La chambre principale se trouve au deuxième étage du duplex.*
***Pages suivantes :** Dans le séjour, des œuvres de Christopher Wool (à gauche), Stephen Prina et deux petits tableaux d'Ugo Rondinone (à droite) ; un tabouret de Charlotte Perriand et un banc qu'elle a dessiné pour la Cité Cansado de la société mauritanienne Miferma. Au fond, un lit de repos « Antony » de Jean Prouvé.*

***Oben:** Der Schreibtisch stammt von Arne Vodder, und die Sofas sind ein Entwurf von Pierre Jeanneret für Chandigarh in Indien.*
***Rechts:** Das Schlafzimmer befindet sich im oberen Geschoss der Duplexwohnung.*
***Folgende Seiten:** Im Wohnzimmer sieht man Kunst von Christopher Wool (links), Stephen Prina und zwei kleine Arbeiten von Ugo Rondinone (rechts). Eine Bank von Charlotte Perriand für Miferma, Cité Cansado, Mauretanien, dient als Sofatisch, der Hocker ist ebenfalls von Perriand und die »Antony«-Liege von Jean Prouvé.*

THAT WOULD HAVE BEEN WONDERFUL
ANDRO WEKUA + EDITION PATRICK FREY
CHRISTOPHER WOOL

If modernity is a question of mixing styles, then this apartment is certainly of its time. For its former occupants, Jacques Garcia created an ornate, neo-Gothic décor. There are 19th-century fabrics on the walls, rich colours and kitchen cupboards made from the wood panelling of an old chapel. The master bathroom, meanwhile, is kitted out with a throne from a St. Petersburg palace and antique Roman onyx. The present owner has changed very little. He has even kept the curtains and some of his predecessors' old-style furniture. He did, however, bring with him an exceptional collection of 20th-century design pieces by Jean Royère, Gaetano Pesce and the like. It took about two years for everything to find its place. Now that it has, it looks perfectly at home. As the owner says, "The mix may be daring, but it's also extremely harmonious".

Boulevard Haussmann

Si la modernité appelle un mélange de styles, cet appartement reflète bien l'esprit de son temps. Jacques Garcia a créé pour ses anciens occupants un riche décor néogothique : teintures murales du XIXe siècle, couleurs opulentes, placards de cuisine réalisés avec les boiseries d'une ancienne chapelle... Il y a même un trône venu d'un palais de Saint-Pétersbourg et de l'onyx de la Rome antique dans la salle de bains principale. Le nouveau propriétaire n'a pratiquement rien touché, conservant même les rideaux et certains meubles. En revanche, il a apporté avec lui son exceptionnelle collection de design du XXe siècle, dont des pièces de Jean Royère et de Gaetano Pesce. Il a fallu deux ans avant que chaque objet trouve sa place, mais à présent, comme il le dit lui-même, « le mélange est peut-être audacieux mais aussi très harmonieux ».

Wenn Modernität bedeutet, Stile zu mischen, ist diese Wohnung mit Sicherheit zeitgemäß. Für ihre vorherigen Bewohner schuf Jacques Garcia ein opulentes, neugotisches Dekor. Es gibt Stofftapeten aus dem 19. Jahrhundert, leuchtende Farben und Küchenschränke, die aus der Holzvertäfelung einer alten Kapelle gefertigt wurden. Das Bad ist mit einem Thron aus einem St. Petersburger Palast ausgestattet sowie mit antikem, römischem Onyx. Der heutige Eigentümer hat daran nur wenig verändert. Er behielt sogar die Vorhänge bei sowie einige Stilmöbel seines Vorgängers. Dafür brachte er eine außergewöhnliche Sammlung von Designerstücken des 20. Jahrhunderts mit – Objekte von Jean Royère, Gaetano Pesce und anderen. Es dauerte zwei Jahre, bis alles seinen Platz fand, aber jetzt ist es perfekt. »Die Mischung mag mutig sein, ist aber auch extrem harmonisch«, so der Besitzer.

Previous pages: *In the entrance hall, a suite of Jean Royère furniture is arranged around a coffee table designed by Charlotte Perriand and Jean Prouvé. The dog is a work by Jeff Koons.* ***Above:*** *An Ettore Sottsass bookshelf stands at the bottom of the stairs, which lead up to the bedrooms.* ***Facing page:*** *A mix of the new and old in the sitting room – two 19th-century armchairs, a Charlotte Perriand bench and two works of art by Alain Séchas, on the fireplace.*

Pages précédentes : *Dans le hall d'entrée, un ensemble de sièges de Jean Royère disposés autour d'une table basse de Charlotte Perriand et de Jean Prouvé. Le chien est une œuvre de Jeff Koons.* ***En haut :*** *Des étagères d'Ettore Sottsass au pied de l'escalier qui mène aux chambres.* ***Page de droite :*** *Dans le salon, un mélange harmonieux d'ancien et de moderne : deux fauteuils du XIXe siècle, un banc de Charlotte Perriand et, sur la cheminée, deux œuvres d'Alain Séchas.*

Vorhergehende Seiten: *Im Eingangsbereich wurden Jean-Royère-Möbel um einen Couchtisch von Charlotte Perriand und Jean Prouvé gruppiert. Der Hund ist ein Multiple von Jeff Koons.* ***Oben:*** *Ein Bücherregal von Ettore Sottsass steht am Fuß der Treppe, die zu weiteren Zimmern führt.* ***Gegenüberliegende Seite:*** *Ein harmonischer Mix von Alt und Neu im Wohnzimmer – zwei Sessel aus dem 19. Jahrhundert, eine Bank von Charlotte Perriand und zwei Arbeiten von Alain Séchas auf dem Kamin.*

GLUE

Previous double page: *A Didier Marcel sculpture of a chocolate grinder stands on the marble coffee table in the dining room. The curvaceous chaise longue in front of it is a creation by Martin Szekely.*
Facing page: *The neo-Gothic breakfast room is perfectly in tune with the spirit of the apartment.*
Left: *The kitchen units were made from wood panellings from a chapel. The range is from La Cornue.*
Below: *A Christian Boltanski sculpture and a Christian de Portzamparc armchair in the dining room.*

Double page précédente : *Sur la table basse en marbre de la salle à manger, une sculpture de Didier Marcel représentant une broyeuse de chocolat. Devant, une chaise longue arrondie de Martin Szekely.*
Page de gauche : *La « breakfast room » néogothique s'harmonise parfaitement avec l'esprit de l'appartement.*
À gauche : *Les placards de la cuisine ont été réalisés avec des boiseries récupérées dans une chapelle. La cuisinière vient de chez La Cornue.*
En bas : *Dans la salle à manger, une sculpture de Christian Boltanski et un fauteuil de Christian de Portzamparc.*

Vorhergehende Doppelseite: *Auf dem Marmorcouchtisch im Esszimmer steht die Skulptur einer Schokoladenmühle von Didier Marcel. Die kurvenreiche Chaiselongue im Vordergrund stammt von Martin Szekely.*
Gegenüberliegende Seite: *Der neugotische Frühstücksraum passt hervorragend zur Atmosphäre der Wohnung.*
Links: *Die Küchenschränke bestehen aus den Holzvertäfelungen einer Kapelle. Der Herd ist von La Cornue.*
Unten: *Im Esszimmer finden sich eine Skulptur von Christian Boltanski und ein Sessel von Christian de Portzamparc.*

Pages 132/133: *In one part of the sitting room, a Prouvé coffee table is juxtaposed with a Napoleon III-style sofa, a golden Philippe Starck stool and a white papier-mâché chair, which the owner found at a flea market. Clockwise from top left: A multicoloured Garouste & Bonetti standing light in the master bedroom. A Prouvé chair and a Perriand bookshelf in the dining room. A throne from a St. Petersburg palace in the master bathroom. A Fabrice Hyber work and Pierre Paulin sofa in the study.*

Pages 132/133 : *Dans un coin du salon, une table basse de Jean Prouvé devant un canapé de style Napoléon III, un tabouret doré de Philippe Starck et une chaise blanche en papier mâché chinée aux Puces. Depuis en haut à gauche dans le sens des aiguilles d'une montre : dans la chambre de maître, un lampadaire multicolore de Garouste & Bonetti. Dans la salle à manger, un fauteuil de Jean Prouvé et une bibliothèque de Charlotte Perriand. Dans la salle de bains principale, un trône provenant d'un palais de Saint-Pétersbourg. Dans le bureau, une œuvre de Fabrice Hyber au-dessus d'un canapé de Pierre Paulin.*

Seiten 132/133: *In einem Teil des Wohnzimmers wurde ein Prouvé-Couchtisch mit einem Sofa im Napoléon-III-Stil, einem goldenen Hocker von Philippe Starck sowie einem Stuhl aus weißem Papiermaschee kombiniert, den der Besitzer auf einem Flohmarkt entdeckte. Im Uhrzeigersinn von links: Im Schlafzimmer steht eine bunte Stehlampe von Garouste & Bonetti. Ein Prouvé-Stuhl und ein Perriand-Regal sind im Esszimmer zu sehen. Im Bad gibt es einen Thron aus einem Palast in St. Petersburg. Im Arbeitszimmer befinden sich Kunst von Fabrice Hyber und ein Sofa von Pierre Paulin.*

Above: A Jean Royère light fixture hangs above the red velvet headboard in the master bedroom. The religious painting dates from the 18th century.
Right and facing page: The guest room is painted a vivid green. To the left of the door, a George Nelson sofa sits beneath a work by Philippe Perrin entitled "La Panoplie", which incorporates objects used for boxing.

En haut : Dans la chambre principale, un luminaire de Jean Royère est accroché au-dessus de la tête de lit en velours rouge. La peinture religieuse date du XVIIIe siècle.
À droite et page de droite : La chambre d'amis est peinte d'un vert vif. À gauche de la porte, un canapé de George Nelson sous une œuvre de Philippe Perrin incorporant des objets du monde de la boxe et intitulée « La Panoplie ».

Oben: Eine Jean-Royère-Leuchte hängt über dem mit rotem Samt bezogenen Betthaupt im Schlafzimmer. Das religiöse Gemälde stammt aus dem 18. Jahrhundert.
Rechts und gegenüberliegende Seite: Das Gästezimmer ist in einem kräftigen Grün gestrichen. Links von der Tür steht ein Sofa von George Nelson unter einer Arbeit von Philippe Perrin mit dem Titel »La Panoplie«, die Boxzubehör enthält.

L'ART
Boxe

When Rome-based architect Cristina Finucci was asked to work on this pied-à-terre in Saint-Germain-des-Prés, she decided to create an interior that would reflect the Italian owners' two great passions: exoticism and travel. The starting point for the décor was the exquisite Chinese lacquer screen, which separates the dining and sitting areas in the main room. In the guest bedroom, Finucci housed the bathroom in a nomadic tent-like structure equipped with a zinc roof and raw-linen curtains. Elsewhere, she incorporated modern classics by the likes of Charlotte Perriand and Ettore Sottsass, and uncovered a series of portrait drawings above the main fireplace, left by a previous occupant. "It used to be an artist's studio," explains Finucci. Further back in the 16th century, the building even housed the British embassy.

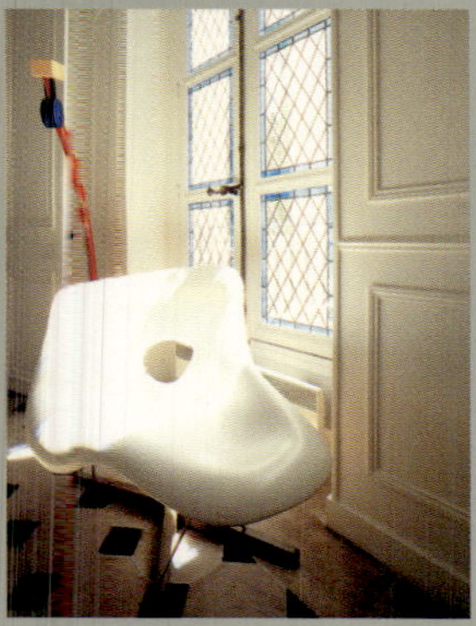

Rue Jacob

Quand l'architecte romaine Cristina Finucci s'est attaquée à ce pied-à-terre à Saint-Germain-des-Prés, elle a voulu un décor qui refléterait les deux passions des propriétaires italiens : l'exotisme et les voyages. Elle est partie de l'exquis paravent en laque chinoise qui sépare les coins salon et salle à manger dans la pièce principale. Dans la chambre d'amis, elle a niché une salle de bains sous une « tente nomade » au toit en zinc et protégée de rideaux en lin grège. Ailleurs, elle a intégré des « classiques modernes » de Charlotte Perriand ou d'Ettore Sottsass, et découvert une série de portraits au crayon dessinés par un ancien occupant au-dessus de la cheminée. « Autrefois, c'était un atelier d'artiste », explique-t-elle. Plus loin dans le temps, au XVIe siècle, l'immeuble a également accueilli l'ambassade britannique.

Als die in Rom ansässige Architektin Cristina Finucci gebeten wurde, dieses Pied-à-terre in Saint-Germain-des-Prés einzurichten, beschloss sie, ein Ambiente zu schaffen, das die beiden großen Leidenschaften seiner italienischen Besitzer widerspiegelt: Exotik und Reisen. Dreh- und Angelpunkt war der kostbare chinesische Lack-Paravent, der den Ess- vom Wohnbereich trennt. Im Gästezimmer brachte Finucci das Bad in einer Art Nomadenzelt mit Zinkdach und Vorhängen aus grobem Leinen unter. Dazu kombinierte sie moderne Klassiker von Designern wie Charlotte Perriand und Ettore Sottsass. Außerdem legte sie eine Reihe von Porträtzeichnungen über dem großen Kamin frei, die von einem früheren Bewohner stammen. »Die Wohnung war einmal ein Künstleratelier«, so Finucci. Im 16. Jahrhundert beherbergte das Gebäude sogar die britische Botschaft.

LA JUMENT

Previous pages: *In the sitting room, two Mies van der Rohe "Barcelona" chairs are juxtaposed with a bronze "Marguerites" coffee table by Hubert Le Gall. The owners asked for their portraits to be added to the wooden panel above the fireplace, formerly hidden by a mirror.*
Right: *In the guest bedroom, Finucci created a tent-like structure to house the bathroom.*
Below: *The dining table is a prototype designed by Riccardo Rolando. The "Tulip" chairs are by Eero Saarinen.*

Pages précédentes : *Dans le salon, deux fauteuils « Barcelona » de Mies van der Rohe côtoient une table basse en bronze « Marguerites » d'Hubert Le Gall. Les propriétaires ont tenu à intégrer leurs portraits à ceux dessinés sur la boiserie au-dessus de la cheminée, autrefois cachés par un miroir.*
À droite : *Dans la chambre d'amis, Finucci a créé une tente pour accueillir la salle de bains.*
En bas : *La table de la salle à manger est un prototype de Riccardo Rolando. Les chaises « Tulip » sont d'Eero Saarinen.*

Vorhergehende Seiten: *Im Wohnzimmer kontrastieren zwei »Barcelona«-Sessel von Mies van der Rohe mit einem bronzenen »Marguerites«-Couchtisch von Hubert Le Gall. Die Eigentümer baten darum, dass auch ihre Porträts auf dem Holzpaneel über dem Kamin hinzugefügt werden, das vorher von einem Spiegel verdeckt war.*
Rechts: *Im Gästezimmer schuf Finucci eine Art Zelt, in dem sich das Bad versteckt.*
Unten: *Der Esstisch ist ein Prototyp von Riccardo Rolando. Die »Tulip«-Stühle sind von Eero Saarinen.*

Above: *A standing lamp by the late Italian designer Tony Cordero and a four-poster bed dominate the master bedroom. The black chair is a prototype, designed by Philippe Starck for a Parisian nightclub.*
Right: *Three lithographs by Roy Lichtenstein hang above a laminate chest created by Charlotte Perriand and Jean Prouvé for the headquarters of Air France.*

En haut : *Dans la chambre de maître, un lampadaire de feu Tony Cordero et un lit à baldaquin. Le fauteuil noir est un prototype de Philippe Stark pour un night-club parisien.*
À droite : *Trois lithographies de Roy Lichtenstein au-dessus d'un meuble en laminé créé par Charlotte Perriand et Jean Prouvé pour le quartier général d'Air France.*

Oben: *Eine Stehlampe des verstorbenen italienischen Designers Tony Cordero sowie ein Himmelbett beherrschen das Schlafzimmer. Der schwarze Stuhl ist ein Prototyp, den Philippe Starck für einen Pariser Nachtclub entwarf.*
Rechts: *Drei Lithografien von Roy Lichtenstein hängen über einem Sideboard, das Charlotte Perriand und Jean Prouvé für die Firmenzentrale der Air France schufen.*

Philippe Jousse still clearly remembers meeting Jean Prouvé. "He was very open and nice," he asserts. "Much less austere than you'd think." The first piece of design he bought in the late 1970s was an emblematic Prouvé "Compas" table. Since, he's gone on to become one of the world's leading dealers of 20th-century furniture. In Paris, he has three different galleries. One specialises in Prouvé and his contemporaries, another in 1960s and 1970s design, and a third in contemporary art. The 90-square-metre apartment he shares with his wife, Patricia, is certainly filled with some wonderful treasures. Overlooking the Port de l'Arsenal near the Bastille, it was restructured with the help of architects Dominique Marrec and Emmanuel Combarel. Cantilevered stairs lead up to a terrace. "It's really great living on the top floor," he says. Given the spectacular views, there's not much arguing with that!

Patricia & Philippe Jousse

Philippe Jousse se souvient encore de sa rencontre avec Jean Prouvé. « Il était très ouvert et sympathique. Beaucoup moins austère qu'on l'aurait cru. » Le premier meuble design qu'il a acheté à la fin des années 1970 était sa fameuse table « Compas ». Depuis, il est devenu l'un des premiers marchands de design du XXe siècle du monde. Rien qu'à Paris, il possède trois galeries ; la première consacrée à Prouvé, la seconde au design des années 1960 et 1970, et la troisième à l'art contemporain. L'appartement de 90 mètres carrés qu'il partage avec sa femme Patricia est rempli de trésors. Dominant le port de l'Arsenal près de la Bastille, il a été restructuré avec l'aide des architectes Dominique Marrec et Emmanuel Combarel. « Vivre au dernier étage est formidable » confie Jousse.

Philippe Jousse kann sich noch gut daran erinnern, wie er Jean Prouvé kennenlernte. »Er war sehr nett und aufgeschlossen«, bestätigt er. »Gar nicht so unnahbar, wie man glauben würde.« Das erste Möbelstück, das er Ende der 1970er-Jahre von Prouvé kaufte, war dessen beispielhafter »Compas«-Tisch. Seitdem hat Jousse sich zu einem der führenden Händler für Möbel des 20. Jahrhunderts entwickelt. In Paris besitzt er inzwischen drei Galerien. Eine ist auf Prouvé und dessen Zeitgenossen spezialisiert, eine andere auf das Design der 1960er- und 1970er-Jahre und eine dritte auf zeitgenössische Kunst. Die 90 Quadratmeter große Wohnung, die er mit seiner Frau Patricia bewohnt, ist ganz sicher mit zahlreichen Schätzen eingerichtet. Sie gewährt Ausblick auf den Port de l'Arsenal unweit der Bastille und wurde mithilfe der Architekten Dominique Marrec und Emmanuel Combarel renoviert. Eine freitragende Treppe führt hoch zum Dachgarten. »Es ist wirklich toll, im obersten Geschoss zu wohnen«, sagt er. Bei der spektakulären Aussicht kann man ihm nicht widersprechen!

Previous pages: Cantilevered stairs lead up to the roof terrace. One of Jean Prouvé's famous "porthole" panels acts as a divider between the main room and the kitchen.
Right: A ceiling light by Ronan & Erwan Bouroullec hangs above a Ron Arad coffee table.
Below: Beneath the stairs is a chair created by the artist Franz West. The sideboard was created by Pierre Jeanneret and Charlotte Perriand for a scientist in 1945. It is one of only two in existence. The pair of "Kangourou" armchairs meanwhile were made by Jean Prouvé for his friends' holiday villa in the south of France.

Pages précédentes : Un escalier cantilever mène à la terrasse sur le toit. Un des célèbres panneaux « d'Hublot » de Jean Prouvé sépare la salle principale de la cuisine.
À droite : Un plafonnier de Ronan & Erwan Bouroullec suspendu au-dessus d'une table basse de Ron Arad.
En bas : Sous l'escalier, une chaise créée par l'artiste Franz West. Le buffet fut dessiné en 1945 par Pierre Jeanneret et Charlotte Perriand pour un chercheur. Il n'en existe que deux exemplaires. Jean Prouvé conçut la paire de fauteuils « Kangourou » pour la maison de vacances d'amis dans le sud de la France.

Vorhergehende Seiten: Eine freitragende Treppe führt hinauf zum Dachgarten. Eines von Jean Prouvés berühmten »Bullaugen«-Paneelen dient als Raumteiler zwischen Wohnzimmer und Küche.
Rechts: Eine Deckenlampe der Brüder Ronan & Erwan Bouroullec hängt über einem Couchtisch von Ron Arad.
Unten: Unter der Treppe steht ein Stuhl, den der Künstler Franz West gestaltet hat. Das Sideboard wurde 1945 von Pierre Jeanneret und Charlotte Perriand für einen Wissenschaftler entworfen. Es ist eines von nur zwei Exemplaren. Die beiden »Kangourou«-Sessel dagegen wurden von Jean Prouvé für das Feriendomizil von Freunden in Südfrankreich geschaffen.

Above: The Andreas Gursky photo depicts the port of Salerno, Italy. The green cactus is a clothes stand designed by Drocco and Mello in 1972.
Right: The yellow "Molaire" ceramic on the coffee table is a piece by Georges Jouve. The small wooden stools are by Charlotte Perriand.
Following pages: The "Centrale" dining table, the aluminium "Standard" chairs and the "Swing Jib" wall lamp from the Air France building in Congo are all by Prouvé. The Jouve ceramic is called "Calice" and the small drawing on the wall is by Jean-Michel Basquiat.

En haut : Une photo du port de Salerno, en Italie, d'Andreas Gursky. Le cactus est un présentoir de vêtements créé par Drocco et Mello en 1972.
À droite : La « Molaire » en céramique jaune sur la table basse est une œuvre de Georges Jouve. Les petits tabourets en bois sont de Charlotte Perriand.
Pages suivantes : La table « Centrale », les chaises « Standard » en aluminium et le luminaire « Swing Jib » provenant du bâtiment Air France au Congo sont tous de Jean Prouvé. Le vase en céramique « Calice » est de Georges Jouve et le petit dessin au mur de Jean-Michel Basquiat.

Oben: Das Foto von Andreas Gursky zeigt den Hafen von Salerno, Italien. Der grüne Kaktus ist ein Kleiderständer, den Drocco und Mello 1972 entwarfen.
Rechts: Die gelbe »Molaire«-Keramik auf dem Couchtisch ist von Georges Jouve. Die kleinen Holzhocker stammen von Charlotte Perriand.
Folgende Seiten: Der »Centrale«-Esstisch, die »Standard«-Stühle und die »Swing Jib«-Wandleuchte aus dem Air-France-Gebäude im Kongo sind alle von Prouvé. Die Jouve-Keramik heißt »Calice«, und die kleine Zeichnung an der Wand ist von Jean-Michel Basquiat.

ARCADE©

Above: In the kitchen, the "Granipoli" table from 1939 is another of Prouvé's creations. On the Boffi kitchen units are a lamp and fruit bowl by Mathieu Matégot, as well as artworks by Philippe Meste incorporating photos of supermodels.
Right: In the guest bathroom, an oil painting by Bernard Frize hangs above two sinks created by the Atelier Van Lieshout.
Facing page: On the far side of the dining table is the famous "Mexique" bookshelf – a collaborative effort between Prouvé and Perriand.

En haut : Dans la cuisine, la table « Granipoli » est une autre création de Jean Prouvé de 1939. Sur les éléments de cuisine Boffi, une lampe et une coupe à fruits de Mathieu Matégot, ainsi que des œuvres d'art de Philippe Meste incorporant des photos de top-modèles.
À droite : Dans la salle de bains des invités, une peinture à l'huile de Bernard Frize au-dessus de lavabos de l'Atelier Van Lieshout.
Page de droite : Derrière la table, la célèbre bibliothèque « Mexique », une œuvre conjointe de Prouvé et Perriand.

Oben: Der »Granipoli«-Tisch in der Küche ist von 1939 und ebenfalls ein Entwurf von Prouvé. Auf der Boffi-Küchenzeile stehen eine Lampe und eine Obstschale von Mathieu Matégot sowie Kunst von Philippe Meste, der Fotos von Supermodels verwendete.
Rechts: Im Gästebad hängt ein Ölbild von Bernard Frize über zwei Waschbecken aus dem Atelier Van Lieshout.
Gegenüberliegende Seite: Hinter dem Esstisch ist das berühmte Bücherregal »Mexique« zu sehen – ein Gemeinschaftsentwurf von Prouvé und Perriand.

Facing page: *A chair that Prouvé created for an amphitheatre stands next to Serge Mouille's "Signal" standing light.*
Above: *In the master bedroom, Perriand's "Ombre" chair sits beneath an artwork by Valentin Carron. The photo is by Erwin Wurm, the bedspread was custom-made by Rick Owens and the wall lamp is by Le Corbusier.*
Right: *The bookshelves are yet another Perriand creation.*

Page de gauche : *Une chaise dessinée par Prouvé pour un amphithéâtre près d'un lampadaire « Signal » de Serge Mouille.*
En haut : *Dans la chambre principale, une chaise « Ombre » de Perriand, sous une œuvre de Valentin Carron. La photo est d'Erwin Wurm. Le dessus-de-lit a été réalisé sur mesure par Rick Owens. L'applique est de Le Corbusier.*
À droite : *Une autre bibliothèque dessinée par Perriand.*

Gegenüberliegende Seite: *Ein Stuhl, den Prouvé für ein Amphitheater entwarf, steht neben der »Signal«-Stehlampe von Serge Mouille.*
Oben: *Im Schlafzimmer befindet sich Perriands »Ombre«-Stuhl unter einem Kunstwerk von Valentin Carron. Das Foto stammt von Erwin Wurm, der Bettüberwurf ist eine Spezialanfertigung von Rick Owens, und die Wandlampe ist von Le Corbusier.*
Rechts: *Die Bücherregale sind wieder ein Entwurf von Perriand.*

KAIROS

Below: The "Copacabana" table and chairs are by Matégot.
Following pages: The view at night, with the Eiffel Tower glittering in the distance, is truly mesmerising.

En bas : La table et les chaises « Copacabana » sont de Matégot.
Pages suivantes : La vue de nuit, avec la tour Eiffel scintillant au loin, est vraiment hypnotique.

Unten: Der »Copacabana«-Tisch und die Stühle sind von Matégot.
Folgende Seiten: Die Aussicht bei Nacht, wenn der Eiffelturm in der Ferne funkelt, ist wirklich hypnotisierend.

Facing page: A view of the apartment building across the Port de l'Arsenal.
Above: On the roof terrace, the Jousses have installed a red stool and an aluminium sun shield created by Prouvé for a project in Conakry (Guinea).

Page de gauche : L'immeuble des Jousse vu depuis l'autre côté du port de l'Arsenal.
En haut : Sur la terrasse sur le toit, les Jousse ont placé un tabouret rouge et un brise-soleil en aluminium conçu par Prouvé pour un immeuble à Conakry en Guinée.

Gegenüberliegende Seite: Ein Blick auf das Wohnhaus vom Port de l'Arsenal aus.
Oben: Die Dachterrasse haben die Jousses mit einem roten Hocker sowie einer Aluminium-Sonnenblende aus Conakry, Guinea, von Prouvé bestückt.

Clémence and Didier Krzentowski are the owners of Paris's hippest design gallery, Kreo, where they represent the likes of the Bouroullec brothers, Martin Szekely and Marc Newson. They are also avid collectors. As Didier says, "When you collect, the goal is to have the best collection in the world." He believes he has the largest number of lights by designer Gino Sarfatti, and has two other principal passions – Pierre Paulin and mirrors created by artists. Their apartment is certainly jam-packed with an anarchic mix of objects. Among them, several artistic installations, the most striking of which is Richard Jackson's "Accidents in Abstract Painting". Created in situ, it consists of a large model airplane on a paint-spattered sheet. "When he switched on the propellor," recalls Krzentowski enthusiastically, "paint went absolutely everywhere!"

Clémence & Didier Krzentowski

Clémence et Didier Krzentowski sont les propriétaires de la galerie de design super branché Kreo où ils représentent, entre autres, les frères Bouroullec, Martin Szekely et Marc Newson. Ce sont aussi d'avides collectionneurs. Il croit posséder le plus grand nombre de luminaires de Gino Sarfatti et a deux autres grandes passions : Pierre Paulin et les miroirs d'artistes. Leur appartement est bondé d'un mélange anarchique d'objets. Parmi eux, plusieurs installations artistiques dont la plus frappante est « Accidents in Abstract Painting » de Richard Jackson. Créée in situ, c'est une grande maquette d'avion sur un drap éclaboussé de peinture. « Quand il a mis l'hélice en route », se souvient Didier, « il y a eu de la peinture partout ! ».

Clémence und Didier Krzentowski sind die Besitzer von Kreo, der wichtigsten Designgalerie von Paris. Dort vertreten sie unter anderen die Bouroullec-Brüder, Martin Szekely und Marc Newson. Außerdem sind sie begeisterte Sammler. »Wenn man sammelt, besteht das Ziel darin, die beste Sammlung der Welt zu haben«, so Didier. Nach eigener Auskunft besitzt er die größte Anzahl an Lampen des Designers Gino Sarfatti. Er hat aber auch noch zwei andere große Leidenschaften, nämlich für Pierre Paulin und für von Künstlern geschaffene Spiegel. Die Wohnung des Paars ist voll bis unter die Decke mit einem anarchischen Mix verschiedener Objekte. Dazu zählen verschiedene Künstlerinstallationen, von denen Richard Jacksons »Accidents in Abstract Painting« sicherlich die Auffälligste ist. Sie entstand direkt vor Ort und besteht aus einem großen Modellflugzeug, das auf einem farbbespritzten Laken steht. »Als er den Propeller anmachte«, erinnert sich Krzentowski mit Begeisterung, »spritzte die Farbe absolut überall hin!«

WHERE
GO?

LIV
AT
LEED

Previous pages: The Eiffel Tower is reflected in a stainless-steel and lacquer coffee table by Martin Szekely. The living room is dominated by the Richard Jackson installation "Accidents in Abstract Painting", which features a large model airplane.
Above and right: A red bench by the Bouroullecs and a yellow Pierre Paulin chair are grouped around the Szekely coffee table. The "U.S. Historians" artwork is by Sam Durant.

Pages précédentes : La tour Eiffel se reflète dans une table basse en acier inoxydable et laque de Martin Szekely. Le séjour est dominé par la grande maquette d'avion de l'installation de Richard Jackson, « Accidents in Abstract Painting ».
En haut et à droite : Autour de la table basse de Szekely, un banc rouge des Bouroullec et un siège jaune de Pierre Paulin. Au mur, une œuvre de Sam Durant, « U. S. Historians ».

Vorhergehende Seiten: Der Eiffelturm spiegelt sich in einem Couchtisch aus Edelstahl und Lack von Martin Szekely. Das Wohnzimmer wird von Richard Jacksons Installation »Accidents in Abstract Painting« beherrscht, zu der ein riesiges Modellflugzeug gehört.
Oben und rechts: Eine rote Bank von den Bouroullec-Brüdern und ein gelber Stuhl von Pierre Paulin stehen um den Couchtisch von Szekely. Das Bild mit dem Titel »U.S. Historians« stammt von Sam Durant.

Right: Richard Jackson's plane seems to hover over a Marc Newson coffee table.
Below: Vases by Hella Jongerius, the Bouroullecs and Jerszy Seymour are arranged on top of a Maarten van Severen sideboard. The middle ceiling light is by Gino Sarfatti.

À droite : L'avion de Richard Jackson semble planer au-dessus d'une table basse de Marc Newson.
En bas : Des vases d'Hella Jongerius, des Bouroullec et de Jerszy Seymour sont regroupés sur une desserte de Maarten van Severen. Au centre, un lustre de Gino Sarfatti.

Rechts: Richard Jacksons Flugzeug scheint über dem Couchtisch von Marc Newson zu schweben.
Unten: Vasen von Hella Jongerius, den Bouroullec-Brüdern und Jerszy Seymour wurden auf einem Sideboard von Maarten van Severen arrangiert. Die mittlere Deckenleuchte ist von Gino Sarfatti.

Above: In the dining room is a Szekely table, a Raymond Loewy sideboard, metal vases by Andrea Branzi, Pierre Paulin wall lights and a Barbara Kruger photomontage.
Right: Vases by Ettore Sottsass, Wieki Somers and Hella Jongerius are displayed on a Martin Szekely bookshelf.
Facing page: The master bedroom features globes by Ange Leccia and an array of coloured rectangles by Allan McCollum.
Following pages: Bookshelves by Alessandro Mendini and Martin Szekely. The boat-like bathtub was created by Wieki Somers.

En haut: *Dans la salle à manger, une table de Szekely, un buffet de Raymond Loewy, des vases en métal d'Andrea Branzi, des appliques de Pierre Paulin et un photomontage de Barbara Kruger.*
À droite: *Des vases d'Ettore Sottsass, de Wieki Somers et d'Hella Jongerius exposés dans une bibliothèque de Martin Szekely.*
Page de droite: *Dans la chambre de maître, des globes d'Ange Leccia et un arrangement de rectangles de couleurs d'Allan McCollum.*
Pages suivantes: *Étagères d'Alessandro Mendini et de Martin Szekely. La baignoire bateau a été dessinée par Wieki Somers.*

Oben: *Im Esszimmer finden sich ein Tisch von Szekely, ein Sideboard von Raymond Loewy, Metallvasen von Andrea Branzi, Wandleuchten von Pierre Paulin und eine Fotoarbeit von Barbara Kruger.*
Rechts: *Vasen von Ettore Sottsass, Wieki Somers und Hella Jongerius schmücken ein Regal von Martin Szekely.*
Gegenüberliegende Seite: *Das große Schlafzimmer stellt Globen von Ange Leccia sowie viele bunte Rechtecke von Allan McCollum zur Schau.*
Folgende Seiten: *Bücherregale von Alessandro Mendini und Martin Szekely. Die Badewanne in Bootform stammt von Wieki Somers.*

Built on the quarries of Montmartre c. 1890, the Cité des Fusains has had many illustrious inhabitants. Artists Pierre Bonnard, Joan Miró and Jean Arp all had studios in the maze-like complex. Since 1993, designer Hubert Le Gall has both lived and worked there. Ask him why and he talks about the "tranquillity". "You really feel like you're in the countryside," he remarks. His house is filled with his own creations. In the entrance hall, a crocodile looks as if it is biting into a mirrored wall light. In the sitting room upstairs are a chair in the form of a whale and Le Gall's famous "Marguerites" table, composed of a bunch of bronze daisies. Throughout, he was keen to maintain the ambience of an "atelier d'artiste". "I wanted to blend in with the space," he explains. In the kitchen, he even hung drawings by one of its former inhabitants, artist René Collamarini.

Hubert Le Gall

Construite sur les carrières de Montmartre vers 1890, la Cité des Fusains a connu de nombreux illustres habitants : Pierre Bonnard, Joan Miró et Jean Arp ont eu leur atelier dans le dédale de ses allées. Depuis 1993, le designer Hubert Le Gall y vit et travaille. Il apprécie sa tranquillité et remarque : « Ici, on a vraiment l'impression d'être à la campagne. » Sa maison est remplie de ses créations. Dans l'entrée, un crocodile semble mordre une applique en miroirs. Le salon à l'étage accueille un fauteuil en forme de baleine et la célèbre table « Marguerites » de Le Gall, composée de fleurs en bronze. Il s'est efforcé de préserver partout l'atmosphère d'un atelier d'artiste. « Je voulais me fondre dans l'espace », explique-t-il. Dans la cuisine, il a même accroché des dessins d'un ancien occupant des lieux, l'artiste René Collamarini.

Die um 1890 auf dem Steinbruch vom Montmartre erbaute Cité des Fusains hatte bereits viele illustre Bewohner. Künstler wie Pierre Bonnard, Joan Miró und Jean Arp besaßen alle Ateliers in dem labyrinthartigen Viertel. Seit 1993 lebt und arbeitet hier auch der Designer Hubert Le Gall. Wenn man ihn nach dem Grund dafür fragt, spricht er von der »Beschaulichkeit und Ruhe«. »Man fühlt sich wirklich wie auf dem Land«, meint er. Sein Haus ist angefüllt mit eigenen Objekten. Im Flur scheint ein Krokodil in eine Wandleuchte mit Spiegeln zu beißen. Im Wohnzimmer im ersten Obergeschoss stehen ein Sessel in Form eines Wals sowie Le Galls berühmter Tisch namens »Marguerites«, der aus einem Strauß bronzener Margeriten besteht. Er hat durchgängig darauf geachtet, dass die Atmosphäre eines »atelier d'artiste« erhalten bleibt. »Ich wollte mich an den Raum anpassen«, erklärt er. In der Küche hat er sogar Zeichnungen von einem vorherigen Bewohner, dem Künstler René Collamarini, aufgehängt.

Previous pages: A bust by René Collamarini stands in the bucolic courtyard in front of Le Gall's house.
Right: One of Le Gall's "Trèfle" (Clover) chairs can be seen in front of an original plaster relief fireplace, which he also designed. The candles actually light up and the hands of the clock turn.
Below: A crocodile bites into a mirrored wall light in the entrance hall. The 19th-century cartonnier was originally devised for storing drawings.

Pages précédentes : Un buste de René Collamarini dans la cour bucolique devant la maison de Le Gall.
À droite : Une des chaises « Trèfle » de Le Gall devant une fausse cheminée en plâtre, également dessinée par le maître de maison. Les bougies s'allument vraiment et les aiguilles de la pendule tournent.
En bas : Un crocodile mord une applique à deux miroirs dans l'entrée. Le cartonnier du XIXᵉ siècle fut conçu à l'origine pour ranger des dessins.

Vorhergehende Seiten: Eine Büste von René Collamarini steht im idyllischen Hof vor Le Galls Haus.
Rechts: Einer von Le Galls »Trèfle« (Klee)-Stühlen ist vor einem Gipsrelief in Form eines Kamins zu sehen, das er ebenfalls entwarf. Die Kerzen lassen sich tatsächlich anzünden, und die Zeiger der Uhr bewegen sich.
Unten: Im Flur beißt ein Krokodil in eine Wandleuchte mit Spiegeln. Der Cartonnier aus dem 19. Jahrhundert diente ursprünglich der Aufbewahrung von Zeichnungen.

Above: *The "Pot de Fleur" (Flower Pot) sofa, "Sunset" bookshelves and "Marguerites" coffee tables were all designed by Le Gall.*
Right: *A bronze chest called "Taureau" (Bull) stands at the bottom of the stairs.*
Following pages: *Most of the objects in the living room were created by Le Gall, among them the "Whale" chair, the "Mulus" mirror and the green lacquer and gilt bronze "Pré Emballé" chest. Touches of wit abound. His "vice versa" vases can be displayed both ways up and the chimney surround in the sitting room doubles as a blackboard.*

En haut : *Le canapé « Pot de fleur », la bibliothèque « Sunset » et les tables basses « Marguerites » sont tous des créations de Le Gall.*
À droite : *Au pied de l'escalier, un coffre en bronze baptisé « Taureau ».*
Pages suivantes : *La plupart des objets du séjour ont été créés par Le Gall, comme le fauteuil « Whale », le miroir « Mulus » et le coffre en bronze doré et laque verte « Pré Emballé ». Les touches d'humour sont partout : ses vases « vice versa » peuvent être posés dans un sens ou dans l'autre. Le cadre de cheminée fait aussi office de tableau noir.*

Oben: *Das »Pot de Fleur«-Sofa, die »Sunset«-Regale und der »Marguerites«-Couchtisch sind alles Entwürfe von Le Gall.*
Rechts: *Am Fuß der Treppe steht die Bronzekommode »Taureau« (Stier).*
Folgende Seiten: *Die meisten Objekte im Wohnzimmer wurden von Le Gall selbst entworfen. Dazu zählen auch der »Wal«-Sessel, die sogenannten »Mulus«-Spiegel und die Kommode »Pré Emballé« aus grünem Lack und vergoldeter Bronze. Nichts ist hier ohne Hintersinn: Seine »vice versa«-Vasen können von beiden Seiten benutzt werden, und die Kamineinfassung dient gleichzeitig als Tafel.*

PARIS
L'AUTOPORTRAIT AU XXe SIÈCLE
MAÎTRES ET ATELIERS
Le métier d'artiste

de Pluie tombée d'éthe

80 90 00 10

Nathalie Lété and Thomas Fougeirol have found the perfect way to combine professional and family life. They are both artists. Thomas is a painter and Nathalie creates a whole array of things, from earthenware for Astier de Villatte to children's clothes for the Japanese label Muchacha. They live in a loft-like space in what was once a metal factory in Ivry-sur-Seine. In the same complex, each also has a studio... which means that they are never far from their two children, Angèle and Oskar. Thomas's main brief for the two-storey flat was that there be lots of storage space. "He didn't want there to be any room for paintings because he knew that I'd take over every wall," laughs Lété. Undaunted, she filled the place with other creations instead: carpets, cushions and ceramics, which evoke a world of insects, flowers and East European folk art.

Nathalie Lété & Thomas Fougeirol

Les artistes Nathalie Lété et Thomas Fougeirol ont trouvé la solution idéale pour conjuguer vie professionnelle et vie privée. Thomas est peintre et Nathalie crée toutes sortes de choses, de la faïence pour Astier de Villatte à des vêtements d'enfants pour la marque japonaise Muchacha. Leur appartement/loft est situé dans une ancienne usine de métaux à Ivry-sur-Seine. Thomas tenait à ce que l'espace de deux étages comporte beaucoup de rangements. « Il ne voulait pas de tableaux, sachant qu'ils envahiraient rapidement tous les murs », se souvient Nathalie en riant. Du coup, elle a rempli l'espace avec d'autres créations : tapis, coussins, artisanat d'Europe de l'Est et céramiques évoquant un monde d'insectes et de fleurs.

Nathalie Lété und Thomas Fougeirol haben es geschafft, Beruf und Familie perfekt miteinander zu vereinen. Beide sind Künstler: Thomas ist Maler, und Nathalie entwirft alles Mögliche, von Keramik für Astier de Villatte bis hin zu Kinderkleidung für das japanische Label Muchacha. Sie wohnen in einer Art Loft in Ivry-sur-Seine, das einmal eine Metallfabrik war. Im selben Gebäude hat jeder noch sein eigenes Atelier. So sind sie immer in der Nähe ihrer beiden Kinder Angèle und Oskar. Thomas kam es vor allem darauf an, dass die über zwei Geschosse gehende Wohnung genügend Stauraum hat. »Er wollte, dass nirgendwo mehr Platz für meine Bilder ist, weil ich sonst jede Wand zugepflastert hätte«, sagt Lété lachend. Dafür füllte sie den noch verbliebenen Raum todesmutig mit ihren anderen Kreationen wie Teppichen, Kissen und Keramik. Sie beschwören eine Welt voller Insekten, Blumen und osteuropäischer Volkskunst.

TASTE

Previous pages: *In Lété's atelier are several cardboard bas-reliefs, which she created in tandem with Mathias Robert under the name "Mathias et Nathalie". They hang above a chest, which comes from a French electricity board factory.*
Above: *In the master bedroom is a painted chest from Pakistan. The iron ladder leads up to the bedroom of the couple's daughter, Angèle.*
Right: *On the first-floor landing is an oil painting by Fougeirol. The armchair used to belong to his grandmother.*

Pages précédentes : *Dans l'atelier de Lété, des bas-relief en carton, créés par Lété avec Mathias Robert sous le nom « Mathias et Nathalie », sont accrochés au-dessus d'un coffre provenant d'une centrale électrique.*
En haut : *Dans la chambre principale, une armoire peinte du Pakistan. L'échelle métallique mène à la chambre d'Angèle, la fille du couple.*
À droite : *Sur le palier du premier étage, une huile de Fougeirol. Le fauteuil appartenait à sa grand-mère.*

Vorhergehende Seiten: *In Létés Atelier finden sich mehrere Pappreliefs, die sie gemeinsam mit Mathias Robert unter dem Namen »Mathias et Nathalie« entwarf. Sie hängen über einem Schrank, der aus einem französischen Elektrizitätswerk stammt.*
Oben: *Im Schlafzimmer steht ein bemalter Schrank aus Pakistan. Die Eisenleiter führt in das Zimmer der Tochter Angèle.*
Rechts: *Im Flur im oberen Geschoss hängt ein Ölgemälde von Fougeirol. Der Sessel gehörte einst seiner Großmutter.*

Right: *Lété created the carpets and garland in Angèle's room. The contemporary cotton bedspread is from Greece.*
Below: *In the living room, the oak coffee table was specially created by Antonis Cardew. The sofa is from the Parisian store Caravane. The yellow lamp is made from sections of water pipes.*
Following pages: *Lété's own creations are omnipresent throughout both her home and atelier. They include hand-painted plates and ceramic objects inspired by marine life. The vase on the dining table is from Cliousclat in Provence and the glasses from Biot.*

À droite : Lété a créé les tapis et la guirlande de la chambre d'Angèle. Le couvre-lit moderne en coton vient de Grèce.
Ci-dessous : Dans le séjour, la table basse en chêne a été créée spécialement par Antonis Cardew.
Pages suivantes : Les créations de Lété sont omniprésentes dans l'appartement et l'atelier ; parmi elles, des assiettes et des objets en céramique d'inspiration marine peints à la main. La cruche sur la table vient de la fabrique provençale de Cliousclat et les verres de la maison Biot.

Rechts: *Lété schuf die Teppiche und Girlanden in Angèles Zimmer. Der Bettüberwurf stammt aus Griechenland.*
Unten: *Der Eichencouchtisch ist eine Sonderanfertigung von Antonis Cardew. Das Sofa stammt aus dem Pariser Einrichtungshaus »Caravane«. Die gelbe Lampe besteht aus zusammengesetzten Wasserrohren.*
Folgende Seiten: *Létés eigene Kreationen sind in der Wohnung und ihrem Atelier überall präsent. Dazu gehören auch handbemalte Teller und Keramikobjekte, die von Meereslebewesen inspiriert sind. Die Vase auf dem Esstisch ist aus Cliousclat in der Provence, und die Gläser stammen aus Biot.*

PARIS
AU BORD DE
DE BON MATIN

Christian Liaigre is one of France's most lauded living designers. Among his most celebrated projects to date are The Mercer Hotel in New York and apartments for Calvin Klein and Rupert Murdoch. When it comes to his own flat in Paris, he claims not to make that much effort. If that is the case, then it certainly doesn't show! The eight-room duplex in the Marais district was formerly home to a clothing factory. Liaigre ripped everything out and created a wonderfully elegant shell for his ever-changing pieces of furniture. "As it's my profession, I quickly get sick of things," he admits. What remains, however, are his works of art and the objects he brings back from his travels. They include a Buddha head, which he found in Thailand 25 years ago, and sculpted coconut shells from Saint Barths.

Christian Liaigre

Christian Liaigre est un des décorateurs vivants les plus admirés de France. Ses réalisations célèbres incluent l'hôtel Mercer à New York et les appartements de Calvin Klein et de Rupert Murdoch. Pour sa propre résidence à Paris, il affirme ne pas s'être donné beaucoup de mal. À la voir, on ne le dirait pas ! Son duplex de 8 pièces dans le Marais était autrefois une usine de confection. Il a abattu tous les murs et créé un élégant écrin pour son mobilier en évolution constante. « Comme c'est mon métier, je me lasse vite », avoue-t-il. En revanche, il tient à ses œuvres d'art et aux objets qu'il rapporte de ses voyages. Parmi eux, une tête de bouddha trouvée en Thaïlande il y a 25 ans et des noix de coco sculptées venant de Saint Barths.

Christian Liaigre ist einer von Frankreichs meistgepriesenen zeitgenössischen Designern. Zu seinen berühmtesten Projekten zählen bislang das Mercer Hotel in New York sowie Wohnungen für Calvin Klein und Rupert Murdoch. Bei seinem eigenen Appartement in Paris habe er sich nicht so angestrengt, behauptet er. Davon ist allerdings nichts zu merken! In dem Acht-Zimmer-Domizil im Marais war einst eine Kleiderfabrik untergebracht. Liaigre riss alles raus und schuf eine wunderbar elegante Hülle für seine sich stets ändernde Einrichtung. »Ich bekomme die Dinge sehr schnell satt, eine Art Berufskrankheit«, gibt er zu. Was bleibt, sind seine Kunstwerke und Reisesouvenirs. Dazu gehören der Kopf eines Buddhas, den er vor 25 Jahren in Thailand fand, sowie mit Schnitzereien verzierte Kokosnussschalen aus Saint Barths.

Facing page: *Both the chestnut stools and iron kitchen table were created by Liaigre.*
Following pages: *Numerous Liaigre designs can be found in the sitting room. Among them are the "Galet" coffee table, the "Bazane" stool and the "Latin" chair. The photograph is by Peter Beard. Among the historical objects in the flat are an 18th-century Swedish sofa and a Buddha's head, which Liaigre found in Thailand.*

Page de droite : *Les tabourets en châtaignier et la table en fer sont des créations de Liaigre.*
Pages suivantes : *Dans le séjour, de nombreuses créations de Liaigre, dont une table basse « Galet », un tabouret « Bazane » et une chaise « Latin ». Les photos sont de Peter Beard. L'appartement contient également des objets anciens comme un sofa suédois du XVIIIe siècle et une tête de bouddha que Liaigre a rapportée de Thaïlande.*

Gegenüberliegende Seite: *Sowohl die Hocker aus Kastanienholz als auch der eiserne Küchentisch sind Entwürfe von Liaigre.*
Folgende Seiten: *Verschiedene Liaigre-Entwürfe finden sich auch im Wohnzimmer. Dazu zählen der Couchtisch »Galet«, der Hocker »Bazane« und der sogenannte »Latin«-Stuhl. Die Fotoarbeit ist von Peter Beard. Zu den antiken Gegenständen in der Wohnung gehören ein schwedisches Sofa aus dem 18. Jahrhundert sowie ein Buddhakopf, den Liaigre in Thailand aufgetrieben hat.*

Previous pages: *In the sitting room, a Chinese table stands in front of a picture of a colocynth by Jacques Martinez. The paper frieze is by the same artist.*
Above: *The office is decorated with African stools and wickerwork. The blinds are made from linen.*
Right: *The 120-square-metre garden can be seen behind a copy of a Greek head.*

Pages précédentes : *Dans le séjour, une table chinoise devant un tableau représentant une coloquinte de Jacques Martinez. La frise en papier est du même artiste.*
En haut : *Le bureau est décoré avec des tabourets et de la vannerie africains. Les stores sont en lin.*
À droite : *On aperçoit le jardin de 120 mètres carrés derrière une copie d'une tête grecque.*

Vorhergehende Seiten: *Im Wohnzimmer steht ein chinesischer Tisch vor dem Bild einer Koloquinte von Jacques Martinez. Der Papierfries stammt vom selben Künstler.*
Oben: *Das Büro schmücken afrikanische Hocker und Körbe. Die Rollos sind aus Leinen.*
Rechts: *Hinter der Kopie eines griechischen Porträts erhascht man einen Blick auf den 120 Quadratmeter großen Garten.*

"It's difficult for me to travel somewhere and not come back with something," admits the world-famous shoe designer Christian Louboutin. His Parisian apartment is filled with many of his finds – a vase from Peru, a lamp from Beirut, a portrait of an Indian woman from Jodhpur, a Hungarian cavalier's belt from Vienna... The actual flat is situated in the area known as the "Nouvelle Athènes", just a stone's throw away from the sex shops of Pigalle. When it comes to interiors, Louboutin hates corridors and can't abide skylights. "They make me feel like I'm an orchid in a greenhouse," he quips. He does, on the other hand, love theatrical décors. Rather fittingly, the imposing, silvered chest in the dining room was originally a stage prop for a production of "The Merchant of Venice"!

Christian Louboutin

« Chaque fois que je voyage, j'ai du mal à ne pas rapporter quelque chose », avoue Christian Louboutin, créateur de chaussures mondialement connu. Son appartement parisien, situé dans la Nouvelle Athènes à deux pas des sex-shops de Pigalle, est rempli de ses trouvailles : un vase péruvien, une lampe de Beyrouth, un portrait d'Indienne de Jodhpur, une ceinture de cavalier hongrois dénichée à Vienne... En matière d'architecture intérieure, il déteste les couloirs et les lucarnes. « Elles me donnent l'impression d'être une orchidée en serre. » En revanche, il adore les ambiances théâtrales. D'ailleurs, l'imposant coffre argenté de sa salle à manger faisait autrefois partie d'un décor pour « Le Marchand de Venise »!

»Es fällt mir schwer, irgendwohin zu reisen und nichts mitzubringen«, gibt der weltberühmte Schuhdesigner Christian Louboutin zu. Seine Pariser Wohnung ist mit zahlreichen Fundstücken angefüllt – dazu zählen eine Vase aus Peru, eine Lampe aus Beirut, das Porträt einer Inderin aus Jodhpur, der Gürtel eines ungarischen Reiters aus Wien ... Die Wohnung liegt in dem Viertel, das als »Nouvelle Athènes« bezeichnet wird, nur ein Steinwurf von den Sexshops um die Place Pigalle entfernt. Wenn es um die Inneneinrichtung geht, hasst Louboutin Flure und kann auch Oberlichter nicht ausstehen. »Bei ihnen fühle ich mich wie eine Orchidee im Gewächshaus«, witzelt er. Dafür liebt er theatralisches Dekor. Passenderweise war der eindrucksvolle, versilberte Schrank im Esszimmer ursprünglich eine Bühnendekoration für eine Produktion von »Der Kaufmann von Venedig«!

Above: *In the sitting room, a chair that Napoleon gave to one of his generals stands to the left of the fireplace. To the right, a beaded Senegalese armchair, which Louboutin found in New York.*
Right: *A Garouste & Bonetti cabinet made from bronze and clay.*

En haut : *Dans le salon, à gauche de la cheminée, une chaise offerte par Napoléon à un de ses généraux. À droite, un fauteuil sénégalais en perles, acheté par Louboutin à New York.*
À droite : *Un cabinet en bronze et argile de Garouste & Bonetti.*

Oben: *Im Wohnzimmer steht links vom Kamin ein Stuhl, den Napoleon einem seiner Generäle schenkte. Rechts befindet sich ein perlenbestickter Sessel aus dem Senegal, den Louboutin in New York entdeckt hat.*
Rechts: *Ein Schrank von Garouste & Bonetti aus Bronze und Ton.*

Above: *The dining room chairs are by Charlotte Perriand. The silvered chest was originally made for a stage production of "The Merchant of Venice."*
Right: *On the dining table, earthenware from the Atelier Jean Faucon d'Apt.*

En haut : *Les chaises de la salle à manger sont de Charlotte Perriand. Le coffre argenté fut conçu pour une production du « Marchand de Venise ».*
À droite : *Sur la table de la salle à manger, de la vaisselle en faïence d'Apt de l'atelier de Jean Faucon.*

Oben: *Die Esszimmerstühle sind von Charlotte Perriand. Der versilberte Schrank wurde ursprünglich für eine Theaterproduktion von »Der Kaufmann von Venedig« angefertigt.*
Rechts: *Auf dem Esstisch: Steingutgeschirr aus dem Atelier Jean Faucon in Apt.*

Right: *A lamp from Beirut, a drawing by Gérard Garouste, a Hungarian cavalier's belt and a François Morellet metallic sculpture sit on top of a 1930s neo-colonial sideboard in the dining room.*
Below: *In the sitting room, a 1940s sofa and an armchair stand on a Bedouin rug from Mauritania. The parchment-clad chest was designed by André Arbus and the top of the 1930s American coffee table is made from Bakelite.*

À droite : *Dans la salle à manger, une lampe rapportée de Beyrouth, un dessin de Gérard Garouste, une ceinture de cavalier hongrois et une sculpture en métal de François Morellet sur une console néocoloniale des années 1930.*
En bas : *Dans le salon, un canapé et un fauteuil des années 1940 sur un tapis bédouin provenant de Mauritanie. Le coffre tapissé de parchemin a été dessiné par André Arbus. Le plateau de la table basse américaine des années 1930 est en bakélite.*

Rechts: *Eine Lampe aus Beirut, eine Zeichnung von Gérard Garouste, der Gürtel eines ungarischen Reiters und eine Metallskulptur von François Morellet befinden sich auf dem Sideboard aus den 1930er-Jahren im Neokolonialstil.*
Unten: *Im Wohnzimmer stehen ein Sofa und ein Sessel aus den 1940er-Jahren auf einem Beduinenteppich aus Mauretanien. Der pergamentbespannte Schrank ist ein Entwurf von André Arbus, und die Tischplatte des amerikanischen Couchtischs aus den 1930er-Jahren ist aus Bakelit.*

Architect India Mahdavi's flat has many things going for it. It is situated in the Hôtel d'Artagnan, once home to the famous musketeer. It comes with a garage (a rarity in Paris) and is right by her office, from where she has overseen projects like the Townhouse hotel in Miami and the Dragon-i restaurant in Hong Kong. Inside, it boasts a number of interesting quirks. Versailles-style parquet is juxtaposed with oversized 1930s mouldings and the overall layout is an unusual L-shape. The heart of the apartment is the dining room, for which Mahdavi created a custom corner banquette. "It's used as a family room," she declares. "We have drinks there. My son does his homework there." The flat's biggest asset, however, is outside – the view over the Paul Claudel gardens. "Every day," she says, "I look out and say how lucky I am!"

© Philippe Chancel

India Mahdavi

L'appartement de l'architecte India Mahdavi présente de nombreux avantages : il possède un garage (une rareté à Paris) et se trouve à deux pas de son bureau où elle a supervisé des projets tels que l'hôtel Townhouse à Miami ou le restaurant Dragon-i à Hong Kong. En forme de L, il est situé dans l'Hôtel d'Artagnan où a vécu le célèbre mousquetaire et qui comporte des excentricités intéressantes, comme la juxtaposition d'un parquet Versailles et de moulures surdimensionnées des années 1930. La salle à manger, pour laquelle Mahdavi a créé une banquette en coin, est le cœur du foyer. « On s'en sert comme d'un séjour », explique-t-elle. « On y prend l'apéro, mon fils y fait ses devoirs. » Toutefois, son plus grand atout, c'est la vue sur les jardins Paul Claudel. « Tous les jours, je regarde par la fenêtre et me dis que j'ai de la chance. »

Die Wohnung der Architektin India Mahdavi hat viele Vorzüge. Sie befindet sich im Hôtel d'Artagnan, in dem einst der berühmte Musketier lebte. Eine Garage gehört auch dazu (was in Paris eine Seltenheit ist). Außerdem liegt die Wohnung direkt neben ihrem Büro, von dem aus sie Projekte wie das Townhouse Hotel in Miami und das Dragon-i-Restaurant in Hongkong überwacht. In ihrem Appartement hält sie zahlreiche Überraschungen bereit. Das Parkett im Versailles-Stil wird von riesigen Zierleisten aus den 1930er-Jahren konterkariert. Der Grundriss folgt einer ungewöhnlichen L-Form. Das Herz der Wohnung ist das Esszimmer, für das Mahdavi eine Eckbank entwarf. »Es dient als Familienzimmer«, sagt sie. »Hier nehmen wir unsere Drinks, und mein Sohn macht Hausaufgaben.« Der größte Pluspunkt der Wohnung ist jedoch der Blick auf den Paul-Claudel-Park. »Ich sehe aus dem Fenster und denke mir jeden Tag, was für ein riesiges Glück ich habe!«

ARCHITECTURE OF
THE ISLAMIC WORLD
Edward Weston A LEGACY
Sean Scully

Left: More Mahdavi creations in the living room. The bench is made from sapelli wood and the "Lollipop" lamp from chrome.
Below: For the dining room, Mahdavi created an L-shaped banquette. The photo on the left is by Paolo Nozolino. The candleholder is from Mexico.

À gauche : D'autres créations de Mahdavi dans le salon. Le banc est en sapelli et le lampadaire en chrome.
En bas : Mahdavi a dessiné cette banquette en L pour sa salle à manger. La photo sur la gauche est de Paolo Nozolino. Le bougeoir est mexicain.

Links: Im Wohnzimmer gibt es noch mehr Mahdavi-Design. Die Bank ist aus Sapelliholz und die »Lollipop«-Lampe aus Chrom.
Unten: Für das Esszimmer entwarf Mahdavi eine L-förmige Bank. Das Foto links ist von Paolo Nozolino. Der Kerzenständer stammt aus Mexiko.

Previous pages: In the living room, a Flos lamp stands on top of a formica and walnut desk designed by Pierre Paulin. The 1940s Plexiglas chair was bought from the Chahan Gallery.
Facing page: India Mahdavi designed both the chairs, upholstered in Tibetan lambskin, and the iroko wood "Bishop" occasional table. The lamp was a flea-market find.

Pages précédentes : Dans le séjour, une lampe Flos sur un bureau en noyer et formica de Pierre Paulin. La chaise en Plexiglas des années 1940 a été achetée à la galerie Chahan.
Page de gauche : Mahdavi a dessiné les chaises tapissées de peau d'agneau tibétain et la table d'appoint « Bishop » en iroko. La lampe a été chinée aux Puces.

Vorhergehende Seiten: Im Wohnzimmer steht eine Lampe von Flos auf einem Schreibtisch aus Formica und Walnussholz von Pierre Paulin. Der Plexiglas-Stuhl aus den 1940er-Jahren wurde in der Galerie Chahan erworben.
Gegenüberliegende Seite: India Mahdavi entwarf beide Stühle, die mit tibetischem Lammfell bezogen sind, und den Beistelltisch »Bishop« aus Irokoholz. Die Lampe ist ein Fundstück vom Flohmarkt.

Above: *The two sofas are Mahdavi prototypes upholstered in velvet. Her "Butterfly" coffee table is made from walnut.*
Right: *An Arne Jacobsen chair stands in one corner of the master bedroom. The "Swing Still" standing light was designed by Mahdavi.*
Facing page: *A Jean Prouvé daybed sits in front of a photo of the room taken by Derek Hudson. The standing lamp is from Editions Florence Lopez.*

En haut : *Les deux canapés tapissés en velours sont des prototypes de Mahdavi. Sa table basse « Butterfly » est en noyer.*
À droite : *Une chaise d'Arne Jacobsen dans un coin de la chambre principale. Le lampadaire dessiné par Madhavi est baptisé « Swing Still ».*
Page de droite : *Un lit de repos de Jean Prouvé devant une photo de la pièce prise par Derek Hudson. Le lampadaire vient des Editions Florence Lopez.*

Oben: *Die beiden Sofas sind mit Samt bezogene Mahdavi-Prototypen. Ihr »Butterfly«-Couchtisch ist aus Walnussholz.*
Rechts: *Ein Stuhl von Arne Jacobsen steht in einer Ecke des Schlafzimmers. Die von Mahdavi entworfene Stehlampe heißt »Swing Still«.*
Gegenüberliegende Seite: *Eine Jean-Prouvé-Liege steht vor einer Fotografie des Zimmers von Derek Hudson. Die Stehlampe ist von Editions Florence Lopez.*

Perched nine floors up on the top of a building on the Right Bank, Sean McEvoy's flat affords spectacular vistas of the cityscape. The bedroom looks out onto Sacré-Cœur and the Eiffel Tower, the sitting room onto the famous Parisian rooftops. When the American architect first saw the space, it was very different – "a series of small rooms with a rusting veranda at the front". As there were no supporting walls, he was able to rip everything out and start all over again. The result is both free-flowing and refreshingly open. The cube, which contains the bathroom and closets, does not touch the ceiling. The kitchen is defined simply by a five-metre-long Corian bar and there are no curtains or blinds on the windows. The decoration is also deliberately simple. "What's important here is Paris," states McEvoy. "I didn't want anything to compete with that view."

Sean McEvoy

Situé au neuvième et dernier étage d'un immeuble de la rive droite, l'appartement de l'architecte américain Sean McEvoy jouit de vues spectaculaires. La chambre donne sur le Sacré-Cœur et la tour Eiffel, le salon sur les célèbres toits de Paris. Quand il l'a vu la première fois, il n'y avait « qu'une série de petites pièces avec une véranda rouillée sur le devant ». Comme il n'y avait pas de murs porteurs, il a pu tout abattre et repartir de rien. Le résultat est fluide, ouvert et frais. Le cube qui contient la salle de bains et des placards ne touche pas le plafond. La cuisine est définie simplement par un bar en Corian de cinq mètres de long. Il n'y a ni rideaux ni stores aux fenêtres. La décoration est délibérément dépouillée. « L'important ici, c'est Paris », explique-t-il. « Je ne voulais rien qui puisse détourner l'attention de cette vue. »

Das Appartement von Sean McEvoy schwebt in der neunten Etage über dem Dach eines Hauses am rechten Seine-Ufer und bietet einen spektakulären Ausblick auf die Stadt. Vom Schlafzimmer schaut man auf die Kirche Sacré-Cœur und den Eiffelturm, vom Wohnzimmer über die berühmten Pariser Dächer. Als der amerikanische Architekt das erste Mal in der Wohnung stand, sah sie ganz anders aus – »mehrere kleine Zimmer mit einer rostigen Veranda davor«. Da es sich nicht um tragende Wände handelte, konnte er alle rausreißen und ganz von vorn beginnen. Das Ergebnis sind ineinanderfließende, erfrischend offene Räume. Der Kubus, der das Bad und Einbauschränke enthält, berührt die Decke nicht. Die Küche wird einfach nur durch eine fünf Meter lange Theke aus Corian abgetrennt, und die Fenster besitzen weder Vorhänge noch Rollos. Die Einrichtung ist bewusst schlicht gehalten. »Auf Paris kommt es an«, so McEvoy. »Nichts sollte mit dieser Aussicht konkurrieren.«

Previous pages: *Sean McEvoy (in blue) refurbished a glass veranda at the front of the loft-like apartment. The sitting room offers breathtaking views over the rooftops of Paris. The 1950s Pierre Paulin chairs are upholstered in leatherette and the 1949 Max Bill coffee table is made from birch and linoleum.*
Above: *The kitchen counter is made from Corian.*
Right: *A view from the sitting area into the kitchen. The stools are the "Hi-Pad" model, designed by Jasper Morrison for Cappellini.*
Facing page: *The sofa is a re-edition by Habitat of a Robin Day design.*

Pages précédentes : *Sean McEvoy (en bleu) a retapé la véranda en verre sur le devant de son appartement de style loft. Le séjour offre des vues superbes sur les toits de Paris. Les chaises de Pierre Paulin sont tapissées en skaï et la table basse de Max Bill datée de 1949 est en bois de bouleau et en linoléum.*
En haut : *Le comptoir de la cuisine est en Corian.*
À droite : *Une vue de la cuisine depuis le séjour. Les tabourets « Hi-Pad » ont été dessinés par Jasper Morrison pour Cappellini.*
Page de droite : *Le canapé est une réédition d'un modèle de Robin Day par Habitat.*

Vorhergehende Seiten: *Sean McEvoy (in Blau) ließ die Glasveranda vor der loftartigen Wohnung renovieren. Das Wohnzimmer bietet einen atemberaubenden Blick über die Dächer von Paris. Die Pierre-Paulin-Sessel sind mit Kunstleder bezogen, und der Couchtisch von Max Bill von 1949 besteht aus Birkenholz und Linoleum.*
Oben: *Die Küchentheke ist aus Corian.*
Rechts: *Ein Blick aus dem Wohnzimmerbereich auf die Küche. Die Barhocker sind das Modell »Hi-Pad«, von Jasper Morrison für Cappellini.*
Gegenüberliegende Seite: *Das Sofa ist eine Wiederauflage eines Robin-Day-Entwurfs von Habitat.*

Above: *Jenny the dog lies in front of a block which houses both the bathroom and closets.*
Right: *The birch plywood desk was designed by McEvoy. The title of the Wout Berger photo is "Ruigoord II".*

En haut : *La chienne Jenny est couchée devant le cube qui accueille la salle de bains et des placards.*
À droite : *Le bureau en contreplaqué de bouleau a été dessiné par McEvoy. La photo de Wout Berger s'intitule « Ruigoord II ».*

Oben: *Jenny, der Hund, liegt vor einem Kubus, in dem das Bad und Einbauschränke untergebracht sind.*
Rechts: *Der Sperrholztisch aus Birke wurde von McEvoy entworfen. Das Foto von Wout Berger heißt »Ruigoord II«.*

Right: *The bedroom looks out onto Sacré-Cœur and the Eiffel Tower. The wooden vase was made by Jérôme Abel Seguin.*
Below: *McEvoy created the base of the bed. The 1950s fibre glass and steel chair was designed by Gabriel Vacher and the articulated lamp bought at the Montreuil flea market.*

À droite : *La chambre donne sur le Sacré-Cœur et la tour Eiffel. Le vase en bois a été réalisé par Jérôme Abel Seguin.*
En bas : *McEvoy a dessiné la base du lit. La chaise en acier et fibre de verre est de Gabriel Vacher. La lampe articulée a été trouvée aux Puces de Montreuil.*

Rechts: *Vom Schlafzimmer geht der Blick auf die Kirche Sacré-Cœur und den Eiffelturm. Die Holzvase ist von Jérôme Abel Seguin.*
Unten: *McEvoy baute das Bettgestell. Der Sessel aus Fiberglas und Stahl ist ein Entwurf von Gabriel Vacher und die bewegliche Lampe ein Fund vom Flohmarkt in Montreuil.*

In recent times, decorator Frédéric Méchiche has completely changed his modus vivendi. He bought a home in Saint-Tropez and made it his main base. He also acquired a boat called "Hornblower II" and decided to swap his large Parisian apartment for a 50-square-meter pied-à-terre. "I wanted something unusual, with personality," he states. He certainly got that. The flat is situated in an early 1930s building in the Bauhaus style, which used to house a jewellery workshop. Its predominant feature is a huge glass window, which floods it with light. Méchiche completely gutted the inside and decided to open up the space. It took three weeks simply to remove the layers of parquet, carpet and glue to reveal the original concrete floor! He then filled it with original editions of design classics. Among them, a coffee table by Ludwig Mies van der Rohe, several Arne Jacobsen lights and a set of chairs by Charles & Ray Eames.

Frédéric Méchiche

Récemment, le décorateur Frédéric Méchiche a radicalement modifié ses habitudes. Il s'est acheté une maison à Saint-Tropez dont il a fait sa base, un bateau baptisé Hornblower II et a abandonné son grand appartement parisien pour un pied-à-terre de 50 mètres carrés. « Je voulais quelque chose de spécial, qui ait du caractère », explique-t-il. De fait, il n'en manque pas. Il se situe dans un immeuble du début des années 1930 de style Bauhaus qui abritait autrefois un atelier de joaillerie. Pour mettre en valeur l'immense verrière, Méchiche a abattu les murs et ouvert l'espace inondé de lumière. Il a fallu trois semaines rien que pour arracher les couches de parquet, de moquette et de colle pour mettre à nu le sol d'origine en béton. Il l'a ensuite meublé d'éditions originales de classiques du design, dont une table basse de Mies van der Rohe, plusieurs luminaires d'Arne Jacobsen et un ensemble de sièges de Charles & Ray Eames.

Vor Kurzem hat Innenarchitekt Frédéric Méchiche seinen Modus Vivendi radikal geändert. Er kaufte sich ein Haus in St. Tropez und machte es zu seinem Hauptwohnsitz. Außerdem erwarb er ein Boot namens Hornblower II und beschloss, sein großes Pariser Appartement gegen ein 50 Quadratmeter großes Pied-à-terre einzutauschen. »Ich wollte etwas Ungewöhnliches mit Charakter«, so Méchiche. Und genau das hat er gefunden. Die Wohnung befindet sich in einem Gebäude, das Anfang der 1930er-Jahre im Bauhausstil errichtet wurde. Früher war darin eine Goldschmiedewerkstatt untergebracht. Ihr auffälligstes Merkmal ist ein riesiges Glasfenster, sodass sie lichtdurchflutet ist. Méchiche hat die Wohnung komplett entkernt und einen großen Raum geschaffen. Es dauerte allein drei Wochen, die Parkett-, Teppich- und Leimschichten herauszureißen, um den Original-Betonboden freizulegen! Anschließend richtete er die Wohnung mit originalen Designklassikern ein. Dazu zählen ein Couchtisch von Mies van der Rohe, verschiedene Arne-Jacobsen-Lampen und eine Stuhlgruppe von Charles & Ray Eames.

ARAKI

DOUGLAS GORDON

Fashion designer Rick Owens lives and works in a building on Place du Palais Bourbon, originally built as a present from Napoleon to one of his generals. In more recent times, it was also home to the Socialist Party headquarters. Today, his press office is located in the wonderfully elaborate rooms at the front. "I couldn't work in it," asserts Owens, "because it faces the Place and I'd get too distracted." Instead, he has his office at the back in a 1950s annex, which looks out on the gardens of the French Defence Ministry. On the second floor is the fur studio – the domain of his partner, Michèle Lamy, which he calls "Lamy Land". Together, they decided to rip out the former office fittings and leave much of the interior raw. "It would have been a daunting project to clean everything up," he explains, "and we're fine with it just as it is."

Rick Owens & Michèle Lamy

Le designer de mode Rick Owens vit et travaille dans un immeuble de la place du Palais Bourbon qui a servi de Q. G. au parti socialiste. Le service de presse d'Owens est situé dans des pièces superbes donnant sur la façade. « Je ne pouvais pas y travailler, la vue est trop distrayante » confie Owens. Il a installé son propre bureau à l'arrière, dans une annexe des années 1950 avec vue sur les jardins du ministère de la Défense. Le premier étage, « Lamy Land », accueille le département des fourrures, le domaine de son associée Michèle Lamy. Ensemble, ils ont décidé d'arracher l'équipement de bureau et de laisser une grande partie de l'espace brut. « Tout refaire aurait nécessité un travail colossal et l'espace nous convient tel qu'il est », explique-t-il.

Der Modedesigner Rick Owens lebt und arbeitet in einem Gebäude an der Place du Palais Bourbon, das einst ein Geschenk von Napoleon an einen seiner Generäle war. In jüngerer Zeit war hier das Parteibüro der Sozialisten untergebracht. Heute befindet sich Owens PR-Büro in den wunderbar reich verzierten Räumen zur Straße hin. »Ich könnte nicht dort arbeiten«, so Owens, »weil es auf die Place hinausgeht, und das würde mich zu sehr ablenken.« Sein Büro liegt im Anbau aus den 1950er-Jahren, der nach hinten auf die Gärten des französischen Verteidigungsministeriums hinausgeht. Im ersten Obergeschoss befindet sich das Pelzstudio – die Arbeitsdomäne seiner Partnerin Michèle Lamy, die er nur »Lamy Land« nennt. Gemeinsam beschlossen sie, die früheren Büroeinrichtungen herauszureißen und die Räume überwiegend im Rohzustand zu belassen. »Es hätte einen enormen Aufwand bedeutet, alles ordentlich zu verputzen«, meint er. »Uns gefällt es so, wie es ist.«

Previous pages: *Owens lives and works in a grand building on the Place du Palais Bourbon near the French national assembly.*
Right: *A plywood and concrete daybed covered with fox fur stands in the press office.*
Below: *Owens designed the plywood and steel table in the press showroom, as well as the chairs upholstered in beaver fur. The oil painting between the windows was created by the Slovenian collective Irwin. The photo on the right is by Rick Castro.*

Pages précédentes : *Owens vit et travaille dans un superbe immeuble de la place du Palais Bourbon, près de l'Assemblée Nationale.*
À droite : *Dans le bureau de presse, un canapé en contreplaqué et béton tapissé de renard.*
En bas : *Owens a dessiné la table en contreplaqué et acier dans cette salle où les collections sont présentées à la presse. Le tableau entre les fenêtres est du collectif slovène Irwin. La photo à droite est de Rick Castro.*

Vorhergehende Seiten: *Owens lebt und arbeitet in einem prächtigen Gebäude an der Place du Palais Bourbon neben der französischen Nationalversammlung.*
Rechts: *Eine Liege aus Sperrholz und Beton, die mit Fuchsfellen bedeckt ist, steht im PR-Büro.*
Unten: *Owens entwarf den Tisch aus Sperrholz und Stahl im PR-Showroom sowie die mit Biberfellen bezogenen Stühle. Das Ölgemälde zwischen den Fenstern stammt vom slowenischen Künstlerkollektiv Irwin. Das Foto rechts ist von Rick Castro.*

Above: The ground-floor showroom in the 1950s annex with plywood and steel benches and tables.
Right: The high-backed bench upholstered in felted cashmere is another of Owens's furniture creations.
Following pages: This space on the ground floor in the annex is used as an extra office. The table and "Gallic" chairs are made from plywood. The bench on the right is upholstered in cashmere.

En haut : Des bancs et une table en acier dans le showroom du rez-de-chaussée, situé dans une annexe des années 1950.
À droite : Owens a également dessiné le banc à haut dossier tapissé en cachemire feutré
Pages suivantes : Un espace au rez-de-chaussée qui sert également de bureau. La table et les chaises « Gallic » sont en contreplaqué. Le banc sur la droite est tapissé en cachemire.

Oben: Der Showroom im Anbau aus den 1950er-Jahren mit Bänken und Tischen aus Sperrholz und Stahlplatten.
Rechts: Die Bank mit der hohen Ummantelung und dem Bezug aus Kaschmirfilz ist ebenfalls eine von Owens' Möbelkreationen.
Folgende Seiten: Dieser Raum im Erdgeschoss des Anbaus wird als zusätzliches Büro genutzt. Der Tisch und die »Gallic«-Stühle sind aus Sperrholz. Die Bank rechts ist mit Kaschmir bezogen.

Above: A room on one of the upper floors serves as the library. The object on the right is a totem lamp made from resin and cashmere.
Right and facing page: Several Owens-designed chairs in the master bathroom incorporate real antlers. The leather and goat fur boots are from his Autumn-Winter 07 "Exploder" collection. The vintage jacket is made from monkey fur.
Following pages: All the furnishings in the ground-floor showroom were created by Owens. They include the plywood "Antler" chair, the bronze vases on the table and the pair of "Bubble" chairs upholstered in shearling on the right.

En haut : Une pièce à l'étage sert de bibliothèque. L'objet à droite est une lampe totem réalisée en résine et cachemire.
À droite et page de droite : Pour sa chambre, Owens a créé plusieurs sièges incorporant des bois de cerfs. Les bottes en cuir et poils de chèvre font partie de la collection automne-hiver 2007, intitulée « Exploder ». La veste vintage est en singe.
Pages suivantes : Tout le mobilier du showroom a été dessiné par Rick Owens. Il inclut le siège « Antler » en contreplaqué, les vases en bronze sur la table et les deux chaises « Bubble » tapissées de rason.

Oben: Ein Zimmer im Obergeschoss dient als Bibliothek. Das Objekt rechts ist eine Totem-Lampe aus Gießharz, mit Kaschmir bezogen.
Rechts und gegenüberliegende Seite: Für die verschiedenen von Owens entworfenen Stühle im Bad wurden echte Geweihe verwendet. Die Stiefel aus Leder und Ziegenfell stammen aus seiner Herbst-Winter-07-Kollektion »Exploder«. Die Vintage-Jacke ist aus Affenfell.
Folgende Seiten: Alle Möbel im Erdgeschoss-Showroom im Anbau sind von Owens. Dazu gehören der Sperrholzstuhl »Antler«, die Bronzevasen auf dem Tisch und die beiden »Bubble«-Stühle rechts, die mit Shearling-Wolle bezogen sind.

Facing page and left: *The vintage hoofed stool in the master bedroom was a gift from a friend. The throw on the bed is made from mink and the rugs from the fur of Chinese squirrels.*
Below: *A space on the ground floor serves as the staff kitchen.*

Page de gauche et à gauche : *Dans la chambre d'Owens, un tabouret à sabots vintage offert par un ami. Le dessus-de-lit est en vison, les tapis sont en peaux d'écureuils chinois.*
En bas : *Au rez-de-chaussée, un espace aménagé en cuisine pour les employés.*

Gegenüberliegende Seite und links: *Der alte Hocker mit Hufen im Schlafzimmer war das Geschenk eines Freundes. Der Bettüberwurf ist aus Nerz, und die Teppiche sind aus dem Fell chinesischer Eichhörnchen.*
Unten: *Ein Raum im Erdgeschoss dient als Teeküche für die Angestellten.*

Previous pages: *Behind Owens's desk is a cardboard model for a mirrored wall, which he created for a store belonging to the French luxury company Revillon.*

Pages précédentes : *Derrière le bureau d'Owens, la maquette en carton d'un mur en miroirs qu'il a créé pour Revillon, une boutique de la maison de luxe.*

Vorhergehende Seiten: *Hinter Owens' Schreibtisch steht ein Pappmodell für einen Wandspiegel, den er für einen Laden der französischen Luxusfirma Revillon entwarf.*

Decorator Alberto Pinto's clients read like a Who's Who of international society. They include Fiat heiress Marella Agnelli, financier Michel David-Weill, and the Saudi and Jordanian royal families. Pinto himself used to live in palatial surroundings – a 15-room apartment on the Quai d'Orsay. At the end of the 1990s, however, he decided to downscale and moved to a 500-square-meter space, which used to house his offices. "I felt a need for a more intimate ambience, some place warm and contemporary," he explains. Throughout, the décor reflects his signature eclectic style. There are Asian artefacts, Anglo-Indian furniture and a touch of French Art Deco. The kitchen was inspired by American movies of the 1950s, the dramatic colour in the entrance hall by legendary designer David Hicks. According to Pinto, it's the perfect way to "lend character to a potentially dull space".

Alberto Pinto

La liste des clients du décorateur Alberto Pinto ressemble à un Who's Who de la haute société internationale, incluant Marella Agnelli, le financier Michel David-Weill et les familles royales saoudienne et jordanienne. Jusqu'à la fin des années 1990, il vivait dans son propre petit palais, un appartement de quinze pièces sur le Quai d'Orsay, puis il a décidé de se réduire et d'emménager dans les 500 mètres carrés qui abritaient autrefois ses bureaux. « J'ai ressenti le besoin d'une ambiance plus intime, chaleureuse et contemporaine. » Le décor reflète son style éclectique typique : on y trouve des objets asiatiques, des meubles anglo-indiens et une touche d'Art Déco. La cuisine s'inspire des films américains des années 1950 et la couleur théâtrale de l'entrée du légendaire designer David Hicks. Selon Pinto, c'est l'idéal pour « donner du caractère à un espace a priori sans charme ».

Die Kunden des Innenarchitekten Alberto Pinto lesen sich wie das Who's Who der internationalen Society. Dazu gehören die Fiat-Erbin Marella Agnelli, der Finanzier Michel David-Weill sowie die königlichen Familien Saudi-Arabiens und Jordaniens. Pinto war ebenfalls ein Palastambiente gewöhnt – eine 15-Zimmer-Wohnung am Quai d'Orsay. Aber Ende der 1990er-Jahre beschloss er, sich zu verkleinern, und zog in eine 500 Quadratmeter große Wohnung, in der früher sein Büro untergebracht war. »Ich hatte das Bedürfnis nach einer intimeren Umgebung, nach einem warmen und zeitgenössischen Ort«, so Pinto. Die Einrichtung weist durchweg den für ihn so typischen Stil-Mix auf. Es gibt asiatisches Kunsthandwerk, anglo-indische Möbel und einen Hauch französisches Art déco. Die Küche ist von amerikanischen Filmen der 1950er-Jahre inspiriert und der dramatische Anstrich im Flur vom legendären Designer David Hicks. Laut Pinto ist das die perfekte Methode, »einem eher langweiligen Raum Charakter zu geben«.

Previous pages: *In the library, a chair has been decorated with a motif inspired by Jean Cocteau. The vintage lacquer table is Chinese.*
Above: *The walls of the dining room are adorned with a custom hand-painted wallpaper from Gracie, representing Ottoman scenes. The 1940s screen hides the entrance to the kitchen.*
Right: *A view from the entrance into the guest bathroom. The chest of drawers dates from the 1930s and was created by Syrie Maugham.*
Facing page: *Two Serge Roche plaster torches flank an English giltwood sofa of c. 1860.*

Pages précédentes : *Dans la bibliothèque, un fauteuil italien a été retapissé et orné d'un motif inspiré par Jean Cocteau. La table en laque est chinoise.*
En haut : *Les murs de la salle à manger présentent des scènes ottomanes de chez Gracie. Le paravent des années 1940 cache l'entrée de la cuisine.*
À droite : *Une vue de la salle de bains des invités depuis l'entrée. La commode a été créée par Syrie Maugham dans les années 1930.*
Page de droite : *Deux torchères en plâtre de Serge Roche flanquent un canapé anglais en bois doré, datant de 1860 environ.*

Vorhergehende Seiten: *In der Bibliothek steht ein neoklassizistischer italienischer Stuhl mit einem Motiv à la Jean Cocteau. Der Lacktisch im alten Stil stammt aus China.*
Oben: *Die Esszimmerwände ziert eine maßgefertigte, handbemalte Tapete von Gracie, die osmanische Szenen zeigt. Der Paravent aus den 1940er-Jahren verbirgt den Eingang zur Küche.*
Rechts: *Ein Blick vom Flur ins Gästebad. Die Kommode ist aus den 1930er-Jahren und wurde von Syrie Maugham entworfen.*
Gegenüberliegende Seite: *Zwei Gipsleuchten von Serge Roche flankieren ein englisches Giltwood-Sofa von ca. 1860.*

***Above:** The living room brings together pieces from diverse origins. The Coromandel screen is Chinese. The chests used as coffee tables are Japanese and the side table is Anglo-Indian.*
***Right:** In the master bathroom, a portrait of the Maharani of Cooch Behar hangs above a stone console.*
***Facing page:** A 19th-century German armchair stands next to the tub in one of the guest bathrooms.*
***Following pages:** A checkerboard black-and-white pattern dominates the kitchen and pantry.*

***En haut :** Le salon rassemble des meubles d'origines diverses : le paravent du XVIIIe siècle en laque de Coromandel est chinois ; les coffres reconvertis en tables basses sont japonais ; le guéridon est anglo-indien.*
***À droite :** Dans la chambre de maître, un portrait de la maharani du Cooch Behar suspendu au-dessus d'une console en pierre Art Déco.*
***Page de droite :** Un fauteuil allemand du XIXe siècle près d'une baignoire dans l'une des salles de bains des invités.*
***Pages suivantes :** Un motif en damier noir et blanc domine la cuisine.*

***Oben:** Im Wohnzimmer wurden Möbel verschiedener Herkunft miteinander kombiniert. Der Coromandel-Paravent stammt aus China. Die Truhen, die als Couchtische dienen, sind japanisch, und der Beistelltisch ist anglo-indischen Ursprungs.*
***Rechts:** Im Schlafzimmer hängt ein Porträt der Maharani von Cooch Behar über einer Art-déco-Steinkonsole.*
***Gegenüberliegende Seite:** In einem der Gästebäder steht neben der Wanne ein deutscher Sessel aus dem 19. Jahrhundert.*
***Folgende Seiten:** Ein Schachbrettmuster beherrscht die Küche.*

A.P

BALLOT
SPECIAUX
PLIANT
DE
POUR
LIT

When Isabelle Puech and Benoît Jamin first visited this former restoration workshop for fairground rides, it hadn't been occupied for some 30 years. "It was covered in plastic sheeting and was pitch-black," recalls Jamin. Their goal, they recall, was to make it into something homely. They reconfigured the space around an internal patio and kept a wooden mezzanine and some old doors. Today, it is filled with almost as much poetry as the handbags that the pair create under the Jamin Puech label. There are chairs by Eames, Marcel Breuer and Hans Wegner, as well as the skeleton of an ostrich, a stuffed crocodile, a collection of antlers and an enormous Montblanc pen (no doubt a publicity gadget). As they say, "It's at once a cabinet of curiosities, an industrial space and somewhere that's very cosy."

Isabelle Puech & Benoît Jamin

Quand Isabelle Puech et Benoît Jamin ont découvert cet ancien atelier de restauration de manèges, il était abandonné depuis 30 ans. « Il était tapissé de bâches en plastique et il y faisait noir comme dans un four », se souvient Jamin. Pour le rendre chaleureux, ils ont reconfiguré l'espace autour d'un patio tout en conservant la mezzanine en bois et quelques vieilles portes. Aujourd'hui, le décor est aussi poétique que les sacs à main que le couple crée pour la marque Jamin Puech. Des sièges d'Eames, de Marcel Breuer et d'Hans Wegner côtoient un squelette d'autruche, un crocodile empaillé, une collection de massacres et un énorme stylo Montblanc (sans doute un gadget publicitaire). « C'est à la fois un cabinet de curiosités, un espace industriel et un nid douillet », déclarent-ils.

Als Isabelle Puech und Benoît Jamin die frühere Restaurationswerkstatt für Jahrmarktkarussells das erste Mal sahen, lag sie bereits seit mehr als 30 Jahren verlassen da. »Alles war mit Plastikfolie abgedeckt, und es war stockfinster«, erinnert sich Jamin. Ihr Ziel bestand darin, hier ein Zuhause zu schaffen. Sie gestalteten den Raum um den Innenhof neu und behielten nur die Galerie aus Holz sowie einige alte Türen bei. Heute verfügen die Räumlichkeiten über fast so viel Poesie wie die Handtaschen, die das Paar unter dem Label Jamin Puech kreiert. Es gibt Stühle von Eames, Marcel Breuer und Hans Wegner, aber auch das Skelett eines Straußvogels, ein ausgestopftes Krokodil, eine Geweihsammlung und einen riesigen Montblanc-Füller (zweifellos ein Werbegag). Beide sagen über ihr Heim: »Es ist ein Kuriositätenkabinett, Industrieloft und ein gemütliches Zuhause zugleich.«

SERVICE

SERVICE

Christian Restoin knew that he and his wife, Carine Roitfeld, would buy their apartment even before he saw it. "When I spotted the building, I felt it was for us," he recalls. "The location and the view are just fantastic." Roitfeld is the editor-in-chief of French Vogue, Restoin the former owner of the clothing company Equipment. As for the flat, it hadn't been touched since the mid-1960s. To get it into shape, they called upon English architect David Chipperfield. The idea was to create something very pure, without touching the historical features, which give the flat its spirit. The fireplaces and elaborate mouldings remained firmly in place and a hand-picked selection of design classics installed. Chipperfield also created lots of custom storage units. "I was 100% behind his every decision," asserts Restoin. "There was a great complicity between us."

Carine Roitfeld & Christian Restoin

« Quand j'ai vu l'immeuble, avec sa situation et sa vue fantastiques, j'ai su qu'on allait prendre l'appartement », se souvient Christian Restoin. Ancien propriétaire de la société de confection Equipment, il est marié à Carine Roitfeld, rédactrice en chef du Vogue français. L'appartement n'avait pas été remodelé depuis les années 1960. Pour le remettre en état, le couple a fait appel à l'architecte anglais David Chipperfield avec pour objectif de créer un espace très pur sans toucher aux détails historiques qui donnent son esprit au lieu. Les cheminées et les pâtisseries sont donc restées en place, formant un écrin à des classiques du design soigneusement choisis. Chipperfield a créé partout des unités de rangement. « Je l'ai suivi à 100% ; j'ai une grande complicité avec lui », déclare Roitfeld.

Christian Restoin wusste schon vor der Besichtigung, dass er und seine Frau Carine Roitfeld die Wohnung kaufen würden: »Als ich das Gebäude sah, spürte ich: Das ist es. Die Lage und die Aussicht sind einfach fantastisch.« Roitfeld ist Chefredakteurin der französischen Vogue und Restoin der frühere Eigentümer der Modefirma Equipment. Besagte Wohnung war seit Mitte der 1960er-Jahre nicht mehr restauriert worden. Um sie in Form zu bringen, engagierten die beiden den englischen Architekten David Chipperfield. Sie wollten etwas sehr Puristisches, ohne jedoch den historischen Charakter anzutasten, der der Wohnung ihr ganz besonderes Flair verleiht. Die Kamine und Stuckarbeiten blieben erhalten, dafür besteht die Einrichtung aus handverlesenen Designklassikern. Chipperfield schuf außerdem jede Menge Stauraum. »Ich stand zu hundert Prozent hinter jeder seiner Entscheidungen«, so Restoin. »Wir verstanden uns blind.«

***Previous pages:** Roitfeld and Restoin were particularly seduced by the views from the apartment. Here, you can see the Hôtel des Invalides, with its golden dome. A suite of sofas designed by Charles Pfister for Knoll surround a Ludwig Mies van der Rohe coffee table in the sitting room.*
***Right:** A view of the fireplace in the sitting room, which is flanked by a pair of Penaudio speakers.*
***Below:** The sycamore storage unit was custom-designed by David Chipperfield.*

***Pages précédentes :** Roitfeld et Restoin ont été particulièrement séduits par les vues depuis l'appartement. Ici, on aperçoit l'Hôtel des Invalides avec son dôme doré. Dans le salon, un ensemble de canapés dessinés par Charles Pfister pour Knoll entoure une table basse de Ludwig Mies van der Rohe.*
***À droite :** La cheminée du salon, flanquée de haut-parleurs Penaudio.*
***En bas :** Le meuble de rangement en sycomore a été réalisé sur mesure par David Chipperfield.*

***Vorhergehende Seiten:** Roitfeld und Restoin beeindruckte besonders der Blick aus dem Appartement. Von hier aus sieht man das Hôtel des Invalides mit seiner goldenen Kuppel. Im Wohnzimmer wurden Sofas, die von Charles Pfister für Knoll entworfen wurden, um einen Couchtisch von Ludwig Mies van der Rohe gruppiert.*
***Rechts:** Ein Blick auf den Kamin im Wohnzimmer, der von zwei Penaudio-Lautsprechern eingerahmt wird.*
***Unten:** Das Sideboard aus Platanenholz ist eine Sonderanfertigung von David Chipperfield.*

Above and right: *The dining table was originally a desk belonging to Le Corbusier. The chairs are by Ludwig Mies van der Rohe.*
Following pages: *Clockwise from top left: The central kitchen block is coated in a terrazzo resin. The sycamore bed was designed by Chipperfield, as was the bedhead, which doubles as a closet at the back. The curvaceous wall light is by Robert Dudley Best. Sturdy teak was chosen for the bathroom flooring. Another Chipperfield storage unit dominates the hall*

En haut et à droite : *La table de salle à manger était autrefois un bureau appartenant à Le Corbusier. Les chaises sont de Ludwig Mies van der Rohe.*
Pages suivantes : *De gauche à droite dans le sens des aiguilles d'une montre : le bloc central de la cuisine est revêtu de terrazzo en résine. Le lit en sycomore a été conçu par Chipperfield ; la tête de lit s'ouvre par-derrière en formant un placard. L'applique flexible est de Robert Dudley Best. Pour la salle de bains, les propriétaires ont choisi un plancher solide en teck. Un autre meuble de rangement créé par Chipperfield domine l'entrée.*

Oben und rechts: *Der Esstisch war ursprünglich ein Schreibtisch, der Le Corbusier gehörte. Die Stühle sind ein Entwurf von Ludwig Mies van der Rohe.*
Folgende Seiten: *Im Uhrzeigersinn von oben links: Der zentrale Küchenblock wurde mit Terrazzogießharz beschichtet. Das Bett aus Platanenholz ist ein Entwurf von Chipperfield, genauso wie das Betthaupt, das von der anderen Seite als Schrank zu benutzen ist. Das kurvenreiche Wandlicht ist von Robert Dudley Best. Beim Badezimmerboden fiel die Wahl auf strapazierfähiges Teakholz. Ein Stauraumelement von Chipperfield entworfen, beherrscht den Flur.*

ST BARTH

Dodie Rosekrans may be the doyenne of San Francisco society. Her taste, however, is anything but traditional. "It's highly sophisticated, highly individual and not at all predictable," states decorator Hutton Wilkinson. Proof of that is evident in her Parisian pied-à-terre. Wilkinson worked on it with the late and legendary Tony Duquette. "The idea," he says, "was for it to be like a gypsy tent." They covered the walls with Mogul embroideries, created dining chairs inspired by the Peacock Throne of Shiva and lined the white awnings on the balcony with leopard skin. They also made a mirror from an antique Thai carving and glued on Burmese Buddha's eyes. "Tony used to say, 'It's the only mirror that looks back at you'," recalls Rosekrans. Wilkinson, meanwhile, remembers playfully asking a policeman who lived there. "An Indian Princess," came the reply.

Dodie Rosekrans

Dodie Rosekrans a beau être la doyenne de la haute société de San Francisco, son goût n'a rien de traditionnel. Selon son décorateur Hutton Wilkinson, « il est hautement sophistiqué, très personnel et totalement imprévisible ». Son pied-à-terre parisien en est la preuve. Wilkinson y a travaillé avec feu le légendaire Tony Duquette. « L'idée était d'en faire une tente de bohémien. » Ils ont tapissé les murs de broderies mongoles, créé des chaises inspirées du trône du Paon de Shiva et doublé les auvents en toile blanche du balcon de léopard. Ils ont aussi conçu un miroir à l'aide d'une sculpture thaï antique et collé dessus des yeux de bouddha birman. « Tony disait : C'est le seul miroir qui vous regarde en retour », se souvient Rosekrans. Wilkinson a demandé un jour à un policier qui habitait dans l'appartement. Il a répondu « une princesse indienne ».

Dodie Rosekrans kann man gut und gerne als die Doyenne der höheren Gesellschaft von San Francisco bezeichnen. Doch ihr Geschmack ist alles andere als konventionell. »Er ist hochraffiniert, sehr individuell und kein bisschen vorhersehbar«, bestätigt der Innenarchitekt Hutton Wilkinson. Das zeigt sich auch an ihrem Pariser Pied-à-terre. Wilkinson hat es gemeinsam mit dem legendären, inzwischen verstorbenen Tony Duquette eingerichtet. »Es sollte aussehen wie ein Zigeunerzelt«, sagt er. Sie bespannten die Wände mit Mogul-Stickereien, entwarfen Esszimmerstühle, die vom Pfauenthron des Shiva inspiriert sind, und bezogen die weißen Sonnensegel auf dem Balkon mit Leopardenfell. Außerdem verwandelten sie ein altes thailändisches Schnitzwerk in einen Spiegel und klebten die Augen eines burmesischen Buddhas darauf. »Tony meinte: ›Das ist der einzige Spiegel, der zurückschaut‹«, erinnert sich Rosekrans. Und Wilkinson erinnert sich noch gut daran, wie er einmal zum Spaß einen Polizisten fragte, wer dort wohne. »Eine indische Prinzessin«, lautete die Antwort.

A historian and novelist, Count Gonzague Saint Bris is the author of some 40 books and the recipient of numerous prizes, including the Prix Interallié. The son of a diplomat, he was partly raised at the family seat – Le Clos Lucé near Amboise – where Leonardo da Vinci spent the last three years of his life. His Parisian duplex has an equally rich history. Housed in one of the city's earliest neo-Renaissance town mansions, it has successively been an arms room, a painter's atelier and the venue of jazz guitarist Django Reinhardt's first concerts. With great panache, Saint Bris has furnished it as a tribute to his love of literature. There are chairs that belonged to Sir Walter Scott, the altar on which poet Alfred de Vigny was christened and a replica of the "Kiss Me Quick corner" in Victor Hugo's house on Guernsey. In Saint Bris' own words: "Every room is like a chapter and the apartment like a novel."

Gonzague Saint Bris

Historien et romancier Gonzague Saint Bris a publié plus de quarante ouvrages et reçu d'innombrables prix littéraires, dont l'Interallié. Fils de diplomate, il a grandi en partie dans le manoir familial, le Clos Lucé près d'Amboise, où Léonard de Vinci passa les trois dernières années de sa vie. Son duplex parisien a lui aussi un riche passé. Situé dans l'un des plus anciens hôtels particuliers néo-renaissance de la capitale, il fut salle d'armes puis atelier de peintre avant d'accueillir les premiers concerts du guitariste de jazz, Django Reinhardt. Avec panache, Saint Bris en a fait un hommage à son amour de la littérature. On y trouve des chaises ayant appartenu à Sir Walter Scott, l'autel sur lequel Alfred de Vigny fut baptisé et une réplique du coin « Kiss Me Quick » de la maison de Victor Hugo à Guernesey. Pour Saint Bris : « Chez moi, chaque pièce est comme un chapitre, ainsi l'appartement est un roman. »

Der Historiker und Schriftsteller Comte Gonzague Saint Bris verfasste über 40 Bücher und gewann mehrere Literaturpreise, darunter den Prix Interallié. Der Diplomatensohn wuchs zum Teil auf dem Landsitz seiner Familie – Le Clos Lucé bei Amboise – auf, wo Leonardo da Vinci die letzten drei Jahre seines Lebens verbrachte. Seine Pariser Maisonettewohnung kann auf eine ähnlich illustre Geschichte zurückblicken. Sie befindet sich in einer der frühesten Stadtvillen der Neorenaissance und war einst Waffenkammer, Künstleratelier und Veranstaltungsort für die ersten Konzerte des Jazzgitarristen Django Reinhardt. Saint Bris hat sie mit großer Opulenz eingerichtet, gewissermaßen als Hommage an seine Liebe zur Literatur. Es gibt Stühle, die einst Sir Walter Scott gehörten, den Altar, auf dem der Dichter Alfred de Vigny getauft wurde, und eine Replik der »Kiss Me Quick corner« in Victor Hugos Haus auf Guernsey. Um mit Saint Bris' eigenen Worten zu sprechen: »Bei mir ist jedes Zimmer wie ein Kapitel, die Wohnung wie ein Roman.«

RIEN SANS AMOUR

HECTOR BERLIOZ

Previous pages: *The main room is dominated by a chandelier, from the opera house in Manaus in the middle of the Amazonian jungle in Brazil. The sculpted chairs once belonged to writer Sir Walter Scott.*
Facing page: *Quotations from Chopin, Mozart and Berlioz in Saint Bris' handwriting. The magnifying glass was a present from the author/photographer Maxime Du Camp to Gustave Flaubert.*
Above: *The bed with the canopy à la Polonaise once belonged to author George Sand.*
Following pages: *Clockwise from top left: Count Gonzague Saint Bris; the altar table on which poet Alfred de Vigny was christened; a portrait of La Fayette hangs on one of the two facing balconies; a suit of armour, that once belonged to Francis I. of France; Saint Bris writes on a copy of La Fayette's desk; a bust of Francis I. of France; a portrait of François René de Chateaubriand and a bust by Jean-Baptiste Carpeaux in one corner of the living room; the front door is decorated with the arms of all the owners of the Saint Bris family seat, Le Clos Lucé.*

Pages précédentes : *La pièce principale est dominée par un lustre provenant de l'opéra de Manaus, au milieu de la jungle amazonienne du Brésil. Les chaises sculptées appartenaient autrefois à Sir Walter Scott.*
Page de gauche : *Des citations de Chopin, de Mozart et de Berlioz calligraphiées par Saint Bris. La loupe était un présent de l'auteur et photographe Maxime Du Camp à Gustave Flaubert.*
En haut : *Le lit « à la polonaise » a appartenu à George Sand.*
Pages suivantes : *À partir de la gauche dans le sens des aiguilles d'une montre : Gonzague Saint Bris ; l'autel sur lequel Alfred de Vigny fut baptisé ; un portrait de La Fayette dans l'une des deux galeries se faisant face ; dans un coin du séjour, un portrait de François René de Chateaubriand et un buste signé Jean-Baptiste Carpeaux ; la porte d'entrée est ornée des armoiries de tous les propriétaires du manoir familial des Saint Bris, le Clos Lucé.*

Vorhergehende Seiten: *Der Salon wird von einem Kronleuchter beherrscht, der aus der Oper von Manaus, mitten im brasilianischen Amazonas-Dschungel, stammt. Die fein ziselierten Stühle gehörten einst dem Schriftsteller Sir Walter Scott.*
Gegenüberliegende Seite: *Zitate von Chopin, Mozart und Berlioz in Saint Bris' Handschrift. Das Vergrößerungsglas war ein Geschenk des Schriftstellers und Fotografen Maxime Du Camp an Gustave Flaubert.*
Oben: *Das Bett mit dem Himmel à la Polonaise gehörte einmal der Schriftstellerin George Sand.*
Folgende Seiten: *Im Uhrzeigersinn von oben links: Comte Gonzague Saint Bris; der Altar, auf dem der Dichter Alfred de Vigny getauft wurde; ein Porträt von La Fayette hängt in einer der beiden einander gegenüberliegenden Galerien; eine Rüstung, die einst dem französischen König Franz I. gehörte; Saint Bris schreibt an einer Kopie von La Fayettes Schreibtisch; ein Porträt von François René de Chateaubriand und eine Büste von Jean-Baptiste Carpeaux in einer Ecke des Wohnzimmers; die Vordertür schmücken Wappen aller Eigentümer des Saint-Bris-Familienlandsitzes Le Clos Lucé.*

LEONARDO DA VINCI
VENU A AMBOISE EN 1516
LOGE AU CLOS LUCE PAR LOUISE DE SAVOIE
MORT AU CLOS LUCE 2 MAI 1519

François I

Gerald Schmorl works as a consultant to several luxury-goods houses and lives in an apartment in the 9th arrondissement, the décor of which he conceived as a showcase for his contemporary art collection. The discreet colour scheme is dominated by various shades of grey. The mix of classical elements and geometric motifs is inspired by the late David Hicks. In the entrance hall is a traditional scenic wallpaper by Zuber. On the dining-room walls, a swirling, graphic motif created in situ by Swiss artist Stéphane Dafflon. And the art? It's mainly American. Particularly striking is a gold painting with an elaborate damask motif by New York-based artist Rudolf Stingel. Placed next to a puristic John McCracken plank sculpture, it perfectly illustrates Schmorl's style. As he himself says: "My taste ranges from minimalist to very baroque".

Gerald Schmorl

Gerald Schmorl, consultant pour plusieurs maisons de luxe, habite dans un appartement du 9e arrondissement dont le décor sert d'écrin à sa collection d'art contemporain. Discrète, la palette de couleurs est dominée par des nuances de gris. Le mélange d'éléments classiques et de motifs géométriques s'inspire de feu David Hicks. Un papier peint panoramique de Zuber vous accueille dans l'entrée. Les murs de la salle à manger sont ornés d'arabesques graphiques peintes in situ par l'artiste suisse, Stéphane Dafflon. L'art, lui, est principalement américain. Parmi les œuvres les plus frappantes, une peinture dorée à motif de brocart signée du New-yorkais Rudolf Stingel est placée près d'une sculpture planche puriste de John McCracken, illustrant parfaitement le style Schmorl. Comme il le dit lui-même : « Mon goût varie d'un côté minimaliste à un côté très baroque. »

Beruflich ist Gerald Schmorl Berater für mehrere Luxusfirmen. Privat wohnt er im 9. Arrondissement in einem Appartement, in welchem er seine Sammlung zeitgenössischer Kunst perfekt zur Geltung bringt. Die zurückhaltenden Farben bestehen überwiegend aus verschiedenen Grautönen. Die Mischung aus klassischen Elementen und geometrischen Motiven sind von dem verstorbenen David Hicks inspiriert. Den Flur schmückt eine Panoramatapete von Zuber und die Esszimmerwände ein schwungvolles, grafisches Motiv, das der Schweizer Künstler Stéphane Dafflon direkt vor Ort kreiert hat. Und die Kunst? Sie ist überwiegend amerikanisch. Besonders beeindruckend ist ein goldenes Gemälde mit einem opulenten Damastmotiv. Es stammt von dem in New York lebenden Künstler Rudolf Stingel. Typisch Schmorl ist, dass er es neben eine puristische John-McCracken-Plankenskulptur gehängt hat. Wie sagt er so schön? »Mein Geschmack reicht von Minimalistischem bis hin zu Barockem.«

Previous pages: *Scenic wallpaper by Zuber.*
Facing page: *To the left is a John Tremblay painting entitled "Silver Curtain". The ornate chandelier is 18th-century Italian.*
Above: *The living room acts as a showcase for Schmorl's collection of contemporary art. From left to right, a work by Peter Halley called "Silver Prison", a John McCracken plank sculpture entitled "Cool One" and a 2004 oil and enamel on canvas by Rudolf Stingel. The Louis XVI-style chair is from Potsdam.*
Right: *A Steven Parrino painting has been placed in front of a mirror.*

Pages précédentes : *Un papier peint panoramique de la maison Zuber.*
Page de gauche : *À gauche, une toile de John Tremblay intitulée « Silver Curtain ». Le beau lustre italien date du XVIIIe siècle.*
En haut : *Le séjour sert de vitrine à la collection d'art contemporain de Schmorl. De gauche à droite, une œuvre de Peter Halley intitulée « Silver Prison », une sculpture planche de John McCracken, « Cool One », et une huile et émail sur toile de Rudolf Stingel. Le fauteuil de style Louis XVI vient de Potsdam.*
À droite : *Une œuvre de Steven Parrino placée devant un miroir.*

Vorhergehende Seiten: *Die Panoramatapete ist von Zuber.*
Gegenüberliegende Seite: *Links hängt ein Gemälde von John Tremblay mit dem Titel »Silver Curtain«. Der Kristalllüster aus dem 18. Jahrhundert stammt aus Italien.*
Oben: *Das Wohnzimmer dient als Showroom für Schmorls Sammlung zeitgenössischer Kunst. Von links nach rechts: eine Arbeit, »Silver Prison«, von Peter Halley, eine Plankenskulptur von John McCracken mit dem Titel »Cool One« und ein Werk in Öl und Lack von Rudolf Stingel aus dem Jahr 2004. Der Sessel im Louis-XVI-Stil stammt aus Potsdam.*
Rechts: *Ein Bild von Steven Parrino steht vor einem Spiegel.*

Above: *Two André Arbus chairs flank an antique English mahogany desk in Schmorl's office.*
Right: *Schmorl's brushed-steel-and-bronze four-poster bed dates from the 1970s.*
Facing page: *The swirling motifs on the dining-room walls are the work of Swiss artist Stéphane Dafflon. On the Eero Saarinen table stands an 18th-century Fürstenberg porcelain urn. The stool front right is by Carlo Mollino and the black wall sculpture by Vincent Szarek.*

En haut : *Dans la pièce de travail de Schmorl, deux fauteuils d'André Arbus flanquent un vieux bureau anglais en acajou.*
À droite : *Le lit à baldaquin en acier brossé et bronze date des années 1970.*
Page de droite : *Les volutes sur les murs de la salle à manger ont été peintes par l'artiste suisse Stéphane Dafflon. Sur la table d'Eero Saarinen, une urne en porcelaine du XVIIIe siècle de la manufacture de Fürstenberg. Le tabouret au premier plan à droite est de Carlo Mollino et la sculpture noire sur le mur de Vincent Szarek.*

Oben: *Zwei Sessel von André Arbus stehen an einem antiken englischen Mahagoni-Tisch in Schmorls Arbeitszimmer.*
Rechts: *Schmorls Himmelbett aus gebürstetem Stahl und Bronze stammt aus den 1970er-Jahren.*
Gegenüberliegende Seite: *Das schwungvolle Motiv auf den Esszimmerwänden ist eine Arbeit des Schweizer Künstlers Stéphane Dafflon. Auf dem Tisch von Eero Saarinen steht eine Porzellanurne aus dem 18. Jahrhundert von Fürstenberg. Der Hocker vorne rechts ist von Carlo Mollino und die schwarze Wandskulptur von Vincent Szarek.*

HERE

"I like open spaces," declares the creative director of the French edition of AD magazine, Angelica Steudel. Originally, her flat had what she calls "Parisian charm"– corridors, doors and walls everywhere. It was reconfigured with the help of interior designer Laurent Buttazzoni and now boasts but one door – a Bordeaux-coloured partition between her bedroom and bathroom. Throughout, the aesthetic is influenced by both Japan and Scandinavia. There are also a large number of Steudel's own creations – ceramics, pillows, a tablecloth made from kimono fabrics and black ink drawings. "I love black ink," she enthuses. "It's my favourite smell." Her most treasured possession, however, is the vintage Knoll sofa in the living room. "It was a wedding present to my parents," she explains. "It's the only thing I'd never give away."

Angelica Steudel

« J'aime les espaces ouverts », déclare Angelica Steudel, directrice de la création pour l'édition française de la revue AD. À l'origine, son appartement avait « un charme tout parisien », à savoir des couloirs, des portes et des murs partout. Reconfiguré avec l'aide du décorateur Laurent Buttazzoni, il ne possède plus qu'une seule cloison bordeaux entre la chambre de Steudel et sa salle de bains. L'esthétique d'ensemble est mi-japonaise, mi-scandinave. On y trouve également de nombreuses créations de la maîtresse de maison : des céramiques, des coussins, une nappe en tissus de kimono et des dessins à l'encre. « J'adore l'encre noire. C'est mon odeur favorite », dit-elle. Mais son vrai trésor, c'est le canapé Knoll vintage du séjour. « Un cadeau de mariage fait à mes parents. La seule chose que je ne donnerai jamais. »

»Ich mag offene Räume«, so Angelica Steudel, die Kreativdirektorin der französischen Ausgabe des AD-Magazins. Ursprünglich besaß ihre Wohnung, was man »Pariser Charme« nennt – überall Flure, Türen und Wände. Sie wurde mithilfe des Interiordesigners Laurent Buttazzoni umgestaltet und verfügt mittlerweile nur noch über eine Tür – eine bordeauxfarbene Schiebewand zwischen Schlafzimmer und Bad. Die gesamte Ästhetik zeigt Einflüsse aus Japan und Skandinavien. Es gibt auch viele eigene Kreationen von Steudel – Keramiken, Kissen, eine Tischdecke aus Kimono-Stoff und schwarze Tuschzeichnungen. »Ich liebe schwarze Tusche«, schwärmt sie. »Das ist mein Lieblingsduft.« Ihr kostbarster Besitz ist allerdings das Vintage-Sofa von Knoll im Wohnzimmer. »Es war ein Hochzeitsgeschenk für meine Eltern«, erzählt sie. »Das ist das Einzige, von dem ich mich niemals trennen werde.«

Previous pages: *The chair is by Harry Bertoia. The butterfly stool is by Sori Yanagi, the ceramics by Philippe Barde and Gisela Koch.*
Above: *The Knoll sofa was a wedding present to Steudel's parents. The two benches were designed by George Nelson and the occasional tables by Christian Liaigre. To the left of the fireplace is a Mats Gustafson illustration. To the right, several of Steudel's own black-ink drawings.*
Right: *The linen pillows were created by Steudel. The lamp is by Isamu Noguchi.*

Pages précédentes : *La chaise est d'Harry Bertoia. Le tabouret papillon est de Sori Yanagi, les céramiques sont de Philippe Barde et Gisela Koch.*
En haut : *Le canapé Knoll fut offert aux parents de Steudel pour leur mariage. Les deux bancs ont été dessinés par George Nelson et les tables d'appoint par Christian Liaigre. À gauche de la cheminée, une illustration de Mats Gustafson. À droite, plusieurs dessins à l'encre noire de Steudel.*
À droite : *Les oreillers en lin ont été créés par Steudel. La lampe est d'Isamu Noguchi.*

Vorhergehende Seiten: *Der Stuhl ist von Harry Bertoia. Der Schmetterlingshocker ist von Sori Yanagi, die Keramiken stammen von Philippe Barde und Gisela Koch.*
Oben: *Das Knoll-Sofa war ein Hochzeitsgeschenk für Steudels Eltern. Die beiden Bänke sind ein Entwurf von George Nelson und die Beistelltischchen von Christian Liaigre. Links vom Kamin hängt eine Zeichnung von Mats Gustafson, rechts davon stehen mehrere Tuschzeichnungen, die Steudel selbst gemacht hat.*
Rechts: *Die Leinenkissen entwarf Steudel. Die Lampe ist von Isamu Noguchi.*

Right: The chairs are by Pierre Guariche and Arne Jacobsen, the table by the latter. The kitchen unit comes from Ikea.
Below: In the office is a Zanotta desk and a traditional Japanese cabinet.

À droite : Des chaises de Pierre Guariche et d'Arne Jacobsen, autour d'une table d'Arne Jacobsen. Les éléments de cuisine viennent d'Ikea.
En bas : Dans le bureau, une table de travail Zanotta et un cabinet traditionnel japonais.

Rechts: Die Stühle sind von Pierre Guariche und Arne Jacobsen, der Tisch ist ebenfalls von Arne Jacobsen. Die Einbauküche stammt von Ikea.
Unten: Im Büro stehen ein Schreibtisch von Zanotta sowie ein traditioneller japanischer Schrank.

Facing page: *Steudel created both the vase and tablecloth herself. The latter was made by sewing together Japanese kimono fabrics. On the wall is a collection of invitations to fashion shows.*

Page de droite : *Steudel a réalisé elle-même le vase et la nappe. Cette dernière est un patchwork de tissus de kimono. Au mur, une collection d'invitations à des défilés de mode.*

Gegenüberliegende Seite: *Steudel schuf sowohl die Vase als auch die Tischdecke. Letztere entstand durch das Zusammennähen mehrerer Kimono-Stoffe. An der Wand sieht man eine Sammlung von Einladungen zu Modeschauen.*

Above: *A pair of Japanese "geta" sandals stands outside the shower. Inside, a paving stone, which was picked up from a street on the Île Saint-Louis.*
Right: *A Comme des Garçons leather jacket stands on a mannequin in the corridor.*

En haut : *Une paire de sandales « geta » japonaises attend devant la douche. À l'intérieur de celle-ci, un pavé ramassé dans une rue de l'Île Saint-Louis.*
À droite : *Dans le couloir, un blouson en cuir Comme des Garçons sur un mannequin de couturière.*

Oben: *Ein Paar japanischer »Geta«-Sandalen steht vor der Dusche. Darin befindet sich ein Pflasterstein, der von einer Straße auf der Île Saint-Louis stammt.*
Rechts: *Im Flur hängt eine Lederjacke von Comme des Garçons über einer Schneiderpuppe.*

ANGELICA

"When I first took this apartment, it was beyond shabby chic," declares designer Hervé Van der Straeten. Fifteen years later and it's simply chic. Take the sitting room with its heady but harmonious mix of styles – a Louis XVI sofa, Danish 1960s furniture, a dramatic mobile by artist Xavier Veilhan and many of Van der Straeten's own creations. After starting off designing jewellery for the likes of Thierry Mugler and Christian Lacroix, he ebbed into creating furniture and now counts such top decorators as Peter Marino and Alberto Pinto among his fans. His friends, meanwhile, are often invited round for dinner. Van der Straeten created the large, open kitchen so that he can cook and chat with them at the same time. He also kitted out the bedroom all in red and reupholstered a pair of Le Corbusier armchairs in shocking green satin. As he says, "It makes them more glamorous".

Hervé Van der Straeten

« Quand j'ai pris l'appartement, il était au-delà du 'shabby chic' », déclare Hervé Van der Straeten. Quinze ans plus tard, il est simplement chic. Dans son séjour au mélange de styles grisant et harmonieux, un canapé Louis XVI, des meubles danois des années 1960 et un mobile spectaculaire de Xavier Veilhan côtoient les créations du maître de maison. Ce dernier a retapissé une paire de fauteuils de Le Corbusier en satin vert shocking « pour les rendre plus glamour ». Sa chambre est rouge du sol au plafond. Après avoir dessiné des bijoux pour Thierry Mugler et Christian Lacroix, Van der Straeten s'est lancé dans le mobilier et compte aujourd'hui parmi ses admirateurs de grands décorateurs tels Peter Marino et Alberto Pinto. Comme il aime recevoir ses amis à dîner, il a créé une grande cuisine ouverte pour pouvoir papoter tout en leur mitonnant des petits plats.

»Als ich mich für diese Wohnung entschied, war sie jenseits von ›shabby chic‹«, meint der Designer Hervé Van der Straeten. Fünfzehn Jahre später ist sie einfach nur chic. Da ist zum einen das Wohnzimmer mit seinem harmonischen Stil-Mix aus einem Louis-XVI-Sofa, skandinavischen Möbeln aus den 1960er-Jahren, einem ausgefallenen Mobile des Künstlers Xavier Veilhan und vielen Entwürfen von Van der Straeten selbst. Nachdem er Schmuck für so große Namen wie Thierry Mugler und Christian Lacroix entworfen hatte, verlegte sich der Designer auf das Entwerfen von Möbeln. Heute zählt er Top-Interior-Designer wie Peter Marino und Alberto Pinto zu seinen Fans. Gern lädt er seine Freunde zum Abendessen ein. Van der Straeten entwarf deshalb eine große, offene Küche, damit er gleichzeitig kochen und sich unterhalten kann. Er kleidete das Schlafzimmer ganz in Rot ein und ließ ein Paar Le-Corbusier-Sessel mit grellgrünem Satin beziehen. »Das macht sie glamouröser«, so der Hausherr.

KYOTO
BAUHAUS

Previous pages: *One of Van der Straeten's "Dada" mirrors hangs above the fireplace. The other objects are wonderfully eclectic. Among them, Xavier Veilhan's "Petit Mobile", red plaster columns from the 1930s and one of the designer's "Mondrian" coffee tables.*
Facing page: *Both the "Miroir Solaire" mirror and the "Franges" cabinet in the entry corridor were created by Van der Straeten.*
Above: *The standing lamp between the windows is by Isamu Noguchi.*
Right: *The all-red bedroom features Pierre Paulin's "Orange Slice Chair" and one of Van der Straeten's "Capsule" stools.*

Pages précédentes : *Un des miroirs « Dada » de Van der Straeten au-dessus de la cheminée du séjour. Parmi la collection merveilleusement éclectique d'objets : un « Petit Mobile » de Xavier Veilhan, des colonnes en plâtre rouge des années 1930, un canapé du XVIIIe siècle et une des tables basses « Mondrian » dessinées par le maître de maison.*
Page de gauche : *Le « Miroir Solaire » et le cabinet « Franges » dans l'entrée sont des créations de Van der Straeten.*
En haut : *Le lampadaire entre les fenêtres est d'Isamu Noguchi.*
À droite : *Dans la chambre rouge, un fauteuil « Orange Slice » de Pierre Paulin et un des tabourets « Capsule » de Van der Straeten.*

Vorhergehende Seiten: *Einer von Van der Straetens »Dada«-Spiegeln hängt über dem Kamin im Wohnzimmer. Auch die anderen Objekte sind wunderbar eklektisch. Dazu gehören Xavier Veilhans »Petit Mobile«, rote Gipssäulen aus den 1930er-Jahren, ein Sofa aus dem 18. Jahrhundert sowie einer der »Mondrian«-Couchtische des Designers.*
Gegenüberliegende Seite: *Sowohl der »Miroir Solaire«-Spiegel als auch der »Franges«-Schrank im Flur sind von Van der Straeten.*
Oben: *Die Stehlampe zwischen den Fenstern ist von Isamu Noguchi.*
Rechts: *Im Schlafzimmer stehen Pierre Paulins »Orange Slice«-Stuhl und einer von Van der Straetens »Capsule«-Hockern.*

Magritte

Art dealers and collectors Cathy and Paolo Vedovi originally planned to redecorate their Parisian pied-à-terre themselves. That is until Cathy stopped by the Parisian gallery of interior designer Chahan Minassian. "Everything there was so perfect," recalls the co-founder of the Galerie Emmanuel Perrotin in Miami. "I said to myself, I'll never manage to do something like that." Within 15 minutes, she'd bought a coffee table, two side tables and various lamps and ceramics. She had also hired Minassian for the project. Inspiration came from a photo of the swimming pool of the Ruhl Palace in Marrakesh. The motif of the tiles was copied for the living room rug and the dining room fitted out with three turquoise tables and a banquette, which Minassian refers to as "a stretched chair". The whole process apparently went swimmingly, too. As Vedovi says, "It was as if someone had waved a magic wand!"

Cathy & Paolo Vedovi

Marchands et collectionneurs d'art, Cathy et Paolo Vedovi comptaient initialement décorer eux-mêmes leur pied-à-terre parisien. Puis Cathy est passée à la galerie du décorateur Chahan Minassian. « Tout y était tellement parfait. Je me suis dit que je n'arriverai jamais à faire quelque chose comme ça. » Un quart d'heure plus tard, elle en ressortait avec une table basse, deux consoles, plusieurs lampes et céramiques, et avait engagé Minassian. Elle s'inspira d'une photo de la piscine du palais Ruhl à Marrakech. Le motif de son carrelage fut copié pour le tapis du salon et la salle à manger fut aménagée avec trois tables turquoise et une banquette que Minassian qualifie de « chaise étirée ». Depuis, les Vedovi se sentent comme des poissons dans l'eau dans leur nouveau décor. Comme dit Cathy : « C'était comme si quelqu un avait agité une baguette magique. »

Ursprünglich wollten die Kunsthändler und Sammler Cathy und Paolo Vedovi ihr Pariser Pied-à-terre selbst neu einrichten. Aber das war, bevor Cathy an der Pariser Galerie des Interiordesigners Chahan Minassian vorbeiging. »Dort war einfach alles perfekt«, erinnert sich die Mitbegründerin der Galerie Emmanuel Perrotin in Miami. »Ich dachte, so was kriegst du nie selbst hin.« Innerhalb einer Viertelstunde kaufte sie einen Couchtisch, zwei Beistelltischchen und verschiedene Lampen und Keramiken. Außerdem heuerte sie Minassian für das Projekt an. Als Inspiration diente ein Foto des Pools im Palais Ruhl in Marrakesch. Das Friesenmotiv wurde für den Wohnzimmerteppich entlehnt, während man das Esszimmer mit drei türkisen Tischchen und einer Bank bestückte, die Minassian als »extrem langen Sessel« bezeichnet. Der Einrichtungsprozess ging wie von selbst. Wie sagt Vedovi noch so schön? »Es war, als habe jemand den Zauberstab geschwungen!«

Previous pages: *A work by René Magritte entitled "Shéhérazade" hangs in one corner of the sitting room*
Facing page: *Three Chinese-style ceramic stools stand on a Bedouin rug from Morocco. The painting is by Bernard Frize.*
Above: *In the entrance hall is a Plexiglas and brushed steel table by Mario Pergay. The bronze sculpture is by Germaine Richier.*
Right: *Mike Kelley's dog is made from painted black velvet on wood. The glass ball was created by the Japanese artist Ritsue Mishima.*

Pages précédentes : *Dans un coin du séjour, une œuvre de René Magritte intitulée « Shéhérazade ».*
Page de gauche : *Les trois tabourets en céramique d'inspiration chinoise sont posés sur un tapis bédouin marocain. Le tableau est de Bernard Frize de la Galerie Emmanuel Perrotin.*
En haut : *Dans le hall d'entrée, une table en Plexiglas et acier brossé de Maria Pergay. La sculpture en bronze est de Germaine Richier.*
À droite : *Le chien de Mike Kelley est en velours noir peint collé sur bois. La boule en verre est une œuvre de la Japonaise Ritsue Mishima.*

Vorhergehende Seiten: *Eine Arbeit von René Magritte mit dem Titel »Shéhérazade« hängt in einer Ecke des Wohnzimmers.*
Gegenüberliegende Seite: *Drei Keramikhocker im China-Stil stehen auf einem Beduinenteppich aus Marokko. Das Gemälde ist von Bernard Frize aus der Galerie Emmanuel Perrotin.*
Oben: *Blickfang im Flur ist ein Tisch aus Plexiglas und Stahl von Maria Pergay. Die Bronzeskulptur ist von Germaine Richier.*
Rechts: *Mike Kelleys Hund besteht aus schwarzem Samt auf Holz. Die Glaskugel ist von der japanischen Künstlerin Ritsue Mishima.*

Previous pages: *Two imposing Vladimir Kagan sofas and a Salviati glass chandelier dominate the living room. In the far corner is Takashi Murakami's "Kinoko Isu" sculpture, made from fibreglass, steel and acrylic paint.*
Above: *On the right is a large oil painting by Peter Doig. The rug was custom made by David Hicks.*
Right: *A 1950s ceramic lamp stands on a desk created by a student of Gio Ponti.*

Pages précédentes : *Deux imposants canapés de Vladimir Kagan et un lustre en verre Salviati dominent le séjour. Au fond, une sculpture de Takashi Murakami, « Kinoko Isu », en fibre de verre, acier et peinture acrylique.*
En haut : *À droite, une huile de Peter Doig. Le tapis a été réalisé sur mesure par David Hicks.*
À droite : *Une lampe des années 1950 en céramique posée sur un bureau créé par un élève de Gio Ponti.*

Vorhergehende Seiten: *Zwei imposante Vladimir-Kagan-Sofas und ein Glaslüster von Salviati beherrschen das Wohnzimmer. Im Hintergrund sieht man Takashi Murakamis Skulptur »Kinoko Isu« aus Fiberglas, Stahl und Acrylfarbe.*
Oben: *Rechts hängt ein großes Ölgemälde von Peter Doig. Der Teppich ist eine Sonderanfertigung von David Hicks.*
Rechts: *Eine Keramiklampe aus den 1950er-Jahren steht auf einem Schreibtisch, der von einem Schüler Gio Pontis entworfen wurde.*

Right: *In one corner of the living room hangs Jean-Michel Othoniel's "Black is Beautiful", from the Galerie Emmanuel Perrotin.*
Below: *The glass and granite coffee table was created by the Brazilian designer Amaury Cardoso. The two paintings on the mantle are from Murakami's "Dokuro" series.*
Following pages: *In the dining room a Curtis Jere bronze tree and a set of 19th-century Japanese vases stand on an inlaid chest of drawers. The artwork is by Jonathan Meese. In the sitting room, a Gamboni vase and sculptures by Ken Stetert and Germaine Richier stand in front of a Christopher Wool painting.*

À droite : *Dans un coin du séjour, une œuvre de Jean-Michel Othoniel, « Black is Beautiful », provenant de la Galerie Emmanuel Perrotin.*
En bas : *La table basse en verre et granit a été crée par le designer brésilien Amaury Cardoso. Les deux tableaux sur le manteau de la cheminée appartiennent à la série Dokuro de Murakami.*
Pages suivantes : *Dans la salle à manger, un arbre en bronze de Curtis Jere et une paire de vases japonais du XIXe siècle posés sur une commode en marqueterie. Le tableau est de Jonathan Meese. Dans le petit salon, un vase de Gamboni ainsi que des sculptures de Ken Stetert et de Germaine Richier devant une toile de Christopher Wool.*

Rechts: *In einer Ecke des Wohnzimmers hängt Jean-Michel Othoniels »Black is Beautiful« aus der Galerie Emmanuel Perrotin.*
Unten: *Der Couchtisch aus Glas und Granit ist ein Entwurf des brasilianischen Designers Amaury Cardoso. Die beiden Bilder auf dem Kaminsims stammen aus der »Dokuro«-Serie von Murakami.*
Folgende Seiten: *Im Esszimmer stehen ein Bronzebaum von Curtis Jere sowie ein Set japanischer Vasen aus dem 19. Jahrhundert auf einer mit Intarsien verzierten Schubladenkommode. Das Bild ist von Jonathan Meese. Im Wohnzimmer stehen eine Gamboni-Vase und Skulpturen von Ken Stetert und Germaine Richier vor einem Gemälde von Christopher Wool.*

SCHWARMUTTER
X

Facing page: *Two Chahan Minassian banquettes, a silver artwork by Rudolf Stingel and an embroidery by Alighiero Boetti.*
Above: *A Roger Tallon staircase leads from the kitchen to the roof terrace. The Paola Pivi piece "Untitled" on the wall is made from pearls.*
Right: *Next to the master bed is a Karl Springer snakeskin lamp and a 1940s Lucite chair upholstered with ocelot fur.*
Following pages: *The terrace offers spectacular views of the Grand Palais and the Eiffel Tower.*

Page de gauche : *Les deux banquettes ont été dessinées par Chahan Minassian. Le tableau en argent est de Rudolf Stingel et la broderie « De uno a cento e vice versa » d'Alighiero Boetti.*
En haut : *Un escalier de Roger Tallon relie la cuisine à la terrasse sur le toit. L'œuvre en perles sans titre sur le mur est de Paola Pivi.*
À droite : *Près du lit dans la chambre principale, une lampe en peau de serpent de Karl Springer et un fauteuil tapissé d'ocelot.*
Pages suivantes : *De la terrasse, on a des vues spectaculaires.*

Gegenüberliegende Seite: *Die beiden Liegen sind Entwürfe von Chahan Minassian, das silberne Bild stammt von Rudolf Stingel, und die Stickerei »De uno a cento e vice versa« ist von Alighiero Boetti.*
Oben: *Eine Wendeltreppe von Roger Tallon führt von der Küche auf den Dachgarten. Die Arbeit an der Wand von Paola Pivi besteht aus Perlen.*
Rechts: *Neben dem großen Bett stehen eine Lampe von Karl Springer und ein Plexiglas-Sessel aus den 1940er-Jahren mit Ozelotfellbezug.*
Folgende Seiten: *Die Dachterrasse bietet eine fantastische Aussicht auf den Grand Palais und den Eiffelturm.*

Ask architect Joseph Dirand about this apartment created for an American TV producer and he talks in philosophical terms. He claims that he wanted to make something very abstract, "a sort of contemplative attitude" and "a very sculptural space". He also wanted to create "beauty with the least amount of effects". He worked with just two colours – black and white – and handpicked the rare furnishings (the Christian Liaigre sofas, the André Arbus dining table, the Serge Mouille lamp ...). He also discreetly integrated hi-tech throughout. An extractor fan pops up from the kitchen range, a television screen drops down in front of a window and all the sockets are hidden in the floor. The only real ornament is to be found in one of the bathrooms, with its elaborate chandelier and Venetian mirror. "For me," he says, "it represents the negative image of the rest of the flat."

WDL Apartment

Quand on interroge l'architecte Joseph Dirand sur cet appartement réalisé pour un producteur de télévision américain, il répond, philosophe, qu'il a voulu créer quelque chose de très abstrait, « une sorte d'attitude contemplative », « un espace très sculptural » et « de la beauté avec un minimum d'effets ». Il n'a travaillé qu'en noir et blanc et sélectionné minutieusement le mobilier dépouillé (les canapés Christian Liaigre, la table d'André Arbus, la lampe de Serge Mouille...). L'équipement high-tech a été discrètement incorporé. Une hotte sort du bloc cuisine, un écran de télévision descend devant une fenêtre et toutes les prises sont dissimulées dans le sol. Les seuls véritables ornements sont le lustre en cristal et le miroir vénitien de la salle de bains. Selon Dirand, « elle est comme le négatif du reste de l'appartement ».

Fragt man den Architekten Joseph Dirand nach diesem Appartement, das er für einen amerikanischen Fernsehproduzenten entworfen hat, wird er philosophisch. Er sagt, er habe etwas sehr Abstraktes erzeugen wollen, »eine Art kontemplative Haltung« und »einen Raum wie eine Skulptur«. Er wollte auch »mit den geringstmöglichen Mitteln Schönheit erschaffen«. Dabei arbeitete er ausschließlich mit zwei Farben – mit Schwarz und Weiß – und suchte die wenigen Möbel (Sofas von Christian Liaigre, den Esstisch von André Arbus, die Lampe von Serge Mouille ...) selbst aus. Außerdem integrierte er überall diskret jede Menge Hightech. Es gibt eine ausfahrbare Dunstabzugshaube, einen Fernsehbildschirm, der vor einem der Fenster herabgelassen werden kann, und jede Menge im Boden versteckte Steckdosen. Verspielt ist nur das Bad mit dem prächtigen Kristalllüster und dem venezianischen Spiegel. »Für mich reflektiert das sozusagen das Abwesende in der übrigen Wohnung«, so der Architekt.

Addresses / Adresses / Adressen

RUE DES BELLES-FEUILLES
Christian Baquiast
(Architect)
18, cité Trévise
75009 Paris
phone: +33 6 07 43 41 44
christian.baquiast@neuf.fr

Hugues Peuvergne
(Landscape architect)
42 bis, avenue du Général Leclerc
77400 Lagny-sur-Marne
phone: +33 1 64 30 61 75
hugues.peuvergne@wanadoo.fr

MARIA BONNAFOUS-BOUCHER
Valérie Mazérat
(Interior designer)
4, rue Saint-Nicolas
75012 Paris
phone: +33 1 43 47 32 96
valerie.mazerat@90online.fr

BERTRAND BURGALAT
Tricatel
www.tricatel.com

LES BUTTES-CHAUMONT
Sébastien Segers
(Architect)
19, rue Béranger
75003 Paris
phone: +33 1 42 72 12 09
studio@sebastiensegers.com
www.sebastiensegers.com

MICHAEL COORENGEL & JEAN-PIERRE CALVAGRAC
Coorengel & Calvagrac
(Interior designers)
43, rue de l'Echiquier
75010 Paris
contact@coorengel-calvagrac.com
www.coorengel-calvagrac.com

ALEXANDRE DE BETAK
Bureau Betak
199 Lafayette Street
New York, NY 10012
phone: +1 212 274 0669
bbcontact@bureaubetak.com
www.bureaubetak.com

FRANCK DELMARCELLE
Et Caetera
(Antique dealer)
40, rue de Poitou
75003 Paris
phone: +33 1 42 71 37 11
franckdelmarcelle@yahoo.fr
www.franckdelmarcelle.com

JEAN-LOUIS DENIOT
(Interior designer)
39, rue de Verneuil
75007 Paris
phone: +33 1 45 44 04 65
www.deniot.fr

SIMON DE PURY
Phillips de Pury & Company
(Auctioneers)
28, rue Michel Le Comte
75003 Paris
phone: +33 6 85 53 92 03

Headquarter
450 West 15 Street
New York, NY 10011
phone: +1 212 940 1200
www.phillipsdepury.com

COMTE & COMTESSE HUBERT D'ORNANO
Sisley (Cosmetics)
16, avenue George V
75008 Paris
phone: +33 1 49 52 35 00
www.sisley-cosmetics.com

ALDA FENDI
Fendi
(Fashion, leather goods & accessoires)
24, rue François 1er
75008 Paris
phone: +33 1 49 52 84 52
www.fendi.it

ELIANE FIÉVET
(Paper designer)
3, rue du 29 Juillet
75001 Paris
phone: +33 1 42 60 68 40
eliane.fievet@club-internet.fr

DIDIER GOMEZ
Didier Gomez Interior Design D.G.I.D.
(Interior designer)
28, boulevard de Bonne Nouvelle
75010 Paris
phone: +33 1 44 61 04 00
dgidgabriel@yahoo.fr
www.didiergomez.com

MICHELLE & YVES HALARD
phone: +33 1 43 29 40 44
yves.halard@orange.fr

ANNE VALÉRIE HASH
(Fashion designer)
36, boulevard de Bonne Nouvelle
75010 Paris
phone: +33 1 48 87 97 41
www.anne-valerie-hash.com

Isabelle Stanislas
(Architect)
SO-AN
7, rue d'Aboukir
75002 Paris
phone: +33 1 44 82 62 00
info@so-an.fr
www.so-an.fr

BOULEVARD HAUSSMANN
Décoration Jacques Garcia
(Interior designer)
212, rue de Rivoli
75001 Paris
phone: +33 1 42 97 48 70
info@decojacquesgarcia.com
www.decojacquesgarcia.com

RUE JACOB
Cristina Finucci
Studio Finucci
Via Montevideo 5
00198 Roma
phone: +39 06 841 2286
studio@finucci.com
www.studiofinucci.com

PATRICIA & PHILIPPE JOUSSE
Jousse Entreprise
Mobilier d'architectes
18, rue de Seine
75006 Paris
phone: +33 1 53 82 13 60

Mobilier d'artistes et de designers 60', 70'
34, rue Louise Weiss
75013 Paris
phone: +33 1 45 83 62 48

Art contemporain
24, rue Louise Weiss
75013 Paris
phone: +33 1 53 82 10 18
infos@jousse-entreprise.com
www.jousse-entreprise.com

Emmanuel Combarel & Dominique Marrec
(Architects)
7, passage Turquetil
75011 Paris
phone: +33 1 44 93 20 60
ecdm@combarel-marrec.com
www.combarel-marrec.com

CLÉMENCE & DIDIER KRZENTOWSKI
Galerie Kreo
(Design gallery)
22, rue Duchefdelaville
75013 Paris
phone: +33 1 53 60 18 42
kreogal@wanadoo.fr
www.galeriekreo.com

HUBERT LE GALL
(Designer)
22, rue Tourlaque
75018 Paris
hubertlegall@free.fr

NATHALIE LÉTÉ & THOMAS FOUGEIROL
Nathalie Lété
(Designer)
phone: +33 1 49 60 84 76
nathalie@nathalie-lete.com
www.nathalie-lete.com

Astier de Villatte
173, rue Saint-Honoré
75001 Paris
phone: +33 1 42 60 74 13
www.astierdevillatte.com

Thomas Fougeirol
(Painter)
fougeirol.thomas@wanadoo.fr

CHRISTIAN LIAIGRE
(Interior designer)
Showroom
42, rue du Bac
75007 Paris
phone: +33 1 53 63 33 66

Showroom
61, rue de Varenne
75007 Paris
phone: +33 1 47 53 78 76
sales@christian-liaigre.fr
www.christian-liaigre.fr

CHRISTIAN LOUBOUTIN
(Shoe designer)

Shop
19, rue Jean-Jacques Rousseau
75001 Paris
phone: +33 1 42 36 05 31

Shop
38–40, rue de Grenelle
75007 Paris
phone: +33 1 42 22 33 07
www.christianlouboutin.fr

INDIA MAHDAVI
(Architect)
Showroom
3, rue las Cases
75007 Paris
phone: +33 1 45 55 67 67
showroom@indiamahdavi.com
www.indiamahdavi.com

SEAN MCEVOY
(Architect)
7, rue Gabriel Laumain
75010 Paris
phone: +33 6 61 97 26 17
mcevoy_sean@yahoo.fr

FRÉDÉRIC MÉCHICHE
(Decorator)
4, rue de Thorigny
75003 Paris
phone: +33 1 42 78 78 28

RICK OWENS & MICHÈLE LAMY
Boutique Rick Owens
(Fashion designer)
Jardins du Palais Royal
130–133, Galerie de Valois
75001 Paris
phone: +33 1 40 20 42 52
store@rickowens.eu
www.rickowens.eu

ALBERTO PINTO
(Decorator & interior designer)
Hôtel de la Victoire
11, rue d'Aboukir
75002 Paris
phone: +33 1 40 13 00 00
contact@albertopinto.com
www.albertopinto.com

ISABELLE PUECH & BENOÎT JAMIN
Jamin Puech
Boutique
26, rue Cambon
75001 Paris
phone: +33 1 40 20 40 28

68, rue Vieille du Temple
75003 Paris
phone: +33 1 48 87 84 87

43, rue Madame
75006 Paris
phone: +33 1 45 48 14 85

61, rue d'Hauteville
75010 Paris
phone: +33 1 40 22 08 32
www.jamin-puech.com

CARINE ROITFELD & CHRISTIAN RESTOIN
David Chipperfield Architects
Cobham Mews
Agar Grove, Camden
London NW1 9SB
phone: +44 20 7267 9422
info@davidchipperfield.co.uk
www.davidchipperfield.co.uk

DODIE ROSEKRANS
Tony Duquette & Hutton Wilkinson
(Decorators)
Tony Duquette Inc.
PO Box 69858
West Hollywood, CA 90069
phone: +1 310 271 4688
huttonwilkinson@hotmail.com
www.huttonwilkinson.com
www.tonyduquette.com

GERALD SCHMORL
(Designer)
schmorl@free.fr

ANGELICA STEUDEL
Buttazzoni & Associés
(Interior designer)
83, avenue Kléber
75016 Paris
phone: +33 1 40 09 98 49

HERVÉ VAN DER STRAETEN
Galerie Van der Straeten
(Design gallery)
11, rue Ferdinand Duval
75004 Paris
phone: +33 1 42 78 99 99
fax: +33 1 42 78 99 90

CATHY & PAOLO VEDOVI
Chahan Gallery
12, rue de Beaune
75007 Paris
phone: +33 1 42 96 88 88
gallery@chahan.com
www.chahan.com

Galerie Emmanuel Perrotin
76, rue de Turenne
75003 Paris
phone: +33 1 42 16 79 79
infoparis@galerieperrotin.com
www.galerieperrotin.com

194 NW 30th Street
Miami, FL 33127
phone: +1 305 573 2130
infomiami@galerieperrotin.com

GALERIE VEDOVI
69, rue du Faubourg Saint-Honoré
75008 Paris
phone: +33 1 44 51 91 76
info@galleryvedovi.com
www.galleryvedovi.com

WDL APARTMENT
Joseph Dirand Architecture
4, cour Saint-Pierre
75017 Paris
phone: +33 1 44 69 04 80
jd@josephdirand.com
www.josephdirandarchitecture.com

MONTRES CLASSIQUES

Michael Balfour

MONTRES CLASSIQUES

Les plus belles montres-bracelets des origines à nos jours

BOOKKING
INTERNATIONAL

Titre original : The Classic Watch

Réalisé par Euredition, La Haye, Pays-Bas,
Les Cours, Caen
Traduction et adaptation Christian Pessey

ISBN 2 - 87714 - 062 - 8

Imprimé à Hong-Kong

SOMMAIRE

ROLEX
CARTIER
PATEK PHILIPPE
GENEVE
CARTIER
ROLEX

"Tempus fugit...
...les montres restent"

Christian Dubourguey

INTRODUCTION

La majorité des besoins de montres est satisfaite par les modèles à quartz, souvent très bon marché, généralement à affichage digital (encore que ces dernières années, les aiguilles fassent un retour en force). Pourtant, de simple objet utilitaire (fût-il de luxe), la montre est devenue depuis peu un objet de collection, les amateurs s'intéressant aussi bien à des modèles prestigieux qu'à des montres inhabituelles, originales, pour ne pas dire excentriques. Une progression spectaculaire des cotes a permis à certains de faire des gains considérables ces dernières années.

Ce livre est une présentation des montres de marques les plus prestigieuses, mais aussi de modèles récents, dont l'originalité est un gage de prospérité.

COMMENT UTILISER CE LIVRE

Le marché de la montre a son vocabulaire, qu'il est utile de connaître pour parler le même langage que les amateurs. Vous trouverez donc un glossaire des principaux mots techniques à la fin de cet ouvrage.

Mais pour ne pas faire d'erreurs lorsqu'on veut se lancer dans une collection, il est indispensable de connaître les grandes marques, dont les produits sont un gage de qualité et de plus-value. La première partie de ce livre est consacrée aux marques "de A à Z". Toutes les marques n'y sont évidemment pas représentées (plusieurs volumes n'y suffiraient pas"; mais vous y trouverez les principales, ou celles qui nous ont semblé le mieux correspondre à l'image de la montre classique. Les lignes consacrées à ces marques vous permettront de connaître leur origine, leur développement, leurs heurs et malheurs; vous y trouverez la description (et parfois des éléments d'évaluation) des principaux modèles qui ont marqué l'histoire de la marque ou celle de l'horlogerie en général.

Les éléments qui font que telle ou telle montre est, ou n'est pas, considérée comme "classique" sont évidemment très subjectifs: beauté, design, innovation ou complexité technique sont de ceux-là. Mais la rareté (séries limitées), la nature du métal (acier, argent, or, platine ou métaux nouveaux comme le titane), celle des éléments de décor (émaux, pierreries) comptent évidemment aussi beaucoup.

La deuxième partie du livre concerne ces éléments d'appréciation qui vous permettront de juger si une montre est digne d'entrer en collection, par delà même son appartenance à une grande marque ou la richesse de sa constitution. Vous y trouverez, en particulier, des idées de thèmes de collection qui vous permettront de vous lancer dans ce "sport" sans pour autant dépenser une fortune.

PAGE PRECEDENTE: ***En haut: La fameuse Patek Philippe, Calibre 89, qui atteignit la somme record de 4,9 millions de F suisses lors d'une vente aux enchères, le 9 avril 1989; c'était alors la montre la plus chère du monde; elle fut achetée par un investisseur japonais. Au centre: Une sélection de montres vendues chez Christie's, à Londres, le 22 janvier 1988; La Rolex Oyster (3e en partant de la droite, en haut) obtint l'une des enchères les plus hautes.***

CI-DESSUS: ***La montre russe connaît en occident une mode qui ne laisse pas indifférents les jeunes collectionneurs.***

L'HISTOIRE DU TEMPS

Est-il dans l'objet d'un livre comme celui-ci d'explorer la véritable nature du temps, et de décrire en détail l'évolution des machines que l'homme a imaginées pour en mesurer la fuite et en conserver la fugitive réalité? Ce serait assurément un vaste sujet qui nous entrainerait dans le cosmos, pour ne pas dire au Ciel, et qui nous conduirait à jeter un regard neuf sur notre bonne vieille Terre.

C'est vers 3 000 av. J.-C. que l'homme préhistorique commença à planter en terre les fantastiques mégalithes de Stonehenge; en 1100 av. J.-C l'œuvre n'était pas encore achevée. Pendant tout ce temps les motivations des bâtisseurs évoluèrent, mais Stonehenge resta un instrument calendaire d'une remarquable précision.

Pour les Egyptiens, les Grecs, les Mayas, l'observation et la mesure du temps font l'objet d'incessantes recherches dont la précision demeure exemplaire. Dans nombre de cas, la mesure de l'ombre du soleil (mécanisme simple s'il en est) est longtemps resté à la base de bien des systèmes horlogers; la précision de certains cadrans solaires est exemplaire.

L'horloge à eau, ou clépsydre, a sans doute été inventée par les Egyptiens, vers 1 400 av. J.-C., mais on la retrouve au cours du dernier millénaire av. J.-.C. en Chine, et bien sûr chez les Grecs, qui en font un véritable "mécanisme" à l'époque hellénistique; un système qui restera exploité jusqu'au Moyen Age occidental.

Au IXe siècle de notre ère, l'horloge à chandelles apparaît en Grande-Bretagne, puis l'horloge à huile (la baisse du niveau, en fonction de la combustion, permettant de mesurer le temps), puis le sablier, invention simple et pourtant récente, puisqu'elle ne remonte sûrement pas avant le XIVe s.

Il faudra attendre les XVe et XVIe s. pour que l'horlogerie "mécanique" fasse de réels progrès. Inventé au XIVe siècle, l'échappement seul permettra le développement moderne de l'horlogerie. Capable d'entretenir les oscillations du balancier, il ouvrira la voie aux horlogers modernes, dont le plus célèbre restera Abraham-Louis Bréguet.

CI-DESSOUS:
L'une des premières publicités pour un bracelet-montre en or, à remontoir "sans clé".

PAGE SUIVANTE:
La vieille horloge de la cathédrale de Salisbury.

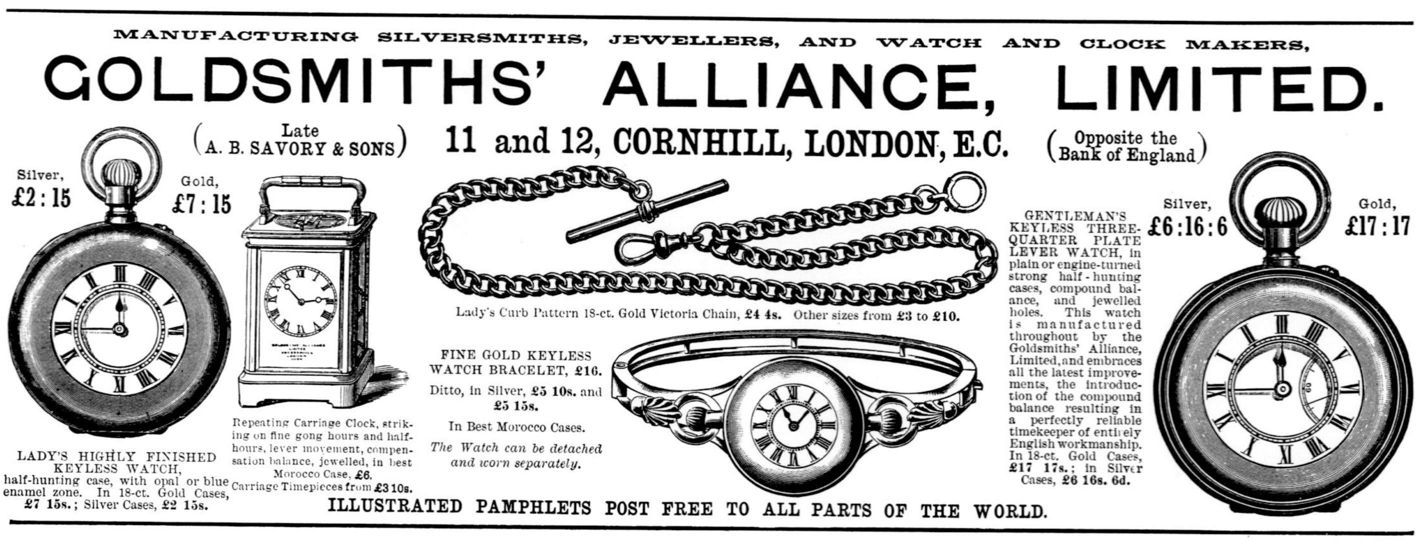

DANGER

"SWISS MADE"

Ces mots familiers, inscrits sur le cadran des montres fabriquées en Suisse, n'est pas seulement une indication d'origine; c'est avant tout un précieux label de qualité.
C'est en 1601 qu'est formée à Genève la Guilde des Horlogers. Moins d'un siècle plus tard, on comptera quelques 500 horlogers dans la ville, signe de l'extraordinaire développement de leur industrie. En 1685, c'est la Révocation de l'Edit de Nantes. Les Huguenots sont impitoyablement pourchassés. Dans le Jura français, les horlogers protestants sont nombreux; pour échapper aux persécutions, ils passeront la frontière avec la Suisse par centaines, allant s'installer près de La Chaux-de-Fonds, où ils pourront fonder de véritables dynasties horlogères.
C'est à Jacques Droz, de Neuchâtel, qu'on attribue l'invention du bracelet-montre, en 1790. A la même époque, une foule de gens se lancent dans la fabrication d'éléments entrant dans la composition du mouvement des montres. En 1808, 12 % de la population de Genève est employée dans le secteur horloger. En 1801, Abraham-Louis Bréguet, Suisse d'origine, invente le tourbillon, étape essentielle pour le développement de la montre. En 1837, le Genevois Antoine Leschaud perfectionne l'échappement à rubis. En 1867, Patek Philippe fabrique le premier bracelet-montre. En 1971, c'est la première montre étanche, due à Aaron Dennison, tandis que Charles Leschot met au point la production en série, par assemblage de sous-ensembles prémontés. La voie de l'horlogerie moderne était ouverte.

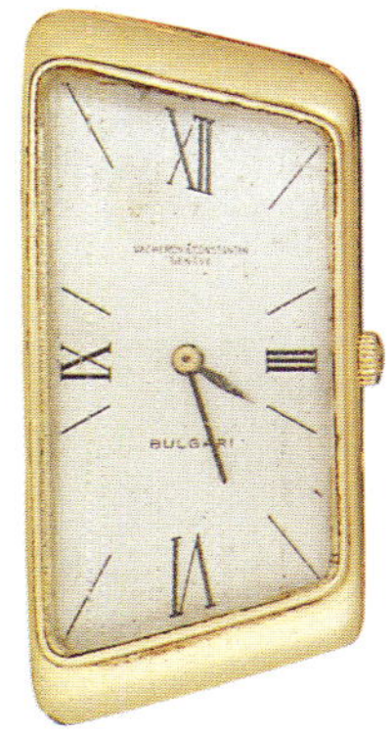

Détail du cadran de la montre Vacheron Constantin présenté, en bas, au centre, page précédente. Elle a été réalisée en 1950 pour Bulgari. Son cadran asymétrique incurvé est très apprécié des collectionneurs.

PAGE PRECEDENTE, En haut: Un ensemble de montres, vendues chez Sotheby's, à Londres, le 13 décembre 1988. La deuxième en partant de la gauche, en bas, est une Cartier en or 18 carats à cadran émaillé, pour femme, fabriquée vers 1920. Son mouvement est un 18 rubis.

PAGE PRECEDENTE, En bas: D'autres montres présentées à la même vente. Parmi celles-ci, une Movado 18 carats de 1936 (en haut, à gauche) et une Rolex Prince (en haut, au centre. L'enchère la plus haute fut atteinte par une Rolex Datejust Oyster Perpetual.

LE LANGAGE DES MONTRES

Ce livre n'est pas destiné aux horlogers (nous espérons cependant qu'ils l'apprécieront); aussi nous sommes nous efforcés de limiter le plus possible l'utilisation de mots techniques compliqués, qui n'ajouterait rien à la description des modèles présentés et à l'histoire des marques. Un glossaire est là, en fin de volume, pour permettre de comprendre ceux qu'il n'était pas possible d'ignorer. Il est cependant nécessaire, pour une bonne compréhension, de développer un certain nombre de concepts permettant de définir les différents types de montres.

Une montre mécanique a normalement plus de 120 composants; son mécanisme est mû par un ressort, qui en est, en quelque sorte le "moteur" (on parle d'ailleurs de "ressort-moteur". Par l'intermédiaire de rouages, l'énergie est délivrée à l'échappement et transformée en mouvement rotatif, l'échappement assurant la régularité des oscillations transmises au régulateur, puis aux aiguilles. La montre mécanique automatique comprend un dispositif rotatif qui, sous l'effet des mouvements du poignet, se remonte toute seule.

Une montre électronique utilise le cristal de quartz, qui est entretenu en vibration. La montre utilise une batterie (le Français Fred Lip fut le premier à mettre au point une montre électrique), qui fournit l'énergie électrique nécessaire pour entretenir la vibration de l'oscillateur et du quartz. Un tel mouvement est à la fois d'une extrême précision, d'une résistance supérieure, et il n'est pas affecté par les changements de pression et de température.

La montre traditionnelle est dotée d'un cadran rond portant normalement au moins deux aiguilles, l'une pour les heures, l'autre pour les minutes (elles se trouvent parfois sur des cadrans séparés; s'y ajoute souvent une trotteuse pour les secondes parfois aussi sur un cadran séparé). Si l'arrêt de celle-ci peut être commandé par un bouton poussoir, et si l'enregistrement de la durée qui s'est écoulée entre son départ et son arrêt peut être enregistré, on est en présence d'un chronomètre. Les montres permettant une lecture des informations temporelles par aiguilles est dite analogique. Lorsque la lecture se fait par affichage chiffré ou par lettres, on parle d'affichage digital: par diodes électroluminescentes (LED) ou par cristaux liquides (LCD), cette dernière solution s'étant aujourd'hui généralisée.

La grande majorité des montres possède un boîtier en acier (de nombreuses montres actuelles possèdent un boîtier en matière plastique très résistante, associé souvent à un fond métallique). Les montres de luxe ont depuis toujours des boîtiers en métal précieux: argent, or, platine vermeil et, depuis peu, des métaux et alliages nouveaux (titane, par exemple). On trouve aussi des montres bimétalliques, associant souvent l'or à l'acier. Certains modèles sont également en acier plaqué or. Beaucoup de montres de luxe, en majorité pour femme, intègrent des pierres précieuses sur le cadran, la lunette et le bracelet.

Les appellations "water-proof" ou (mieux) "water-resistant" désignent les montres étanches (la profondeur maximale est inscrite en principe sur le cadran, sur la lunette ou au dos du fond). Officiellement, une montre est dite étanche lorsqu'elle peut durablement fonctionner après avoir passé 30 minutes sous 1 m d'eau et, immédiatement après, sous 20 m d'eau pendant 90 minutes.

***CI-DESSUS,* De haut en bas: Une Universal Tri-Compax, chronographe indiquant la date et les phases lunaires; un inhabituel Chronoswiss Kelek à répétition automatique 5 minutes; une Omega Constellation.**

***COLONNE DE DROITE,* De haut en bas: Une Rolex Oyster en or Perpetual Datejust (1961); une Vacheron Constantin automatique; une Omega Flighmaster et Speedmaster Professional.**

***PAGE SUIVANTE:* Les montres à cadran 150° imaginées par Jean d'Eve. Elles deviendront sûrement des pièces de collection recherchées.**

QU'EST-CE QU'UNE MONTRE CLASSIQUE?

La notion de classicisme n'est pas plus facile à cerner ici que dans les domaine de l'objet d'art ou de l'automobile. Les critères de richesse de la matière, de complexité technique, de temps de fabrication, de soin extrême mis à la réalisation d'un mécanisme ne sont plus des critères absolus, l'arrivée des montres électroniques ayant singulièrement compliqué le problème. Qui peut dire avec certitude lesquelles des montres actuelles seront considérées comme classiques?

Reste qu'un certain nombre de critères objectifs peuvent être considérés comme des facteurs de "classicisme". C'est ainsi qu'on peut considérer trois grandes catégories de montres classiques, fondées sur la complexité, la forme et l'originalité.

Les montres complexes sont généralement chronométriques, à répétition, elles ont un calendrier perpétuel, un indicateur de phases lunaires, un mouvement tourbillon.

Le deuxième critère concerne l'originalité de la forme et du design. Voici, par exemple, une liste de montres incontestablement classiques par la qualité et l'originalité de leur design: deux modèles Jaeger LeCoultre, la Reverso et la Diamonds Mystery; chez Rolex, la Prince, à boîtier ultramince; chez Movado, la Polyplan; chez Hamilton, la Flight I et l'Alistair; chez Gruen , la montre de pilote qu'est la Curved General; chez Audemars Piguet, la très belle montre squelette rectangulaire à phases lunaires ; chez Cartier, les montres Salvador Dali et, bien sûr les Tanks et Santos; l'Illinois Piccadilly; la Mickey Mouse Ingersoll.

Quelques montres Mickey à quartz de la collection Apollo Watch Product, prolongement des fameuses montres des années 30.

Dernier critère, et peut-être aussi le premier, l'originalité, dont la Mickey Mouse Ingersoll (première montre pour enfant, 1933), fut sans doute le premier exemple. Mais il faut aussi évoquer la Waltham maçonnique, la Cartier mammouth digitale, la Corum Golden Bridge, la Rolex Prince et la Bulova Accutron (la première montre vraiment électronique, mise au point par Max Hetzel, en 1960), l'Harwood automatique (1928), la Rolex Oyster étanche (1926) et automatique (1931), les premiers chronos Breitling (1914), la première Lip électrique (1953), les Tissot Rock Watch, la Swatch Jellyfish, enfin l'International Watch Ingenieur.

La sélection des montres présentées dans les pages qui suivent n'est pas exhaustive; elle ne répond pas non plus à une classification officielle. Nous espérons qu'elle vous plaira.

***PAGE SUIVANTE, En haut:** Une publicité de 1929 pour une Harwood automatique; cet élégant modèle est toujours produit sous la forme d'une réplique chez Fortis;*

***En bas:** La célèbre Charles Lindbergh créée par Longines sur les plans même du vainqueur de l'Atlantique. Présentée pour la première fois en 1932, la Lindbergh Hour Angle, connue en français sous le nom de Lindbergh Angle Horaire, a été rééditée en 1987 pour le 60e anniversaire de la traversée.*

***PAGES 20 et 21:** Détail de la Persistance de la Mémoire, le célèbre tableau de Salvador Dali aux fameuses montres molles.*

THIS AMAZING WATCH
WINDS ITSELF!
NEW as the hour and sound as Big Ben. The very latest in watches—the Harwood. Wearing winds it. Dust and damp cannot enter. The movement is of the best. Ask to see it at any high-class Jeweller's.
Ladies and Gents Wristlets in 9ct. Gold for 8 Guineas.
HARWOOD
SELF-WINDING
WRIST WATCH
Guaranteed and fully serviced by
The Harwood Self-Winding Watch Co. Ltd., Dept. W1. 252-260, Regent Street, London, W.1
THE IDEAL WATCH ACHIEVED!

TRIOMPHE
LINDBERGH

L'INDUSTRIE DE LA MONTRE AUJOURD'HUI

En 1988, on a fabriqué quelque 653 millions de montres de par le monde (chiffre communiqué par Citizen). Sur ce total, 123 millions sont des montres mécaniques, 228 sont à affichage digital et 308 millions à indications analogiques. L'attraction exercée par les montres digitales est donc apparemment en net recul.. Les plus gros producteurs de montres sont actuellement le Japon (260 millions), suivi de Hong-Kong (170 millions, toutes digitales) et la Suisse (75 millions). La mode de la montre à quartz digitale est passée, et même les fabricants japonais consacrent désormais leurs efforts sur le dessin du cadran et la complexité technique.
En avril 1989, on a vu présenter au Salon de la Bijouterie et de la Montre de Bâle la première montre à quartz à affichage analogique, dont le calendrier était programmé pour 200 ans; elle avait 7 aiguilles indiquant l'année, le mois, la date, le jour de la semaine, les heures, les minutes et les secondes.
Les réalités économiques du marché sont aussi contraignantes qu'il y a 50 ans; mais aujourd'hui, rares sont les marques qui produisent une montre de A à Z.
Le choc du quartz frappa l'industrie horlogère suisse de plein fouet aux début des années 70. Beaucoup de marques disposaient de leur propre outillage de production. Certaines marques, comme Oris, eurent la chance de pouvoir résister jusqu'à maintenant, en conservant leur outillage ou ses plans, ce qui leur permet aujourd'hui d'être en mesure de rentrer de nouveau sur le marché de la montre mécanique. Beaucoup des plus grands noms de l'horlogerie disparurent cependant à cette époque, ou furent absorbés par des groupes importants. Aujourd'hui, par exemple, en Suisse, un groupe comme SMH possède les marques Certina, Endura, Hamilton, Longines, Mido, Rado, Swatch et Tissot. Au Japon, la famille Hattori contrôle Jean Lassale, Lorus, Pulsar, Seiko et Yema.
Pourtant, le label "Swiss made" reste une garantie de qualité. La Suisse reste la patrie de l'horlogerie, dans ces villes et villages que sont Bienne, Genève, Grenchen, La Chaux-de-Fonds, Le Brassus, Le Locle, Le Sentier, Lausanne, Neuchâtel, Schaffhausen et Zurich. En revanche, des pays comme les Etats-Unis, la Grande-Bretagne et la France, qui bénéficiaient également d'une industrie horlogère très ancienne, ont beaucoup souffert de la crise, voyant des pans entiers de leur économie s'effondrer (Lip, qui employait 1 200 personnes à Besançon, a virtuellement disparu de la scène horlogère). Pforzheim, en Allemagne, reste un centre horloger assez vivant.

***A GAUCHE:* Sans doute le plus bel exemple de marketing de ces dernières années, les montres Swatch (division du groupe suisse SMH).**

***PAGE SUIVANTE:* Précurseur du concept Swatch, la March 2000 de Roger Tallon n'a pu sauver l'entreprise, qui a finalement succombé sous les difficulté de toutes natures. La division montres a été reprise par Kiplé, qui a à son tour déposé son bilan en 1990.**

L'AVENIR DE LA MONTRE

On peut raisonnablement pronostiquer que l'avenir de la montre n'est pas menacé; mieux, même, on sait qu'il n'est pas rare de posséder aujourd'hui plusieurs montres, correspondant à l'activité du moment ou à certaines heures de la journée. On ne porte pas la même montre au bureau, au spectacle, lorsqu'on est en train de faire du sport, etc. Le marché de la montre pour enfant est en pleine expansion. L'abaissement du prix de montre, lié en bonne partie à la révolution du quartz, n'y est pas étranger. Mais on sait aussi que le marché de la montre de qualité et de prix souvent très élevé a suivi la même tendance.
On peut raisonnablement supposer que la montre mécanique connaîtra un nouveau regain d'intérêt (tendance déjà largement amorcée), alors que la montre à quartz verra son développement s'orienter vers la haute technologie et l'information très spécialisée. L'affichage par cristaux liquides, favorable aux multi-fonctions y trouve déjà son plein intérêt.
Quant aux noms de prestige, ils continueront de faire de la montre classique traditionnelle un objet dont certains n'hésiteront pas à dire qu'il appartient au monde de l'art.

lip
MACH 2000
Quartz

LES HORLOGERS de A à Z

AUDEMARS PIGUET
TACHYMETER
AUDEMARS PIGUET
AUTOMATIC

AUDEMARS PIGUET

Pour tous les amateurs de montres prestigieuses, l'association de ces deux noms résonne un peu comme ceux de Rolls et de Royce pour les fanatiques de voitures de grande classe.

Audemars Piguet a toujours porté une attention toute particulière à l'enregistrement des montres qu'il a fabriquées et vendues, exactement comme Rolls-Royce l'a toujours fait pour ses châssis. Chaque montre a de ce fait un numéro de série, qui en fait un exemplaire unique.

Dans un premier temps, alors que les montres-bracelets en étaient encore au stade du développement, la marque se spécialisa dans la montre à gousset. Aujourd'hui, certaines d'entre elles atteignent des prix astronomiques dans les salles des ventes. La plus célèbre d'entre elles est sans doute La Grande Complication, dont 100 exemplaires ont été fabriqués entre 1915 et 1989; il faut aussi citer La Grande Sonnerie, Le Perpetual Calender et Minute Repeater, ainsi que Skeleton Watch. Cependant, après la Seconde Guerre mondiale, le bracelet-montre avait définitivement emporté la partie. La plupart des entreprises suisses durent tenir compte de l'évolution de ce monde des années 20, marqué par la mode, le luxe, le beau, le cher.

A GAUCHE: Un très beau chronographe Audemars Piguet Automatic en or rose 18 carats et tantale.

Très vite, Audemars Piguet adopta une politique de qualité, produisant des montres conformes à l'évolution du marché, joignant son nom aux marques les plus prestigieuses. Pourtant, la marque ne se mit d'abord pas en avant, l'industrie suisse produisant pendant les trente premières années du siècle pour des marques comme Van Cleef & Arpels à Paris, et Tiffany à New-York. Certains collectionneurs novices auraient pourtant la surprise de découvrir que bien des montres portant ces marques sont en fait des Audemars Piguet. Il suffirait pour cela de relever le numéro de série du mouvement, et de le comparer avec celui des livres d'enregistrement de Audemars Piguet.

CI-DESSUS: Audemars Piguet adopte souvent une forme caractéristique en tonneau pour ses boîtiers. Les chiffres ont ici disparu au profit de simples bâtons repères. Les aiguilles sont en or. Le bracelet, également en or, est intégré au boîtier.

Du début du siècle jusque dans les années 30, peu de montres terminées furent exportées aux Etats-Unis. Pendant longtemps, en effet, Audemars Piguet, comme de nombreux autres horlogers suisses se contenta de produire des mouvements, souvent équipés de leur cadran et de leurs aiguilles. La raison tenait essentiellement à la taxation très importante qu'imposaient les Américains sur l'or et les montres finies.

A partir de 1910, la marque fit porter son effort sur des modèles de montres pour homme ou pour femme en rapport avec les goûts de leur clientèle haut de gamme. L'un des exemples le plus éclatant, pour ne pas dire extravagant, de cette époque est ce petit bracelet-montre pour femme, fabriqué en 1910, richement paré de diamants. Du même genre, bien que moins spectaculaire, la montre de 1920 comporte également des diamants décorant un boîtier ne mesurant pas moins de 18 mm de diamètre. Le propriétaire de cette montre pouvait aussi la retirer, et la placer dans un boîtier (fourni d'origine) la transformant en montre de gousset.

Les Audemars Piguet de ce genre atteignent évidemment des sommets lorsqu'on les trouve dans des ventes, dans des expositions ou dans la vitrine de certains spécialistes. Il faut cependant savoir que dès cette époque, la marque produisit aussi des montres de haute qualité au dessin beaucoup plus sobre. Catalogues et expositions présentent des montres beaucoup

L'Automatic Royal Oak avec date, calendrier et phases lunaires

plus simples bien que d'excellente qualité, ainsi que des montres à affichage digital indiquant simplement l'heure, ou bien intégrant des fonctions beaucoup plus sophistiquées, comme l'alarme, la date, les possibilités du chrono.

Les montres pour homme ont généralement un boîtier rectangulaire, carré ou ovale, les indications étant portées en périphérie du cadran, bien lisiblement, en chiffres arabes.

Dans les collections des années 30, on remarque aussi les lignes de très élégants bracelets-montres "sport" pour femme. Ce ne sont bien évidemment pas des montres "sport" au sens actuel du terme, résistant à l'eau, aux chocs, intégrant un chrono! Il ne fait pour-

tant pas de doute qu'elles plaisaient beaucoup aux femmes qui conduisaient une voiture ou qui jouaient au golf. Généralement de formes rectangulaires allongées, elles étaient indéniablement très féminines et possédaient un chic certain, dans le style Art Déco alors en pleine vogue. Des motifs linéaires et géométriques en émaux chatoyants de couleurs vives, décoraient les boîtiers, le cadran de certaines pièces, lui-même, étant parfois également émaillé. Petites et élégantes, elles étaient brillamment mises en valeur par leur délicat bracelet en lézard.
Comme les élégantes montres d'homme de cette époque, elles pouvaient être portées tous les jours. Beaucoup d'entre elles bénéficient aujourd'hui d'un regain d'intérêt résultant autant du retour de la mode Art Déco que de la haute qualité de leur mouvement.
Très tôt, dans leur collaboration, Audemars et Piguet adoptèrent la pratique — révolutionnaire au tournant du siècle — du contrôle systématique de leurs montres, pièce par pièce, d'un bout à l'autre de la "chaîne" de fabrication. La majorité des fabricants de montres, on le sait, se contentent d'assembler des éléments fournis par des sous-traitants. Ce ne fut jamais le cas pour Audemars Piguet qui a toujours fabriqué souvent à la main le plus petit des composants. Jusqu'à ce jour, la production de masse est inconnue chez Audemars Piguet. Du premier usinage jusqu'au dernier réglage, chaque montre est l'œuvre d'un maître horloger qui peut mettre de six mois à un an pour fabriquer une seule montre. On comprend donc que même si elles ont la même forme, il n'existe pas, dans ces conditions, deux montres exactement identiques.
Pourtant, ce n'est pas de l'exceptionnelle qualité de sa fabrication que Audemars Piguet tire le meilleur de sa réputation. Il la doit en effet avant tout à son exceptionnelle capacité d'innovation technique qui, s'il y avait des Olympiades de l'horlogerie, lui aurait valu plus de médailles qu'à tous ses concurents. La Grande Compilation, créée en 1915, demande l'assemblage de quelque 400 pièces. Toujours produite aujourd'hui, c'est l'une des montres les plus chères du monde. En 1925, Audemars Piguet créa la montre de gousset la plus mince du monde (1,32 mm); en 1946, ce fut la montre-bracelet la plus mince du monde (1,64 mm).
Dans les années 70 et 80, Audemars Piguet continua ses recherches pour offrir ses actuelles montres classiques. L'une des plus résistantes de tous les temps est la Royal Oak, la première montre de luxe créée en acier inoxydable. Il avait fallu deux ans de recherche pour que les techniciens et les stylistes puissent mettre au point et présenter, en 1972, cette élégante montre de sport qui allait devenir un grand classique. En le baptisant ainsi, la marque plaçait son modèle sous la protection du chêne sous lequel Charles II d'Angleterre avait trouvé refuge (trois navires de la Royal Navy ont également bénéficié de ce nom).
L'acier, le plus résistant des métaux, avait été associé à l'or 18 carats dans un boîtier de forme octogonale — semblant enserrer un hublot — dont les vis, apparentes, suggèrent la solidité. La montre connut immédiatement le succès et fut... immédiatement copiée — mais comme on dit chez Audemars Piguet "jamais égalée" — dans le monde entier.
Aujourd'hui, la Royal Oak est disponible en acier, en acier et or, en or, ou encore en or et en métaux précieux. La Royal Oak "Dress Watch" a une lunette à 32 diamants; la magnifique "Jewelry Watch" exhibe une débauche de pierres précieuses avec son cadran orné

Une très classique Audemars Piguet 18 carats, vendue lors d'une vente aux enchères, chez Christie's, à Londres, en octobre 1988.

Une Audemars Piguet en or à phases lunaires et trois cadrans complémentaires. A noter le bracelet en or tressé et la blancheur du cadran émaillé.

de 237 diamants et de 11 rubis, son boîtier et son bracelet étant sertis de 454 diamants; rarement, sinon jamais, une montre sport afficha une telle richesse! Et rarement un tel éclat put être admiré au fond de l'océan, puisque la Royal Oak est garantie étanche jusqu'à 50 m. Poussé par le succès du modèle, Audemars Piguet le dota bientôt de nouveaux perfectionnements: phases de la lune et calendrier lunaire en 1983; calendrier perpétuel en 1984.

Spécialiste de montres très sophistiquées depuis le XIXe siècle, Audemars Piguet a doté nombre de ses modèles d'un calendrier perpétuel, dès les montres de gousset. En 1978, la marque lança un modèle Perpetual Calendar sous la forme d'un bracelet-montre automatique, dont le mécanisme était si complexe et si sophistiqué que l'exactitude de son fonctionnement a pu être programmé pour jusqu'en 2100. Le classicisme de cette montre très élégante a suscité des centaines de copies reprenant la désormais célèbre couleur de pierre de lune. Comme les autres modèles Audemars Piguet, la Perpetual Calendar est disponible — moyennant un bon supplément de prix — avec pierreries. Dans sa version platine, le cadran est orné de 271 diamants, et la lunette de 40 diamants et de 8 saphirs. Son prix était, en 1989, de 44 000 dollars. Plus austère, la Perpetual Calendar or a une lunette décorée de 80 petits diamants et un bracelet en or 18 carats et nacre. Par opposition, une version platine est très dépouillée et donne une impression de puissance.

Audemars Piguet s'est aussi distingué en développant le mouvement "tourbillon" automatique dans le bracelet-montre. Le mouvement tourbillon a été inventé et mis au point par Abraham-Louis Bréguet, en 1795, le maître horloger bien connu pour ses multiples découvertes en horlogerie.

Après beaucoup de recherches, Audemars Piguet est parvenu à adapter — au prix d'une fabrication coûteuse et difficile — l'échappement tourbillon à une montre extra-plate. Le dessin du cadran, en forme de soleil rayonnant, est inspiré de l'image du dieu égyptien Amon-Ra qui, selon la légende, fit profiter la Terre des rayons de son astre.

Depuis ces développements, en 1986, seul un petit nombre d'exemplaires de cette montre exceptionnelle a été réalisé, sur commande, ce qui en fait déjà une pièce de collection très rare.

Les séries de montres Audemars Piguet sont très réduites. Il en est ainsi de la Philosophique, pour homme comme pour femme, et de l'automatique Sportive. Ces montres-joyaux sont vraiment spectaculaires: les modèles Baroque et Dôme atteignent les sommets de la perfection; plus que des montres destinées à marquer l'heure, elles deviennent de véritables symboles de la réussite et de la richesse: la Rivière Dôme coûte quelques 193 800 dollars.

L'aspect somptueux de ces pièces de joaillerie ne doit pas masquer le raffinement et la qualité des montres Audemars Piguet en tant qu'instruments de précision. A la différence de nombre de ses concurrents, la marque n'a jamais fait de compromis, en produisant des pièces "exclusives" pour les connaisseurs.

En 1986, alors que la production mondiale de montres s'élevait à 320 000 000 d'unités, Audemars Piguet n'en a produit qu'un peu plus de 11 000, pour 22 700 chez Pateck Philippe et Vacheron & Constantin, alors que Rolex en fabriquait 450 000.

Pour Audemars Piguet, la qualité plus que le nombre améliore le chiffre d'affaires et le profit.

Une très spectaculaire montre squelette à entourage 18 carats serti de diamants. Ce modèle peut être évalué à 45 000 dollars.

BAUME & MERCIER

L'histoire de Baume & Mercier débute vers 1830, quand la famille commence à fabriquer des montres dans le Jura suisse, aux environs de Berne. Il s'écoulera à peu près un siècle avant qu'un membre de la famille Baume rencontre à Genève un joailler de grande réputation, Paul Mercier. En 1918, ils uniront leurs forces, et placeront leur quartier général à Genève. Leurs talents complémentaires leur vaudront de connaître le succès. Baume produisait des mouvements de haute qualité, et Mercier dessinait et produisait les boîtiers et les cadrans avec un talent artistique qui avait déjà fait sa réputation. Ils se hissèrent rapidement au plus haut niveau de l'horlogerie suisse, et en 1921, ils obtinrent le très convoité Poinçon Suisse, reconnaissance officielle d'une production sans faille. Les montres de la marque de cette époque sont aujourd'hui des pièces de collection atteignant des dizaines de milliers de dollars.

A DROITE:
Une montre pour femme 18 carats au cadran en œil de tigre avec aiguilles et repères en or assortis au boîtier et au bracelet.

Baume & Mercier continua à produire des modèles de montres de très haute qualité pendant les trois décennies qui suivirent, mais dans les années 60, son marché s'était pratiquement réduit à l'Italie et, dans une moindre mesure, aux Etats-Unis. Par chance, la marque bénéficia d'un sang neuf grâce à son distributeur italien, qui représentait également Piaget. Ce dernier acquit la majorité chez Baume & Mercier en 1964. Dans les années 80, les montres Baume & Mercier étaient distribuées dans 70 pays des 5 continents. La société avait pu conserver une totale autonomie, et fut même encouragée à développer sa propre image. En 1989, Baume & Mercier représentait 40 % du chiffre d'affaires de Piaget, 20 % des exportations du groupe vers les Etats-Unis, 60 % des exportations vers la France, l'Italie et la Suisse, les demandes arrivant même de l'Extrême-Orient, et en particulier du Japon.

L'image actuelle de Baume & Mercier est fondée sur deux types de produits : les montres classiques et les montres sport. Elles se situent exactement dans une gamme de prix moyens, et les 600 modèles Baume & Mercier bénéficient d'un constant renouvellement, éliminant les vieux modèles pour faire la place à de nouveaux en tenant étroitement compte de la mode. Néanmoins, Baume & Mercier sut conserver à ses montres une indéniable élégance.

Les montres Baume & Mercier ne sont pas produites de A à Z comme les Piaget. La marque s'approvisionne auprès de sous-traitants pour acquérir un certain nombre de composants, mais leur assemblage et la finition se font totalement dans l'entreprise, qui emploie une cinquantaine de personnes. Baume & Mercier produit environ 100 000 montres par an, ce qui place l'entreprise tout près du stade industriel.

La marque fut prompte à déceler le potentiel contenu dans la montre à quartz. Dès 1970, elle abandonnait pratiquement le mouvement mécanique pour ne plus équiper ses montres que de mouvement à quartz.

L'un de ses principaux modèles à succès fut sans doute la Riviera, présentée en 1970, montre sport par excellence, en or et acier, à lunette à 12 crans et à cadran très dépouillé. Pour démontrer sa solidité et sa précision, une Riviera fut montée sur une roue de BMW M1 avant le départ des 24 Heures du Mans. Les effets de la vitesse et des formidables accélérations, de la force centrifuge en virage, de l'énorme chaleur dégagée par les freins, des averses de pluie n'atteignirent en rien la

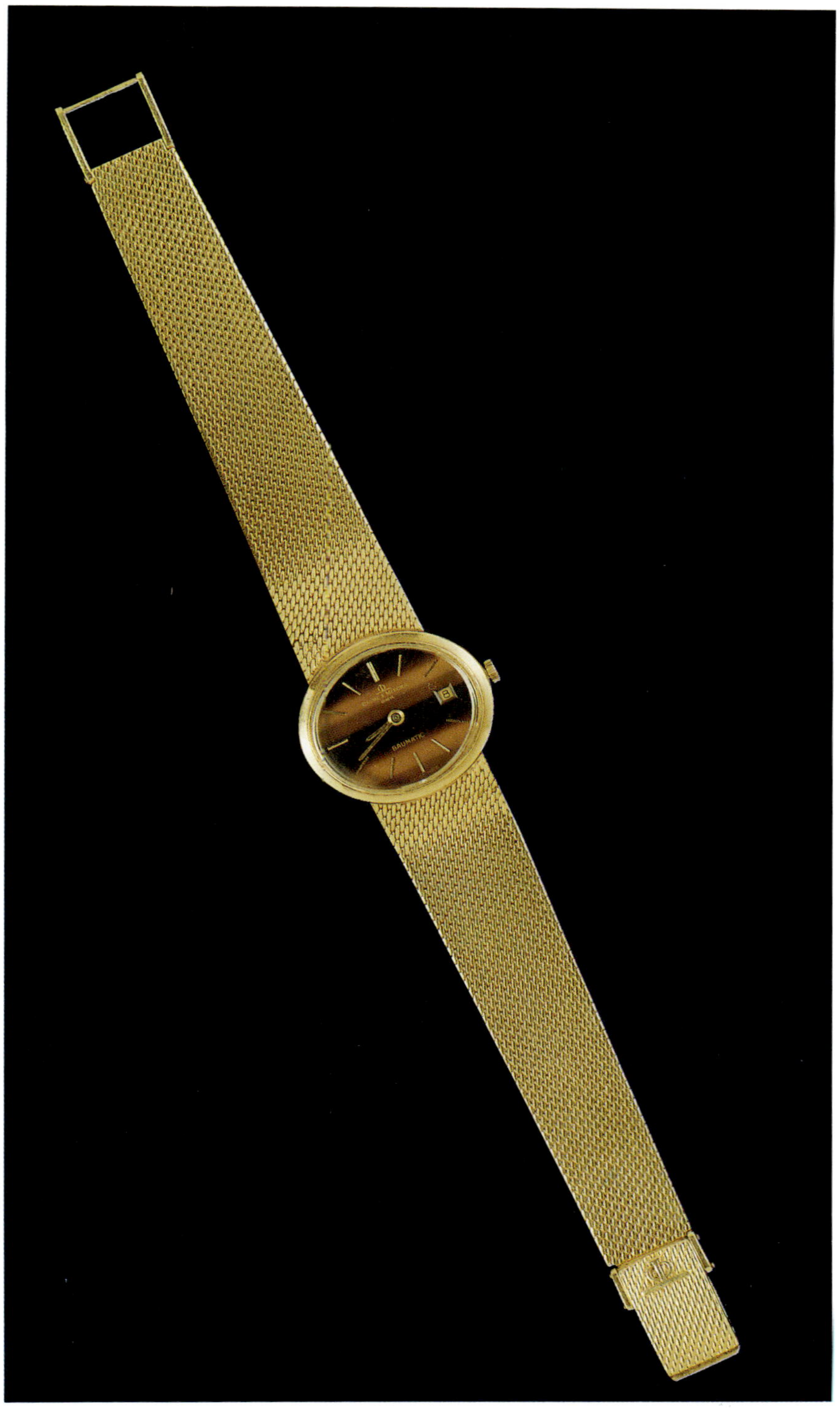

précision et la bonne marche de la montre, dont le fonctionnement ne fut pas du tout perturbé.
Le modèle Medicus, conçu, comme son nom l'indique, pour les médecins, est également le parfait exemple d'une montre parfaitement adaptée au marché visé. Dépouillée et très lisible, elle donne la date aussi bien que le pouls du patient. L'Avant Garde, est une extrapolation du célèbre modèle Polo de chez Piaget. Etanche, cette montre est aussi résistante qu'une Riviera. Des bandes de carbure de tungstène alternent avec l'or pour former le bracelet et le boîtier. Elle convient aussi bien à un homme qu'à une femme. Sa ligne n'est pas sans rappeler les modèles italiens des années 40 et 50, dont les lignes sont redevenues à la mode à la fin des années 80.

BERTOLUCCI

Remo Bertolucci est un Toscan entreprenant, qui s'est lancé, à Pise, dans l'électro-technique. A 14 ans, alors qu'il skiait à Grindelwald, il fit la rencontre d'une chamante jeune fille appelée Pierrette Michelotti, dont le père avait lancé une petite entreprise horlogère à Evilard, près de Biel, en 1939. Il avait pris la suite de Robert Chopard, fondateur de la firme en 1911. Comme dans un beau conte de fées, le bel italien épousa la jolie suisse et acquis de ce fait la nationalité suisse. L'entreprise porte aujourd'hui le nom de Bertolucci et emploie environ 35 personnes. Elle produit une gamme restreinte mais spectaculaire de montres classiques automatiques à quartz. Ces montres se distinguent en particulier par des bracelets en or 18 carats (parfois associé à l'acier) très personnalisés, rehaussés pour certains de pierres précieuses. Le sommet de la gamme est atteint par une montre pour femme en or, dont le bracelet et la lunette sont ornés de 1 105 diamants. Cette montre, dont le prix atteint 85 000 dollars est réellement une splendeur.

CI-DESSOUS ET PAGE SUIVANTE: La gamme Bertolucci Pulchra, en or 18 carats et acier poli, au bracelet si caractéristique.

TACHYMETRE
BERTOLUCCI
DIM 14

BLANCPAIN

Cette montre Fortis Hartwood actuelle est le reflet fidèle de la montre originale mise au point en 1924 par John Hartwood. Totalement automatique, elle est dépourvue de remontoir.

L'histoire de Blancpain est la plus longue et sûrement la plus remarquable de toute l'histoire de l'horlogerie. Certains de ses cadrans, portent les initiales I. B. et la date 1735; l'histoire de la marque devait se poursuivre pendant plus de deux siècles.
Imer Blancpain a été baptisé le 13 mai 1639, dans l'église de Villeret, près de la Suze, rivière de la vallée d'Erguel, dans le Jura suisse. C'est précisément dans cette région que devait démarrer la production de bien des montres suisses. Jehan-Jacques Blancpain (né en 1693) arrière petit-fils d'Imer, est le réel fondateur d'une véritable dynastie d'horlogers industriels. Au terme du premier siècle d'existence de la marque, il avait su la porter au premier plan de l'activité horlogère. Son fils Isaac préféra concentrer ses efforts sur la cité de Villeret, dont il fut longtemps le maire. Mais son petit-fils, David-Louis, né en 1765, reprit le flambeau en des temps troublés par la Révolution. Les développements de la maison Blancpain restaient modestes, et il fallut attendre Fréderic-Louis, l'un des 5 fils de David-Louis, pour que l'entreprise atteigne le rang de manufacture de production de montres complètes. Nous sommes en 1815. C'est exactement 15 ans plus tard que Frédéric-Emile (né en 1811), reprenant l'affaire, lancera la production en série — une nouvelle usine est ouverte en 1860. Son fils, Jules-Emile (1832-1928) lui succédera, puis son petit-fils, Frédéric-Emile (1863-1932) qui héritera d'une entreprise florissante qu'il devait contribuer à développer encore, introduisant de nombreuses innovations techniques dans une production considérée déjà comme de très haute qualité. En 1926, la marque se distingue en présentant la première montre à mouvement entièrement automatique, œuvre d'un remarquable ingénieur horloger anglais: John Harwood. En 1929, Blancpain se lance sur le marché français. En 1930 la marque lance le modèle Rolls, dont le cadran reprend le dessin bien connu d'une calandre de Rolls-Royce. Le mouvement était monté sur roulements à billes à l'intérieur du boîtier, dispositif mis au point par l'horloger parisien Léon Hatot, permettant le remontage automatique par les mouvements du poignet.
Désormais, la marque se vouait presque exclusivement à la production de bracelets-montres. Ils étaient produits sous le contrôle de la redoutable Madame Fichter, qui prit en main la société à la mort de Frédéric-Emile Blancpain, survenue en 1932, et la conduisit pendant près de 40 ans, sous le nom de Rayville S.A..
La production de l'automatique Harwood et de la Rolls se poursuivit; suivant leur état, ce sont aujourd'hui des pièces de collection recherchées.
Après la Seconde Guerre mondiale, vint la très célèbre Air; c'était un chrono à totalisateur 30 minutes, boîtier en acier et glace amovible (les collectionneurs noteront qu'il n'en fut construit qu'un millier).
Le premier modèle à succès d'après-guerre fut la Fifty Fathoms (1953); sa très haute qualité, et son étanchéité (200 m) furent confirmées par Jacques Cousteau qui porta cette montre pendant le tournage du Monde du Silence (1956). A la même époque fut présentée une très belle montre de femme, Lady Bird; elle était animée par le plus petit mouvement automatique de montre pour femme du monde (11,85 mm). A partir de 1959, la marque ne produisit plus que des bracelets-montres.
Le début des années 70 fut marqué par une véritable

Une montre Blancpain à calendrier automatique, en or et acier. La lunette est en or, et l'on remarque les chiffres romains pour les heures, les fenêtres d'indication de jour et de mois, le quantième étant indiqué par une aiguille associée à des chiffres arabes. A 6 heures, la fenêtre d'indication des phases de la lune.

WED
NOV

hécatombe dans l'industrie suisse horlogère, dont nombre de marques ne s'étaient pas préparées au choc du quartz et aux attaques de l'industrie japonaise.
Nombre de vieilles entreprises disparurent, les unes absorbées pour former de plus grosses unités, les autres rachetées à plus ou moins vil prix par des sociétés plus puissantes; ce fut le cas de Rayville.
En 1970, la marque fut rachetée par la SSIH (connu aujourd'hui sous le nom SMH), intéressé à s'approprier les tours de mains d'une petite entreprise plusieurs fois centenaire, ses compétences et son outillage. A la même époque, les noms de Rayville et de Blancpain disparurent des cadrans de montre; la vieille entreprise, sans être tout à fait morte, était mise en sommeil.
Un heureux événement se produisit ensuite. Parmi les entreprises absorbées par SSIH se trouvait Omega, dont le Directeur Général, Jean-Claude Biver, était passionné par tout ce qui touchait à l'histoire de l'horlogerie. Comment ne pas l'être par cet associé mis en léthargie qu'était Blancpain. Le 9 janvier 1983, le nom de Blancpain retrouvait son indépendance. Biver avait un moment été pressenti pour devenir Directeur Commercial de Piguet. Maintenant, c'était à son tour de proposer à son ami Jacques Piguet (dont l'ancêtre était Louis-Elysée Piguet) de se lancer avec lui dans l'aventure.
Le style Blancpain est aujourd'hui délibérément retro. La marque est exclusivement tournée vers la production de bracelets-montres. L'entreprise est installée dans la ferme même où Louis-Elysée Piguet fabriqua ses premiers mouvements, dans le village horloger du Brassus. Sur les 30 employés, 15 horlogers assemblent, polissent et bichonnent toutes les montres qui sortent de la société. Les mouvements et les boîtiers sont ensuite signés, numérotés et consignés sur un registre.
La clé du succès est simple: la marque ne produit pas plus de 6 000 montres par an; les employés ne travaillent que lorsqu'ils en ont envie; il n'y a qu'une forme de boîtier (ronde) et deux tailles (homme et femme); on n'a jamais utilisé un mouvement à quartz et on ne le fera jamais. On peut bien sûr choisir son cadran (mais il sera toujours blanc avec des chiffres romains) et son métal. Malgré cela, une Blancpain est toujours reconnaissable à sa facture classique.
En 1984, Blancpain a lancé une montre de femme exceptionnelle (ligne 8 3/4) comportant un calendrier lunaire, le mois, le jour, les phases de la lune, en or et en acier. Les montres Blancpain se distinguent aujourd'hui par le caractère très traditionnel de leur fabrication, par la qualité des mouvements et par les matériaux employés: l'or 18 carats, rose, blanc ou jaune, associé à l'acier, avec incrustation ou non de pierres précieuses, avec des bracelets métalliques ou en cuir (interchangeables). Toutes les glaces sont saphir.
Le mouvement ultra-mince à remontage automatique utilise un rotor central en or 22 carats; son épaisseur est de 3,2 mm, et son diamètre de 21 mm. Il utilise plus de 30 rubis et comprend plus de 300 pièces (dont l'épaisseur de certaines ne dépasse pas celle d'un cheveu); son poids ne dépasse pas 3 g! Cette montre peut sonner, si on le souhaite, l'heure, le quart d'heure et la minute, sans reproduire le même son à chaque fois. Sur le côté du boîtier, à la hauteur du chiffre 9 de la lunette, se trouve un petit levier, qui permet de faire entendre le carillon lorsque les aiguilles passent à midi. C'est une sorte de signature confirmant une longue lignée de chefs-d'œuvre d'horlogerie.

EN HAUT:
Une élégante Blancpain Répétition Minutes. Un nombre infime de montres de ce modèle est mis sur le marché chaque année.

EN BAS:
Une automatique à calendrier perpétuel et à phases lunaires tout acier.

BLANCPAIN

AUDEMARS PIGUET
AUTOMATIC

BREGUET

"Time is the greatest innovator" a écrit au XVIIe s le philosophe anglais Francis Bacon. Abraham-Louis Bréguet (1747-1823) est l'un des rares hommes dont le génie novateur a eu un impact sur le temps ou plus exactement sur sa mesure. Cet horloger (Suisse de naissance) sut si bien mettre à profit son génie mécanique, qu'il put se réserver et exploiter de manière très fructueuse un grand nombre de brevets en des temps particulièrement troublés.

Bréguet produisit un nombre considérable de montres sous l'Ancien Régime, ce qui ne l'empêcha pas de poursuivre son industrie au lendemain de la Révolution. On dit qu'en 1815, sur le champ de bataille de Waterloo, Napoléon comme Wellington durent consulter leur Bréguet. Un montre Bréguet accompagnait Alexander Humboltd au Nouveau Monde. Elle était également la montre préférée des tsars de Russie. Alexandre Dumas en fait porter une au Comte de Monte Cristo. Il en est de même chez Jules Verne, où elle joue un rôle déterminant au poignet de Phileas Fogg dans le *Tour du Monde en Quatre-Vingts Jours*.

PAGE PRECEDENTE: Une Audemars Piguet Automatic, en or 18 carats.Un modèle classique comportant un cadran émaillé blanc en contraste avec son bracelet noir.

Le maître horloger descendait de huguenots français qui avaient dû fuir le pays du fait de persécutions religieuses. Son père, Abraham-Louis était mort en 1758. Son beau-père, Joseph Tattet, de Verrier (un talentueux industriel horloger basé à Neuchâtel et à Paris), ne tarda pas à déceler les qualités du jeune homme.

A l'âge de 15 ans, Bréguet est envoyé à Versailles, où il devient apprenti horloger, en même temps qu'il poursuit des études au Collège Mazarin.

Dans des circonstances heureuses, il est remarqué par Louis XV, et commence une carrière sous les meilleurs auspices, à une époque où une recommandation royale constitue le plus précieux des gages de succès.

Marié, Bréguet s'installa d'abord Quai de l'Horloge, à quelques pas de la funeste Conciergerie où, ironie du sort, finira sa plus prestigieuse cliente, la reine Marie-Antoinette.

Les registres de Bréguet ont été précieusement conservés. Depuis 1787, chaque Bréguet est identifiée, avec le nom de l'artisan qui l'a fabriquée, son prix, sa date de vente et le nom de son acheteur. Le nom de la reine de France apparaît souvent dans les premières pages. Conformément au souvenir qu'elle a laissé de ses extravagances, il apparaît qu'elle achetait ses montres de gousset par 6, une mode suivie aussitôt par toute la Cour.

C'est à Bréguet que l'on doit la première montre automatique (perpétuelle); elle n'eut cependant d'abord aucun succès commercial, mais on peut attester son existence avec certitude en 1765.

Si l'on en croit des écrits postérieurs de Bréguet, Marie-Antoinette et le Duc d'Orléans possédèrent tous deux ce genre de montre dès 1780, des exemplaires qui auraient porté la mention "Inventé et Perfectionné par Bréguet, à Paris".

Le génie de Bréguet fut de savoir mettre en pratique le principe de l'automatisme décrit par A.L. Perrelet, et de l'appliquer dans une mécanique très complexe.

La toute première montre de gousset à remontage automatique date d'octobre 1783. Elle fut vendue à Marie-Antoinette pour le prix record de 4 000 F.

Bréguet fut aussi le premier à placer à l'extrémité de ces aiguilles de délicats croissants de lune que tant d'autres après devaient lui emprunter.

Un bracelet montre Bréguet en or jaune 18 carats, qui fut mis en vente chez Christie's le 28 octobre 1988. La montre porte le numéro 347.

Elle est signée; le fond et le mouvement sont polis et portent le numéro 521. Elle fut estimée avant la vente pour 3 000 à 4000 dollars.

Dès cette époque, Bréguet finançait ses expériences en important des mouvements de Suisse, voire des montres complètes, auxquelles il donnait une touche personnelle. Des montres qui, bien sûr, n'avaient rien à voir avec les chefs-d'œuvres destinés à ses plus prestigieux clients.
La montre perpétuelle fut produite en nombre en 1786, époque où Bréguet s'assura l'appui de partenaires financiers pour conduire à bien son entreprise. Son association avec Xavier Gide dura 6 ans, qui furent suffisants pour donner l'élan financier nécessaire à son entreprise. C'est de cette époque que datent les premiers registres de Bréguet. Certaines des montres produites alors comportent un système de protection contre les chocs appelé *Le parachute pour le balancier.*
Nombre des montres de gousset Bréguet de cette époque étaient à sonnerie, marquant les heures, les quarts et les demies. Plus compliquées sont les versions dans lesquelles un petit coup est frappé toutes les 10 minutes, 5 minutes, ou chaque minute, témoignage de la passion de Bréguet pour les problèmes d'horlogerie les plus difficiles à résoudre.
En 1793, Bréguet est le principal maître horloger parisien, alors que s'accumulent les périls. La plupart de ses clients appartenaient à l'aristocratie et, comme Marie-Antoinette, avaient fait les frais de la Terreur en finissant sur l'échafaud. August Bréguet s'enfuit en Suisse où il resta près de deux ans.

Il sut tirer parti de ces temps difficiles, au profit de la créativité. C'est à cette époque qu'il conçut le calendrier perpétuel dans sa *Montre à tact* (permettant de connaître l'heure dans le noir par sonnerie), *La Souscription*, et la fameuse *Pendule sympathique* à une seule aiguille. Mais le plus important est en gestation, et ne sera mis au point définitivement qu'en 1801, date du dépôt du brevet; c'est le "tourbillon", dispositif destiné à corriger les écarts de marche dûs aux positions différentes qu'on peut être conduit à imposer à une montre. Le principe consiste à utiliser une cage mobile contenant tous les organes de l'échappement, le balancier étant placé au centre. Le pignon d'échappement, lui, tourne autour de la roue des secondes, qui est fixe. Il entaîne ainsi la cage dont la révolution, sur elle-même, se fait en 1 minute.
C'est aussi pendant cette période que Bréguet commence à utiliser sa signature "secrète". Sa méthode de gravure est fondée sur l'utilisation d'un petit pantographe mis au point par son ami Jean-Pierre Droz, facteur de médailles. La signature et l'identification de la montre ne sont visibles qu'avec une loupe.
Bréguet n'était cependant pas autorisé à rester longtemps hors de France. Ces talents étaient requis pour réorganiser le centre d'horlogerie de Versailles, ainsi que pour le voir équiper l'armée et la marine avec des instruments horologiques avancés. Sa maison et ses locaux ayant été restaurés, Bréguet put reprendre la production de ses magnifiques montres, qui demandaient des mois pour être fabriquées par un maître horloger (une montre à répétition pouvait demander 12 mois, une perpétuelle le double). On estime qu'environ 4 000 horloges et montres Bréguet ont été fabriquées entre 1794 et 1823.
Le summum de son œuvre est peut-etre marqué par la très complexe montre Marie-Antoinette, commandée en 1793 par un officier de la garde de l'infortunée souveraine. Elle était sensée contenir ce qu'on connaissait de plus complexe à l'époque. Le bracelet était en or, le fond et le cadran en cristal de roche. Elle possédait un mouvement perpétuel, un calendrier perpétuel indiquant la date (jour et mois), un thermomètre, une sonnerie marquant les heures, les quarts et les minutes. Complétée en 1820, cette merveille de l'horlogerie du XVIIIe s coûta au total 16 484 F. Elle fut conservée par son créateur. Elle disparut malheureusement cassée au L.A. Mayer Memorial Institute de Jérusalem, et l'on ignore même ce qu'elle est devenue.
La maison Bréguet a continué de produire des montres jusqu'à nos jours restant dans la famille jusqu'en 1870. Plus récemment, la marque était exploitée par les bijoutiers parisiens Chaumet, qui ont dû la céder dernièrement.
Les montres Bréguet sont produites dans la célèbre vallée suisse de Joux, au Brassus, où chaque exemplaire reste fabriqué à la main, dans la plus pure tradition.
Le style des montres Bréguet actuelles rappelle celui des montres de gousset de la meilleure époque du maître. Les cadrans sont toujours faits à la main. Les boîtiers, en or 18 carats, sont finement ciselés. Certains sont rehaussés de pierreries, choisies avec tact et discrétion. Les bracelets, en particulier, contrastent avec certaines réalisations tapageuses contemporaines. Les montres squelettes illustrent ce qu'on peut faire de mieux dans le domaine de la joaillerie horlogère. Dans la plus pure tradition Bréguet, les montres de la marque sont discrètement numérotées sur le cadran, à 6 heures.

BREITLING
NAVITIMER

BREITLING

Cette Old Navitimer illustre bien le savoir faire de Breitling. Ce modèle, tout en évoluant subtilement, est resté conforme au prototype de 1952. Elégant et sobre, il offre pour principale caractéristique une lunette tournante avec règle à calcul indispensable pour les pilotes et les navigateurs. Le modèle existe en versions 12 et 24 heures.

C'est en 1884 que Léon Breitling fonde une fabrique de montres en Suisse, à La Chaux-de-Fonds, où il fabrique des montres de gousset, des chronographes, mais aussi des compteurs. Son fils Gaston, initié très jeune à la fabrication des montres-bracelets crée le chronographe-bracelet en 1914 pour les besoins militaires (synchronisation des opérations). Son cadran et ses aiguilles sont lumineux. Petit-fils de Léon, Willy Breitling met ses talents au profit de l'aviation et, en 1936, met au point le chronomètre d'aviation. La marque restera très liée aux développements de l'aviation, demeurant aujourd'hui fournisseur de constructeurs comme Boeing, Douglas, Lokheed, s'arrogeant ainsi la réputation d'être le fournisseur attitré de l'aviation mondiale.
En 1952, le Navitimer devient un authentique instrument de bord, super-chronographe destiné aux pilotes pour préparer et établir les plans de vols, calculer la vitesse et la consommation de carburant. Cette montre mécanique de précision est souvent encore préférée à la moderne montre à quartz lancée en 1983.
La Navimeter devint "supersonique" en 1962, son tour de cadran indiquant désormais 24 et non plus 12 heures. Elle prit le nom de Cosmonaute, mais ce fut un Américain, l'astronaute Scott Carpenter, qui lui donna le baptême de l'espace.
Moins ambitieuse que la Cosmonaute, la Breitling GMT, à deux aiguilles pour les heures (l'une sur un cadran 12 heures, et l'autre pour 24 heures), présentée en 1970, s'adressait aux hommes d'affaires susceptibles d'utiliser un vol supersonique avec le Concorde. Un an plus tard, la Breitling Unitime donne l'heure de tous les pays du monde.
Breilting négocie le délicat tournant de la fin des années 70 et passe à l'électronique et au quartz sous l'impulsion de Ernest Schneider, qui reprend la marque en 1979. Breitling innove dans la tradition en présentant en 1983 la Navimeter GMT, montre qui affiche simultanément 3 fuseaux horaires et conserve un mode chronographe; deux mouvements séparés garantissent une fiabilité absolue des sources d'alimentation, sécurité essentielle en aviation.
1983 marque aussi le début d'une étroite et fructueuse collaboration avec Eric Tabarly.

Détail du cadran d'une Old Navimeter à lunette tournante et règle à calcul.

BREITLING
NAVITIMER

PAGE CI-CONTRE:
La Breitling Aerospace à cadran (lunette et fond) Titane à fonctions analogique et digitale. Etanche à 100 m.

CI-CONTRE:
La Breitling World, avec ses 4 cadrans indiquant chacun un fuseau horaire, et bénéficiant de mouvements quartz analogiques indépendants.

Deux ans plus tard, c'est le modèle Deep Sea, qui bat tous les records de fonctionnement en profondeur, en fonctionnant sans problème à 1000 m sous la mer! Une profondeur où aucun plongeur ne peut bien sûr resister à la pression, mais une telle montre lui offre une sécurité absolue à 100 m. La lunette tournante à cliquet, que l'on retrouve aujourd'hui sur tous les modèles Breilting étanches, permet au plongeur de programmer son temps de descente; la lecture du cadran et des aiguilles peut se faire à n'importe quelle profondeur. Un indicateur de fin de vie de la pile constitue une sécurité essentielle s'agissant de mouvements à quartz. Sur la Deep Sea, la trotteuse passe de 4 secondes en 4 secondes lorsque la pile faiblit pour économiser l'énergie et attirer l'attention de l'utilisateur. Elle intègre un dispositif prévenant sa destruction lors des paliers de décompression.
Poussant d'un côté des recherches très avancées, en particulier dans le domaine de la survie (Ernest Schneider a présenté en 1988, à la Foire de Bâle, une montre émettant un signal d'alarme pour alpinistes en détresse), Breitling reste persuadé que la montre automatique, qui trouve son énergie dans le mouvement du bras reste ce qu'on fait encore de plus sûr, d'où l'utilisation du système sur nombre de ses modèles.

CARTIER

CI-DESSUS:
Une sélection de montres vendues aux enchères chez Sotheby's, à Londres, le 24 juillet 1986. A l'extrême droite, un très rare modèle reversible en or 18 carats, qui fut échangé pour 4 300 dollars.

CI-DESSOUS:
Une petite Tonneau 18 carats, à mouvement mécanique

Au cours de son histoire, Cartier a présenté la particularité de produire des montres d'exception autant que des modèles de moyenne diffusion, d'une apparente simplicité et d'un relatif dépouillement. Si le plein développement de cette production date de 1917, c'est à la fin du siècle précédent que remonte la première tentative de Cartier pour produire des montres en plus grand nombre.
C'est dans le catalogue Cartier 1888 qu'on voit pour la première fois apparaître un bracelet-montre pour femme portant la célèbre griffe. Ce n'était pourtant pas la première montre fabriquée par Cartier, mais jusqu'alors, il s'agissait exclusivement de commandes spéciales, exécutées pour une clientèle très restreinte. Le catalogue 1888 marque un tournant, puisque les montres feront désormais partie d'une production sinon populaire, du moins beaucoup plus large, s'adressant à une clientèle de goût beaucoup plus large. Il semble que ces montres n'attirèrent d'abord pas l'œil du public; un tout petit nombre fut fabriqué entre 1892 et 1894, et il fallut plusieurs années pour en écouler le stock. La mode des gants très longs n'est pas sans expliquer partiellement cet insuccès. La mode n'était donc guère favorable à ces montres-bijoux que chacun s'accorde pour décrire exceptionnelles, mais qui auraient été cachées par des gants surdimensionnés.
Le succès des montres Cartier allait curieusement résulter d'une rencontre: celle de l'aéronaute et pionnier de l'aviation Alberto Santos-Dumont et de Louis-François Cartier.

CI-CONTRE:
Un modèle carré très rare (malheureusement en mauvais état), 18 carats, 8 jours, qui fut vendu chez Christie's, à Londres, le 3 mars 1989 pour 27 000 dollars

Cartier

CARTIER

En 1896, la France et le monde entier vivent sous le signe du sport; les premiers jeux olympiques viennent d'être organisés. La bonne société vit dans l'insouciance d'une Belle Epoque où l'on oublie la guerre, où (pour certains...) les affaires sont bonnes et pour tout dire il fait bon vivre. C'est aussi le premier boom de l'automobile. Que de belles sportives se hasardent même à piloter avec émoi, tout en préférant se montrer au volant sur les rues nouvellement pavées de la capitale ou dans les allées du bois fraîchement refaites. Les premières machines volantes prennent l'air. Dans le ciel de Paris un jeune homme se distingue par sa classe et son audace: il avait conduit des ballons, il pilote aujourd'hui un aéroplane; Alberto Santos-Dumont (1873-1932) est la coqueluche du tout Paris. ce riche Brésilien sans peur a un ami: Louis-François Cartier; une amitié qui marquera un tournant dans l'histoire du

PAGE PRECEDENTE,
Tout à fait à gauche:
Un bracelet-montre Cartier 18 carats en or blanc, portant le numéro 16 948, doté d'un mouvement The European Watch by the European Watch & Clock Co.

A droite:
Un Tank des années 30.

A GAUCHE:
Une petite Tortue en or 18 carats à mouvement à quartz à bracelet Grain de riz.

bracelet-montre. Quand Santos-Dumont demande à Cartier de lui fournir une montre pouvant s'attacher au poignet, en lieu et place de l'incommode montre de gousset, suspendue à sa chaîne, il perçoit immédiatement les possibilités commerciales d'une telle nouveauté. Quel gain d'aisance pour le sportif, l'homme d'action et en tout premier lieu l'aviateur que de pouvoir conserver les mains libres tout en regardant l'heure!

En 1904, le modèle Santos fait son apparition. Il est sobre, élégant, robuste et est défini déjà comme la "montre d'action". La Santos est toujours au catalogue Cartier. Elle entrera au catalogue général en 1911 pour ne plus en sortir. Son boîtier est de forme carrée aux angles arrondis, portant chacun deux vis apparentes qui évoquent la solidité du produit. La Santos, aujourd'hui à quartz, est en or massif 18 carats, en or et acier, tout acier, en grand et petit modèle. Mais en 1911 on est à l'heure de la montre mécanique, aussi fiable que doit l'être un moteur d'avion. Un an avant, Cartier a inventé la boucle déployante, encore utilisée sur ses bracelets.

En 1912, Cartier crée deux modèles mémorables: la Baignoire, de forme ovale (devenue rare au catalogue) et la Tortue. Vient ensuite le Tonneau (1906). Ces trois modèles sont encore vendus, et n'ont connu que de faibles modifications esthétiques. Mais le modèle le plus fameux reste peut-être le Tank, dont on dit que

CARTIER

PAGE PRECEDENTE: ***Une Santos carrée galbée grand modèle, en or 18 carats.***

A DROITE: ***La gamme Panthère actuelle comprend un certain nombre de modèles (grands et petits, carrés ou ronds) tous en or18 carats, à bracelet à maillons en or ou or et acier.***

Louis-Joseph Cartier eut l'inspiration au cours de la Première Guerre mondiale; de fait il fut présenté pour la première fois en 1919. C'est sans doute le modèle Cartier qui a le plus été copié depuis (Cartier est l'une des marques les plus plagiées du monde).
En 1933, Cartier crée une montre étanche en or pour le Pacha de Marrakech. C'est l'origine du modèle Pasha, qui fut la première montre-bracelet étanche de luxe du monde (bien avant la Rolex). Le Pacha l'avait exigée étanche pour pouvoir la conserver lorsqu'il se baignerait dans sa piscine. Un an plus tard vint la Vendôme, puis le très beau modèle Calandre inspiré des radiateurs de voiture des années 30.
Cartier a toujours tenu le registre de toutes les montres produites. Le catalogue actuel conserve tous ses grands modèles historiques, à côté de pendulettes tout aussi ravissantes.

CHOPARD

Le nom complet de cette célèbre société est en fait Le Petit-Fils de L. U. Chopard & Cie., mais la famille Scheufele, qui possède aujourd'hui l'entreprise, peut en être considérée comme la digne héritière.
Louis-Ulysse Chopard, membre d'une famille de distingués maîtres horlogers, fonda la société qui devait porter son nom, en 1860, à Sonvillier, dans les montagnes du Jura suisse. Il se consacra d'abord à la fabrication de montres de gousset pour les chemins de fer suisses. L'affaire se développant, elle émigra à Genève en 1920.
Le petit-fils du fondateur, Paul-André Chopard n'avait aucun goût pour les affaires et décida de se retirer de la société au début des années 60. Issue des milieux de la joaillerie allemande de Forêt-Noire (exactement de Pforzheim), la famille Scheufele prit le contrôle de la société en 1963. Comptant alors 12 employés elle connut un nouvel essor. En 1968 — l'année où mourut Paul-André Chopard —, elle s'installa à Servette, au nord-ouest de Genève. Elle devait une nouvelle fois déménager en 1972, pour intégrer les locaux modernes actuels de Mayrin. Aujourd'hui encore, Chopard est restée une entreprise vraiment familiale.
Les lignes de produits de la marque témoignent d'un grand sens de la tradition dans le respect d'une évolution qui ne néglige pas le dépouillement des lignes sur certains modèles. Les pierres précieuses y tiennent parfois une place importante, comme en témoigne l'extraordinaire Happy Diamonds. Il comprend, entre la

***A DROITE:* Un bracelet-montre de la collection Chopard actuelle.**

***PAGE SUIVANTE:* Deux montres de la ligne Gstaad. Elle inclut des modèles tout or, or et acier, ou or et diamants.**

Chopard
GENEVE
Chopard
GENEVE

Chopard
GENÈVE
SWISS MADE

A GAUCHE:
L'extraordinaire Happy Diamonds avec ses diamants mobiles protégés par la glace. Il sont au nombre de 7 pour porter bonheur.

CI-DESSUS:
Evolution graphique d'un modèle Chopard pour homme selon David Penney (1988).

lunette et le cadran, un petit logement circulaire, fermé par la glace, à l'intérieur duquel peuvent voyager 7 diamants sertis d'or. Lancée en 1976, à partir d'un modèle créé par Roland Kurowski, Happy Diamonds a donné naissance à tout une ligne de joyaux. Le bracelet-montre de femme, animé par ces diamants mobiles constitue une véritable attraction. Son prix atteint quelque 192 000 dollars.
Les années 80 ont vu la sortie de nombreux nouveaux modèles qui témoignent de la bonne santé de la marque. Comme beaucoup de ses confrères, Chopard a associé certains de ces modèles à des événements sportifs ou à des lieux de réputation internationale. En 1980 est apparu St-Moritz, première montre sport de Chopard, en 1986 Gstaad, et en 1988 la très belle Mille Miglia, en honneur de la grande épreuve automobile. C'est une montre intégrant un tachymètre, des aiguilles et des repères lumineux sur un cadran blanc très plat, un boîtier étanche (30 m) en or ou en acier, une glace saphir antireflet, antichocs et étanche.

CORUM

1955 peut paraître une date récente pour la fondation d'une entreprise spécialisée dans la création et la fabrication de montres classiques. Il ne fait pourtant aucun doute que Corum s'est forgé en quelques années la réputation d'être l'une des marques les plus créatives et les plus originales du marché. Les Corum sont ordinairement considérées comme sophistiquées et pleines de fraîcheur. Elles sont aussi techniquement très élaborées, comme en témoigne le modèle Golden Bridge (1980). La jeunesse de la marque n'a pas empêché les collectionneurs de s'intéresser rapidement à ses modèles, qui ont vite fait d'en remarquer les qualités.
Le nom choisi pour cette marque vient du mot latin "quorum" qui, comme chacun sait, désigne le nombre minimal nécessaire de participants à une réunion pour que les votes en soient validés. La marque "Corum" apparaît sur le cadran en caractères romains; le logo, qui encadre le mot, a été dessiné par René Bannwart: c'est "la clé du temps parfait". La société Bannwart & Co a été créée par René Bannwart, sa cousine Simone Ries et son père Gaston à partir d'une petite manufacture horlogère de La Chaux-de-Fonds, où celui-ci travaillait depuis 1924. La Corum Ries, Bannwart & Co est demeurée une entreprise familiale, restée depuis dans la même vallée. Chaque montre, produite en petite série, est assemblée à la main, signée, et se voit affecter un numéro de série garanti par un certificat d'authenticité. Rares sont les modèles faisant l'objet d'une série supérieure à 100, d'où, on l'imagine facilement, l'intérêt des collectionneurs.

***PAGE CI-CONTRE:* La Mille Miglia de Chopard commémore la fameuse course automobile qui se déroula tous les ans de 1927 à 1957. Une nouvelle épreuve, créée en 1987 fut le prétexte au lancement de ce modèle disponible en or, en or et acier, et en acier.**

La magnifique Corum Peary au superbe cadran en météorite polie. Il n'existe pas deux cadrans semblables. Les montres sont livrées avec un certificat d'authenticité expliquant les conditions de découverte du météorite par l'explorateur américain R.E Peary (1856-1920), qui fut le premier homme à atteindre le Pôle Nord en 1909, lors de l'ultime de ses six expéditions.

Admiral's Cup
CORUM

La fameuse Coin Watch faite dans une pièce de 20 dollars (Double Eagle). Le mouvement extra-plat est inserré entre pile et face.

A GAUCHE:
L'Admiral Cup, qui sera sûrement regardée plus tard comme une grande montre classique. Des pavillons nautiques émaillés remplacent les lettres.

La Chinese Hat (1960) a une lunette entourée d'un amusant chapeau exotique en or; c'est un modèle simple, élégant et original. La Longchamp (1957) était déjà entourée d'une sorte de disque, dans lequel la couronne était encastrée. La très simple Buckingham (1965) elle, est une réminiscence des premières montres à mouvement automatique.
C'est sans doute le souvenir de la ruée vers l'or qui inspira Corum lorsque ses créateurs eurent l'idée de placer le mouvement extra-plat d'une montre entre deux dollars en or. Ils choisirent le Double Eagle de 20 dollars, approuvé par le Congrès le 4 mars 1849 comme base de la monnaie américaine, et décidèrent que le cadran serait formé du côté face de la célèbre pièce, qui porte la devise "*in god wee trust*". Il n'y a sur le cadran rien d'autre que les deux aiguilles. Les premières versions à quartz de la Coin Watch (1965) sont très appréciées des collectionneurs. La même idée est à l'origine de la Corum Ingot Watch (1977) qui utilise cette fois un véritable petit lingot d'or pur (99,99%) de l'Union des Banques Suisses pesant 15 g (le modèle est aussi disponible en platine). Chaque pièce est numérotée et accompagnée d'un certificat officiel garantissant le contenu en or.
Le logo et le nom de Corum sont les seuls qui viennent entacher la pureté de la Golden Bridge (1980) dont le mouvement mécanique marque sans doute un pas décisif en matière d'innovation technique (les roues sont placées dans la même ligne).
On peut finalement considérer qu'il y a deux grandes lignes de produits chez Corum, caractérisées par leurs cadrans.
L'Admiral Cup (1982) a connu un véritable triomphe commercial (elle est produite avec l'autorisation spéciale du Royal Ocean Racing Club de Londres). Elle commémore bien sûr la fameuse course qui se déroule tous les deux ans entre Cowes et l'Ile de Wight. Les chiffres sont remplacés par 12 cases en forme de triangles, réprésentant 12 des pavillons utilisés par les navigateurs pour communiquer en plein jour. Elle est bien sûr étanche.
Le deuxième type de cadran est parfaitement illustré par les montres de la ligne Météorite (1987-1988); certaines de ces montres utilisent réellement des parcelles de la plus grosse météorite jamais tombée sur la terre, et retrouvée par R.E. Peary, qui atteignit le premier le Pôle Nord en 1909.

CI-DESSUS:
Une version 18 carats du modèle Rolls-Royce, lancé en 1976. Le boîtier est en forme de calandre, dont ` les bâtons verticaux se retrouvent sur le cadran. La lunette est surmontée du fameux Spirit of Ecstasy. Pour collectionneurs.

A GAUCHE:
Corum a développé dans sa collection, depuis 1976, une remarquable ligne de montres en platine. Sur l'élégante montre galbée carrée, tout à fait à gauche, les heures sont portées en français, en écriture manuscrite.

DUNHILL

L'univers d'Alfred Dunhill, le fondateur de la marque bien connue d'objets de luxe, s'organisait autour de concepts simples, définissant ce que devait être un produit de la marque: "beau, nouveau, le meilleur dans sa catégorie". Des concepts qui, s'ils s'appliquaient indiscutablement à ses premiers produits, sont à l'évidence restés ceux de la prestigieuse maison qu'il a créée.

Depuis ses débuts, en 1907, Dunhill a toujours connu un éclatant succès commercial, en attachant une attention particulière au design des produits de luxe qu'il distribuait.

Alfred Dunhill avait placé sa première boutique dans le quartier Saint-James, à Londres, au cœur même de l'empire des clubs. Les premières horloges et les premières montres ont fait leur apparition dans ses vitrines en 1926; le briquet Unique, qui date de cette époque, sur le côté duquel est placé une montre, est devenu un objet de collection recherché.

Deux ans plus tard, Dunhill avait ouvert une boutique à Paris, et une autre à New York; ce fut la présentation de l'ingénieuse Belt, une montre logée dans la boucle d'une ceinture de pantalon. Il suffisait d'effleurer la couronne pour qu'un mécanisme à ressort fasse sortir la montre de façon que la personne portant la ceinture puisse discrètement voir l'heure.

En 1929, Dunhill lança ses premiers bracelets-montres, au boîtier de forme rectangulaire et au cadran à chiffres arabes. Les années 30 sont marquées par une succession d'élégantes montres d'homme, très tôt à cadran lumineux, par les premiers chronos et une merveilleuse montre-bague.

La carrière des premières montres Dunhill se prolongea jusque dans les années 60; elles avaient un boîtier en or 18 carats, et parfois quelques équipements comme la sonnerie et la date. En 1975 apparut la très originale Vermeil, de forme ronde, portant le nouveau logo de la marque sur son cadran en or avec de gros chiffres romains, parcourus par de très pures aiguilles noires,

***A DROITE:* A gauche et au centre, Une Millennium, pour homme et pour femme; au centre une montre pour homme à cadran noir et diamants à la place des chiffres.**

***PAGE CI-CONTRE:* Un chrono Millennium; une glace remplace le dos du boîtier, permettant de voir le mouvement.**

Un élégant bracelet montre Millennium.

Une sélection de montres de femme plus anciennes.

réglable par une couronne à cabochon. La Vermeil sera à l'origine de la ligne des Millennium (une trentaine de modèles) à quartz, qui fut lancée en 1982. Elle connut un succès considérable. Les cadrans sont ronds ou carrés, portent des chiffres romains ou arabes (remplacés par des diamants sur certains modèles). Trois tailles sont offertes. Avec la Millennium, Dunhill a lancé la vraie montre classique de demain. Avec ce modèle, les ingénieurs de chez Dunhill ont définitivement posé un certain nombre de concepts qui feront école. La ligne Elite, de 1986 le confirmera.

Les amateurs et les collectionneurs gagneront à jeter un œil au Limited Edition Dress Watch; ils y découvriront une pièce superbe: un mouvement automatique visible du dos de la montre, remplacé par une glace.

EBEL

Ebel est l'exemple même de la réussite; une réussite éclair fondée sur une ligne de produits qui a fait son chemin depuis une dizaine d'années, dans la plus pure tradition. Le héros de l'histoire d'Ebel est Pierre-Alain Blum, petit-fils du fondateur de l'entreprise, qui a si bien su redresser l'affaire qu'il est devenu multi-millionnaire en dollars en à peine plus de 10 ans.

Blum appartient à cette nouvelle génération d'hommes d'affaires qui croient avant tout dans le dynamisme et l'innovation en matière de marketing. Depuis 1984, le chiffre d'affaires d'Ebel a été multiplié par 40, et son personnel est passé de 55 à 550. La marque occupe aujourd'hui la 3e place parmi les fabricants de montres de luxe, et Blum ne désespère pas de pouvoir faire mieux...

Un stage de 5 ans chez Lucian Picard, célèbre horloger new-yorkais, a permis à Blum, alors âgé d'une vingtaine d'années, de percevoir l'importance de l'agressivité commerciale conjuguée avec une attention méticuleuse du détail. Lorsqu'il retourna à La Chaux-de-Fonds en 1972, il put à temps empêcher son père de liquider une affaire qui était dans la famille depuis 60 ans. Une cohabitation familiale difficile prit fin lorsque son père, victime d'un accident, se retira. Deux ans plus tard, Pierre-Alain Blum avait seul les rênes de l'entreprise.

En 1972, Ebel avait négocié un fructueux contrat lui asssurant la production de la nouvelle gamme des "Must" de Cartier, au moment précis où bien des concurrents prenaient de plein fouet le choc du quartz. Dégagé de soucis commerciaux et financiers, Blum put prendre tout son temps pour mettre au point une ligne exclusive de montres conçues directement et spécialement pour l'homme moderne.

En 1977, la première montre Ebel fait son apparition sur le marché. Elle est dessinée par Edy Schoepfer. C'est une montre sport qui possède déjà tous les ingrédients qui feront la réputation d'Ebel: elle est destinée à un consommateur moderne, qui attend d'elle une technologie haute performance, la solidité, sans négliger le raffinement d'une esthétique luxueuse.

En 1985, Blum est assez sûr de lui pour lancer une seconde gamme fondée sur le modèle Beluga. Le dessin de cette montre en fait un objet très haut de gamme, en or 18 carats.

L'image sportive des montres Ebel s'est trouvé renforcée par le sponsoring de sportifs de haut niveau dans des domaines très pointus, tels que le snooker, avec les deux champions que sont Dennis Taylor et Steve Davis, mais aussi la Formule 1 avec Nikki Lauda et le tennis avec Stephan Edberg.

Sur une Beluga, le bracelet, le fermoir, le cadran et la lunette sont interchangeables. Le boîtier est en deux parties, le mouvement étant fixé par 5 vis apparentes retenant la lunette. Le cadran, blanc, porte des chiffres romains. Il comporte parfois un dateur. La montre est légèrement galbée, signe distinctif d'une Ebel, comprenant quelque 190 composants assemblés à la main. Pour ceux qui voudraient un modèle plus "riche", il pourront se procurer une version à boîtier ou à cadran incrustés de diamants. Les bracelets sont en or, en or et acier, ou en cuir.

Les gammes Beluga et Sports se distinguent par leur excellente étanchéité qui permet de les garantir jusqu'à

CI-DESSUS:
Une Ebel 1911 en or au très lourd bracelet, également en or.

PAGE CI-CONTRE:
Un chrono or et acier à trois cadrans auxiliaires. On remarque les traditionnelles 5 vis de la lunette.

TACHYMETRE
EBEL
Automatic
SWISS MADE

Un Chronograph automatique 18 carats.

Le Chronograph Ebel à calendrier perpétuel.

30 m. La Sports Discovery peut, elle, aller jusqu'à 200 m. Chaque montre est l'objet de tests sévères pendant une semaine entière avant d'être mise en vente. Ainsi, pour en tester l'étanchéité, on la place dans un caisson pressurisé à 3 atmosphères (soit l'équivalent de 30 m de profondeur) et on la porte à 60° C pendant 10 mn. La montre est aussi soumise à un simulateur de mouvements, aux effets de la corrosion dans un laboratoire. Pour cela elle est placée dans un milieu salin très agressif. Sa résistance aux vibrations est également testée pendant deux heures. Elle est aussi soumise à la gravitation, aux chocs. Une démarche comparable permet à un simulateur de contrôler la résistance des bracelets.

Tous ces contrôles participent à l'image de la marque, qui possède des unités séparées de fabrication des mouvements et d'assemblage des montres.

La Discovery a été conçue spécialement pour les plongeurs. Les versions à quartz ont un indicateur de fin de vie des piles (la trotteuse saute de 4 divisions en 4 divisions lorsque les piles faiblissent). L'aiguille des minutes lumineuse, et un point phosphorescent toutes les 5 minutes permettent une lecture dans le noir absolu.

Addition des qualités de la Beluga et de la Sports, le Chronographe à calendrier perpetuel allait devenir une véritable pièce de collection. Un bouton d'arrêt permet de rappeler le temps écoulé depuis une dizaine de secondes jusqu'à plusieurs heures; il est associé à lecture parfaite du jour de la semaine, de la date, de l'heure, du mois et de l'année, ainsi que des phases de la lune. La Voyager, lancée récemment, a été conçue dans le même esprit.

La préoccupation de Pierre-Alain Blum n'est pas d'étendre ses gammes de montres. Il préfère en maintenir le caractère exclusif. Il est aussi absolument convaincu que, à l'heure du travail éclair, il reste une place pour la main de l'homme qui, dans certains domaines, reste imbattable.

En 1986, la 1911, version encore plus élaborée de la Sports (à triple boîtier et glace saphir cristal) commémore les 75 ans de l'entreprise

En 1987, Pierre-Alain Blum a installé le quartier général de ses relations publiques dans la villa La Turque, créée par Le Corbusier, et restaurée avec soin. C'est là le symbole d'une réussite exceptionnelle qui rejette loin dans le passé (pourtant récent) la petite entreprise créée par Eugène Blum.

Le modèle Sports étanche. A noter le caractère ultra-mince de cette montre.

GEORG JENSEN

Le nom de Georg Jensen est synonyme de perfection et d'innovation dans le monde de l'orfèvrerie scandinave, depuis la création de la marque en 1904. Il y a 20 ans, la société, désormais propriété de la Royal Copenhagen of Denmark, a franchi une étape supplémentaire. Aujourd'hui, Georg Jensen demeure le seul orfèvre dans le monde à produire ses propres modèles de montres, qui utilisent des mouvements à quartz Swiss ETA.

Le vrai Georg Jensen (1866-1935) était un artiste exceptionnel, qui se consacrait principalement à la création de pièces d'orfévrerie. Ses formes traduisent une grande sensibilité, et leur finition martelée constitue une véritable signature du style Jensen.

"L'argent — écrivait-il amoureusement — a le bel éclat de la lune, la lumière d'un soleil d'hiver danois. L'argent peut être sombre, et la condensation peut l'obscurcir comme une brume de terre". Cet homme remarquable ne vécut pas assez longtemps pour connaître le succès de la première montre portant son nom, en 1968, réponse à une demande croissante d'accompagnement des beaux bijoux en argent de la marque. Dessinée par Viviana Torun Bülow-Hübe, première femme orfèvre de Suède, la montre n° 326 est vite devenue un classique mondial. Le bracelet intégral rigide en argent ouvert à une seule extrémité, travaillé entièrement à la main, se termine en T et donne à la montre une ligne incomparable. La pureté du cadran sans repères, la discrétion de la couronne font de cette montre un chef d'œuvre de pureté et de raffinement. Ce modèle exclusif sera suivi de versions noir mat (comme les versions en acier produites, cette montre sera produite en 4 tailles: très petit, petit, moyen et grand) avec des aiguilles en or, ou peintes en noir avec un pivot central en or.

En 1975 Torum Bülow-Hübe avait atteint la notoriété internationale, avec des clients comme Picasso, Ingrid-Bergman, Duke Ellington et Brigitte Bardot; elle eut

Le dessin de cette Jensen est l'œuvre du sculpteur Henning Koppel. Cette superbe montre un peu austère est disponible en or et en acier.

CI-DESSUS:
La fameuse Georg Jansen créée par Viviana Torun Bülow-Hübe. C'est la montre classique du futur.

PAGE DE DROITE:
Un autre modèle Jensen très caractéristique.

GEORG JENSEN

Ces deux montres illustrent bien l'élégance incomparable des montres Jansen. La création de ces modèles est l'œuvre des architectes Torsten Thorup et Claus Bonderup.

alors la joie de voir son œuvre entrer dans la collection permanente du Bergen Museum, en Norvège, consécration de sa modernité classique.
Georg Jensen a maintenu sa primauté dans le monde de l'argent en sachant rester ouvert aux idées nouvelles. Depuis la mort du maître, un certain nombre de créateurs se sont attachés à en prolonger subtilement l'esprit artistique mettant leur habileté au service du style et de la haute qualité Jensen.
L'acier inoxydable est le métal le plus utilisé pour fabriquer les montres Jensen. Une grande partie des montres est faite à la main, l'acier étant traité et poli avec autant de soin que les bijoux en argent Jensen, dont les montres sont finalement le complément logique.
C'est au sculpteur Henning Koppel que l'on doit d'autres modèles en acier inoxydable; il en est ainsi de la montre n° 321, qui a été acquise par la Danish State Fondation en 1980; elle a aussi trouvé place dans les collections du Museum of Modern Art de New York.
Une version plus petite, la n° 320 existe également, dont les proportions sont peut-être moins expressives. C'est sans doute pourquoi Koppel a lancé une version géante de ce modèle — 38 mm de diamètre —, pour hommes forts, sans doute.
Une version 18 carats du célèbre chef-d'œuvre (vendue 4 fois le prix de base) a été introduite en 1989. Cette montre a une glace saphir et un bracelet en cuir brun repoussé; elle est disponible dans les deux tailles classiques.
En 1985, l'union des talents des architectes Torsten Thorup et Claus Bonderup permit la création du modèle 347, d'une forme également très classique. Boîtier et bracelet sont en acier poli, de finition semi-mate finement sablée à la perfection. La lunette ronde contraste avec le fermoir carré, et son côté un peu massif est contrebalancé par délicatesse de la facture du bracelet et du cadran qui ne comporte que deux aiguilles très sobres. Un an plus tard, le duo récidiva avec une version très exclusive de la 347, en or 14 carats et à bracelet en lézard. Une version sport, gris anthracite, à bracelet gris acier ou cuir fut aussi présentée. Un troisième architecte, Jørgen Møller, est aussi responsable du dernier modèle Jensen, l'actuelle 351.

GERALD GENTA

Gérard Genta est l'un des fabricants de montres actuel les plus "exotiques"; il est aussi l'un des plus respectés pour la qualité de ses techniques de fabrication et l'excellence de ses dessins; deux qualités rarement réunies. Sa production ne dépasse pas 5 000 montres par an, l'on comprend qu'elles tiennent la vedette lorsqu'elle font leur apparition dans une exposition professionnelle.

Les formes originales créées par Genta illustrent bien le classicisme des méthodes de travail de cette maison, synthèse de l'horlogerie et de la joaillerie.

Gérard Genta travailla d'abord pendant 4 ans comme joailler à Genève. Il fréquenta ensuite le monde de la haute couture, où il perçut l'importance de l'accessoirie vestimentaire.

Pendant les 20 années qui suivirent, Genta dessina des modèles de montres pour bien des horlogers figurant dans ce livre. C'est ainsi qu'il créa la Bulgari, la Royal Oak (Audemars Piguet), la Nautilus (Patek Philippe) et la Titiane (Omega). En 1972, le temps était venu pour lui de voler de ses propres ailes. Il acheta à Genève une entreprise fabriquant des boîtiers, des cadrans et des bracelets, et une autre au Brassus qui faisait des mouvements. Il les peignit en rose et les donna à assembler, confiant leur design aux meilleurs graphistes, soit à quartz, soit mécanique, soit automatique, en fonction d'impératifs économiques; ainsi, son modèle à calendrier perpétuel et phases lunaires offre le choix entre ces trois possibilités, en association avec des boîtiers et des cadrans différents. L'une des particularités de certains de ces modèles est la lunette octogonale aux pans légérement courbes. Très agréable à l'œil, c'est une forme très appréciée en Asie, où l'on voit en elle un porte-bonheur. Les puristes apprécieront que dans cette montre, Genta ait placé un mouvement automatique, une lunette en or et acier, un cadran blanc avec des chiffres et des aiguilles bâtons, un dateur (à 3 heures). Une autre version automatique, en or, est de forme ronde, avec des chiffres romains noirs, des aiguilles bâtons en or, un dateur à 6 heures. Elle est disponible avec un autre cadran tout aussi délicieux.

Les collectionneurs de montres squelettes pourront noter que Genta en possède un remarquable exemplaire (à aiguilles bâtons et bracelet en crocodile) à son catalogue. Il y a quelques années, il a dessiné une autre fameuse montre squelette pour Van Cleef & Arpel. Dans sa gamme traditionnelle, Genta possède une Grande Sonnerie, montre de poche d'une grande beauté au mécanisme très compliqué pouvant sonner les minutes. A l'inverse, dans sa gamme jeunesse il offre quelques très délicates (et très chères) montres de Mickey et de Minnie.

Gérard Genta est l'un des rares maîtres horlogers important qui dirige son entreprise en même temps qu'il crée ses modèles.

Si la Duchesse de Windsor vivait encore, on trouverait certainement dans sa collection actuelle l'une de ces montres animalières de la collection Ménagerie: elles sont aussi attractives que les plus belles Cartier. Produites en très petit nombre, les montres de la série Esprit de Genève dégagent un exotisme raffiné. Leur cadran est taillé dans une pierre semi-précieuse que parcourent des aiguilles en or, la lunette et le bracelet sont traités façon joaillerie.

GIRARD-PERREGAUX

Ce fabricant occupe une solide position dans l'histoire de l'horlogerie. C'est en 1880 que Constant Girard dessina et produisit ses toutes premières montres. Elles étaient destinées à la marine allemande, et leur cadran était protégé par une véritable grille métallique qui, pour n'être pas très esthétique, était à la fois pratique et, surtout, nouvelle. Toute bonne collection se doit de posséder ce genre de montre.

Tous les collectionneurs savent que les montres ultra-minces ont toujours eu les faveurs du public; ils savent aussi que c'est le fondateur de Girard-Perregaux (en 1791) qui produisit en série les premières montres ultra-plates et ultra-minces. Cette initiative heureuse devint rapidement l'un des piliers de la tradition de la marque. C'est dans les années 1850 — en 1856 pour être exact — que la marque devint Girard-Perregaux et créa une extraordinaire montre de gousset, connue sous le nom de Tourbillon With Three Golden Bridges. Elle comprenait, comme son nom l'indique, ce fameux tourbillon inventé par Abraham-Louis Bréguet. Cette montre obtint une médaille d'or à l'Exposition Universelle de Paris, en 1855. En 1982, cette montre extraordinaire a refait son apparition sous la forme d'une réplique très fidèle, après des années de recherche pour que le mouvement puisse en être “réinventé”.

En 1966, Girard-Perregaux inventa la première montre haute-fréquence (36 000 oscillations par heure). Trois ans plus tard, la marque développait la première montre à quartz de grande production. L'oscillation retenue (32 768 Hz) devait devenir le standard de toutes les montres à quartz.

Les clients actuels de la marque connaissent bien le modèle Equation qui est appelé à devenir un grand classique. Créé en 1985, il sort d'un atelier considéré comme le deuxième plus vieux de Suisse. L'entreprise, située à La Chaux-de-Fonds, dans le Jura suisse, n'emploie que 80 personnes.

***PAGE PRECEDENTE:* La très originale montre squelette créée par Gérard Genta, l'un des designers actuels les plus à la mode.**

***CI-CONTRE:* 3 Girard Perregaux actuelles. La date est à midi et la glace est légérement conique.**

LA TOURBILLON WITH THREE GOLD BRIDGES

Girard-Perregaux a conduit depuis plusieurs années une politique visant à redonner vie à ses premiers modèles de montres classiques. C'est dans les années 60 que fut ressorti la fameuse Tourbillon With Three Gold Bridges. Cette montre de poche en or a un cadran blanc et des aiguilles Louis XV en or, ainsi qu'un second cadran.

La société décida aussi de fabriquer de nouveau le tourbillon 1880 (inventé par le maître horloger français d'origine suisse Louis-Abraham Bréguet entre 1787 et 1795), mais avec la technologie des années 80, ce qui se révéla tout à fait faisable.

PAGE SUIVANTE
En haut:
La Girard-Perregaux Equation Focale (à gauche) et l'Equation Intégrale (à droite).

PAGE SUIVANTE
En bas:
Deux chronos multifonctions Girard-Perregaux.

CI-CONTRE:
L'un des modèles Girard-Perregaux de la collection Equation: l'Espace perpétuel.

CI-CONTRE:
Deux montres Girard-Perregaux actuelles; à gauche le chrono automatique GP700 (il est proposé avec des cadrans de plusieurs couleurs et de types variés).

BASE 30 PULSATIONS
Girard-Perregaux
automatic

REVERENT
TRUSTWORTHY
LOYAL
HELPFUL
FRIENDLY
COURTEOUS
KIND
OBEDIENT
CHEERFUL
THRIFTY
BRAVE
CLEAN
BE PREPARED
A SCOUT IS

INGERSOLL

Deux exemples de montres Boy Scout fabriquées dans les années 30. Le cadran est en papier imprimé collé sur un simple disque métallique formant le cadran.

Tous ceux qui connaissent les montres britanniques bon marché portant cette marque seront sans doute surpris de trouver le nom d'Ingersoll dans ces pages s'ils ignorent la nature de la production américaine de ce fabricant. Après des débuts peu orthodoxes, et un succès spectaculaire, la société s'est tournée vers une production de qualité, de montres finies à la main, parallèlement à une production de masse, en ayant largement recours à la publicité.
La création des modèles, comme la politique commerciale de l'entreprise sont à attribuer à Rober Ingersoll, fils d'un fermier du Michigan, qui n'avait aucune expérience du métier d'horloger.
L'histoire commence en 1880. Robert a alors 21 ans, et son plus jeune frère, Charles, est parti pour New York. Très vite, ils montent une société de vente par correspondance, fondée sur la politique du prix unique à 1 dollar. En 1892, l'entreprise est suffisamment solide pour se lancer dans la production et la vente d'une montre à 1 dollar et demi, l'équivalent d'une journée de salaire, à une époque où une montre du même genre valait au moins 15 dollars. L'Universal était une montre de poche à tout petit mouvement, protégé par un boîtier dont le fond avait été dessiné par Robert Ingersoll; son lancement fit l'objet d'une intense campagne de publicité. Bientôt, les Ingersoll se concentrèrent exclusivement sur la vente de cette montre.
Trois ans plus tard, l'ambition de Robert fut de produire cette fois une montre à 1 dollar: ce fut la Yankee. Le slogan publicitaire était: "l'Ingersoll : la montre qui rend le dollar célèbre". Chaque montre était livrée avec un certificat de garantie d'un an, ce qui assit la réputation de solidité de la marque.
Ce phénoménal succès encouragea R.H Ingersoll & Brother à s'attaquer à de nouveaux marchés. En janvier 1905, Robert s'embarqua pour l'Angleterre avec son vieil ami et associé Estée S. Daniels. Il ne fallut pas longtemps pour que la Yankee et la Crown, vendues 5 shillings ne fassent leur percée sur le marché britannique, soutenue par une intense campagne de publicité s'adressant aussi bien au grand public qu'aux bijoutiers.
C'est en 1908 que fut réalisée la Midget, prototype d'une montre pour femme à bracelet en cuir. En 1913, tous les modèles étaient devenus à bracelet, et la couronne était passée de midi à 3 heures. Le cadran était devenu phosphorescent, une nouveauté qui devait rendre d'inestimables services dans les tranchées, pendant la Première Guerre mondiale.
Après la guerre, Ingersoll avait développé ses 4 usines américaines et la production avait atteint une échelle internationale. Au milieu des années 20, la branche londonnienne de l'affaire tournait désormais ses efforts vers l'Europe. Le crack de Wall Street, en 1929, rompit les liens avec la société mère devenue la Waterbury Clock Company. En 1930, l'Ingersoll Limited devint une société de droit britannique indépendante, ouvrant une grande usine à Clerkenwell, à Londres, dotée d'équipements d'assemblage les plus modernes.
En 1933, Ingersoll fit un nouveau bond en avant. Contrairement à ce qu'on croit souvent, la montre Mickey Mouse était produite par Disney avant Ingersoll. Elle fut ressortie en 1960 par les montres Dan Dare et Jeff Arnold, spécialisées dans la réalisation de modèles dérivés des dessins animés populaires.

Le déclenchement des hostilités, en 1939, conduisit la marque à fournir un effort de guerre. Elle fut amenée à diversifier ses activités jusqu'à la serrurerie de haute protection.
Les activités d'horlogerie connurent un nouveau départ lors de la fusion avec Smiths et Vickers, réalisée à l'initiative de Sir Stafford Cripps, alors Chancelier de l'Echiquier, qui ressentait la nécessité de conserver une activité horlogère nationale. En 1948, une usine Ingersoll était ouverte à Ruislip, au nord-ouest de Londres, inaugurant une période d'intense activité dans l'histoire de la marque britannique.
En 1955, exactement un siècle après que Robert Ingersoll ait touché les côtes d'Angleterre, la production atteignait un million de montres par an, la plupart étant vendues en dessous de 9 dollars, mais de nombreux modèles de luxe avaient aussi été importés depuis 1925. Une montre pour femme 7 rubis était vendue moins de 7 dollars, et une montre pour homme 5 rubis n'atteignait pas la moitié de ce prix. 5 ans plus tard, la société pouvait proposer plus de 100 modèles, parmi lesquels une majorité de montres fantaisies et étanches pour garçonnets et fillettes.
La société prit de plein fouet le choc du quartz, se lançant dans une compétition inégale sur le marché de la micro-électronique.
Ce choc commercial brutal, un manque de dynamisme publicitaire et la rupture des relations avec le commerce traditionnel firent chuter l'audience d'Ingersoll. Actuellement, la marque est la possession de Steven Strauss & Co Ltd, qui cherche à faire repartir l'entreprise. On ne peut que se rejouir de voir se redresser une entreprise qui, sous l'impulsion de Robert Ingersoll et de ses successeurs avait acquis une réputation mondiale, fondée sur l'innovation publicitaire et le dynamisme commercial.

L'Ingersoll de poche Boy Scout.

Le chronographe automatique Da Vinci, avec son calendrier perpétuel, ses phases lunaires et sa signature IWC.

Cette montre mécanique est programmée jusqu'en 2499. Elle coûtait en 1989 environ 14 000 dollars.

INTERNATIONAL WATCH COMPANY

Le nom explicite et ambitieux de cette fameuse marque est l'expression du rêve d'un Américain qui préféra judicieusement ce nom au sien : Florentine Oration Jones! Le nouvel horloger s'installa en 1869 sur les bords du Rhin, à Schaffhausen, en Suisse allemande.

F.A. Jones (1841-1916) avait travaillé jusqu'en 1867 pour Howard Watch and Clock Co qui fabriquait des mouvements depuis 1857 à Roxbury (maintenant un quartier de Boston), dans le Massachusetts. Ce fut la première entreprise du genre aux Etats-Unis. A cette époque, l'industrie horlogère était en train de connaître un véritable boom; le pionnier de la production de montres mécaniques était Aaron Lufkin Dennison (1812-1895), souvent appelé depuis "le père de l'industrie américaine de la montre". Dennison partit pour la Suisse en 1865, l'année qui suivit la fin de la guerre de Sécession, paradoxalement peu de temps avant que ne soient fondées la plupart des grandes marques de montres américaines. L'American Watch Co, de Waltham, dans le Massachusetts (1859-1885) qui devint ensuite l'American Waltham Co (1885-1921) était étroitement liée à A. L. Dennison. Elle donna naissance à des filiales ou à des entreprises de succession comme Tremont Watch Co, à Melrose, dans le Massachusetts (1866-1868), la National Watch Co, à Chicago, dans l'Illinois (1864-1874), qui devint la Elgin National Watch Co, à Elgin, dans l'Illinois (1874-1954) dont le nom est toujours utilisé. L'époque était à l'innovation et à l'expansion pour ces trois sociétés (Waltham, Howard et Elgin) dont la production groupée atteignait en 1868 quelques 100 000 montres.

En 1865, un événement se produisit qui devait être déterminant sur l'avenir d'International Watch: A. L. Dennison se rendit à Zurich pour y fonder une branche de la Melrose Watch Co, afin de

PAGE SUIVANTE: L'International Watch Fliegerchronograph, ou "Montre de l'aviateur", qui connut la célébrité durant la guerre et fut relancée en 1987. Elle est protégée contre les variations de champ magnétique grâce à un double boîtier en acier doux.

IWC
SCHAFFHAUSEN

IWC
SCHAFFHAUSEN

bénéficier de salaires plus bas et d'une main-d'œuvre locale experte. Dennison avait prévu de parcourir l'Europe et était assez confiant dans l'avenir pour émigrer avec toute sa famille. Malheureusement, en dépit de sa grande expérience, l'entreprise fit faillite en 1868.
En janvier 1869, F. A. Jones prit la décision de venir en Suisse et de profiter de son amitié avec Dennison pour se lancer dans une affaire abordable en faisant l'acquisition des locaux de Johan Heinrich Moser (1805-1874) situés à Shaffhausen, un fabricant de montres et d'horloges, qui bénéficiait d'une centrale hydraulique sur le Rhin, installation favorable à une production horlogère mécanisée.
Il entrevit que la possibilité d'exporter des montres du vieux continent vers l'Amérique justifierait le nom qu'il comptait donner à sa société.
Au bout de deux ans, F. A. Jones eut besoin d'argent frais et il rechercha de nouveaux investisseurs; la production atteignait alors 10 000 montres par an, ce qui était suffisant pour faire des profits. L'environnement économique était devenu défavorable lorsqu'en 1873 certaines banques viennoises s'effondrèrent. L'Amérique, alors le seul marché de la marque, avait du mal à absorber la production. Le coût des nouvelles installations de la société avait été notoirement sous-estimé. Les dirigeants de l'entreprise perdirent confiance dans leur manager, et elle tomba dans les mains d'un administrateur en décembre 1875.
Les relations avec l'industrie horlogère américaine n'étaient cependant pas coupées, et il se trouva un pool bancaire pour éviter que l'entreprise ne tombe dans des mains étrangères. Ce qui incita de nouveaux partenaires à relever l'affaire: en octobre 1876, Frederic Frank Seeland, qui avait travaillé pour l'American Watch Co, à Waltham, dans le Massachusetts, puis à Londres, reprit la société. En août 1879, Seeland et sa famille quittèrent brusquement la Suisse; une rapide enquête révéla les maigres bénéfices réalisés pendant deux ans, le gonflement du stock et la surévaluation des perspectives commerciales. En novembre 1879 une nouvelle procédure de faillite était en route; les liens avec l'Amérique étaient définitivement rompus; le rêve du brave Florentine Ariosto Jones était cette fois bel et bien mort.
Le deuxième des trois chapitres de l'histoire de la marque peut être placé sous le signe de la famille Raushenbach. Une fois encore J. H. Moser et son attachement à sa centrale hydraulique joua un grand rôle. Moser avait vendu en 1872 ses immeubles et ses terrains de Shaffhausen, sur le Rhin, à Johannes Rauschenbach-Vogel (1815-1881), un ingénieur fabricant de moteurs devenu un industriel et un entrepreneur de premier plan. Les banquiers l'avaient poussé à entrer dans l'International Watch Company, et à l'issue de la seconde faillite il en était devenu le principal créancier. Il était d'accord pour reprendre totalement l'affaire et s'efforcer de rembourser les autres créanciers, quand il mourut, l'année suivante. Son fils et successeur, Johannes Rauschenbach-Schenk (1856-1905) n'était pas un entrepreneur brillant; il eut la chance de pouvoir s'attacher les services de Urs Haenggi, un horloger très fin, homme d'affaires sain, qui rejoignit l'entreprise en 1883 et y resta jusqu'à la fin de ses jours. Il commença par replacer la société sur ses rails, grâce, en particulier, à une excellente montre de gousset, la Pawlweber (1884/1885).
Au début des années 1880, la Non-Magnetic Watch Company proposa une fusion. Haenggi mit en garde son patron inexpérimenté contre ce qu'il considérait comme une agression. De fait, la société américaine ne tarda pas à tomber en faillite quelques années plus tard, causant de gros problèmes financiers à trois des principales sociétés suisses horlogères: Aebi (de Bienne), Agassiz (de Saint-Imier) et Badollet (de Genève).
L'électricité remplaça la force hydraulique dans l'entreprise en 1895, et la capacité de production fut accrue par Haenggi et un talentueux technicien nommé Johan Vogel.
A la fin du siècle, l'International Watch était prête à attaquer le marché du bracelet-montre.

Une version de la Da Vinci, en acier.

IWC
Schaffhausen
1986

A DROITE:
La Compass Watch, dessinée par Porsche, est équipée d'un mouvement automatique antimagnétique produit par IWC.

PAGE DE DROITE:
Une International Watch d'une grande sobriété, à chiffres bâtons caractéristiques, qui illustre bien la diversité des modèles de la société.

Pendant la Première Guerre mondiale, la société produisit plusieurs modèles de montres destinés principalement aux officiers qui avaient besoin de synchroniser l'action de leurs troupes, et pour lesquels il était nécessaire de disposer d'un cadran lumineux.

C'est à cette époque que les liens s'établirent avec la famille Jung. La seconde sœur de Johannes Rauschenbach-Schenk, qui mourut en 1905, avait épousé Jakob Homberger (1869-1955), un industriel de Schaffhausen, lequel prit seul le pouvoir de l'entreprise en juillet 1905, au terme d'un accord lui permettant de représenter la famille. Parmi ses membres se trouvait la sœur aînée et son ami, le docteur C.G. Yung, qui avait exercé en tant que psychiatre avant la guerre à Zurich. Il était surtout intéressé par l'augmentation des dividendes, comme en témoigne la lettre qu'il adressa à Haenggi et à Vogel, le 8 février 1911, dans laquelle il les félicite, en son nom et celui de sa femme pour "les résultats financiers encourageants de l'année passée, et pour leur direction efficace et compétente".

Le fils aîné de E.J. Homberger, Hans Ernest (1908-1986) se retrouva par voie d'héritage seul propriétaire privé de l'International Watch Company en 1955.

Quand au début des années 70 se produisit la révolution du quartz, la société était en train de s'attaquer à de nouveaux marchés, avec de nouveaux modèles (certains dessinés par Ferdinand Porsche), réduisant ses frais généraux et entretenant d'étroits contacts avec ses banquiers. Les contraintes, cependant, furent trop fortes, et en 1978, la société passa sous le contrôle de la West German VDO Adolf Schindling Ltd; un vaste groupe de fabricants de montres s'était constitué, mais dans lequel, finalement, ne resta que Jaeger-LeCoultre.

En 1884/1885, la société avait commencé la production de montres sous licence de Joseph de Salzburg, avec une première série de montres à indications digitales (heures en haut, minutes en bas): une vraie première qui plus tard équiperait les bracelets-montres.

International Watch Co
SCHAFFHAUSEN
SWISS

La montre classique suivante sortit en 1940: ce fut la Fliegerchronograph, ou "Montre du pilote", au cadran noir bordé de chiffres arabes lumineux. Le mouvement était protégé contre les effets de la variation du champ magnétique par un double boîtier en "acier doux"; la solidité de son bracelet était prévu pour qu'il résiste aux opérations militaires les plus dures. En 1989, la société lança l'Aviator's Chronograph, annoncée comme ayant le plus petit mouvement de chrono du monde (à caractéristiques égales). Cette nouvelle version était, comme la précédente, en acier. Elle possédait, outre son cadran principal, un cadran 60 secondes, un autre 30 minutes et un troisième permettant de totaliser 12 heures. Son mouvement comprenait 233 pièces assemblées à la main.
L'Ingenieur, lancée en 1946, possédait deux mouvements automatiques séparés.
En 1969 sortit le superbe bracelet-montre Da Vinci, au boîtier en or jaune 18 carats, contenant le premier mouvement à quartz jamais utilisé par la marque, avec pour particularité la restitution d'un très léger tic-tac, malgré le balayage sans heurt de l'aiguille des minutes.
La Compass, de 1978, avait été la première montre dessinée par Ferdinand Porsche. Elle comprenait un indicateur de phases lunaires, dateur, et chiffres bâtons. Elle pouvait servir de compas.
Un an plus tard, ce fut la Titanograph, également dessinée par Porsche. Pour la première fois, la marque utilisait du titane pour le boîtier comme pour le bracelet.
Aujourd'hui, le modèle phare reste l'automatique Da Vinci (14 000 dollars en 1986), avec calendrier perpétuel et indicateur des phases lunaires. Les corrections peuvent toujours être effectuées par la couronne, et elle est prévue pour fonctionner jusqu'en 2499 (un réglage par le fabricant étant prévu en 2100 et en 2200).

La Titanograph, dessinée par Porsche, est la première IWC dont le boîtier et le bracelet sont en Titane. On retrouve les cadrans de la fameuse Montre du pilote.

Une des premières Jaeger-LeCoultre Reverso en or 18 carats, à cadran noir et aiguilles phosphorescentes.

JAEGER-LECOULTRE

Jaeger-LeCoultre fait partie de ces entreprises qui n'ont jamais su rester dans les limites du possible: le plus petit mouvement mécanique du monde, le plus petit mouvement à quartz du monde, le plus petit mouvement de chronographe analogique du monde; tout cela c'est Jaeger-LeCoultre. La marque possède un extraordinaire palmarès technique et inventif, dont l'ensemble de la profession a pu profiter, qui a participé très directement à la réputation de l'horlogerie helvétique et du fameux label "Swiss made".

Beaucoup de marques ont compris que Jaeger-LeCoultre était une véritable locomotive derrière laquelle il était profitable de s'accrocher. Dès le début des années 1900, la marque fabrique des composants pour Patek Philippe, Cartier et Omega. Aujourd'hui encore, elle réalise des mouvements pour les plus grands noms: Audemars Piguet, Chopard, Piaget, Vacheron Constantin ainsi que pour sa filiale IWC.

Quand des têtes couronnées, des Hommes d'Etat en vue ou quelque autre visiteur de marque viennent en visite en Suisse, le Gouvernement offre toujours une Jaeger-LeCoultre, symbole de perfection technique et artistique. La reine Elizabeth II, Winston Churchill, J.F. Kennedy, Charles de Gaulle, Haile Selassie, Ronald Reagan, le Pape Jean-Paul II en ont tous reçu une.

Le mouvement "le plus" perpétuel est-il entraîné par un filet d'air? Pas impossible dans l'univers Jaeger-LeCoultre. Ses ingénieurs ont su placer dans le mouvement une capsule contenant un gaz qui se dilate ou se contracte au moindre écart de température, et agit directement sur le ressort pour compenser cette variation thermique. Résultat, l'Atmos, qui bénéficie d'un ressort à très basse friction est prévu pour fonctionner pendant 600 ans; malheureusement, la pollution atmosphérique impose un nettoyage tous les 25-30 ans. Une Atmos consomme 100 fois moins d'énergie que n'importe quelle autre montre actuelle; on imagine l'intérêt d'une telle technologie dans le cadre des économies et du renouvellement d'énergie.

C'est Antoine LeCoultre qui fonda la marque, en 1833, ce qui en fait l'une des plus anciennes maisons horlogères suisses. Aujourd'hui encore, lorsque des visiteurs arrivent au Sentier, dans la vallée de Joux et qu'ils demandent à aller voir une fabrique de montres, on les envoie automatiquement chez Jaeger-LeCoultre. L'immense usine actuelle jouxte toujours la petite échoppe du fondateur.

Il faudra attendre 90 ans pour que le petit-fils d'Antoine LeCoultre, David, unisse ses forces avec un fabricant de montres alsacien, Edmond Jaeger; et ce n'est qu'en 1937 que toutes leurs montres porteront le prestigieux label suisse. Pendant près d'un siècle, les compétences techniques de LeCoultre auront été au service des autres horlogers de la vallée de Joux.

Antoine LeCoultre créait ses propres machines et ses propres outils pour produire ses mouvements de très haute qualité, qu'ils fournissait à d'autres marques. L'équipement qui devait révolutionner complétement l'industrie horlogère fut le "millionomètre" inventé par LeCoultre, premier instrument capable de travailler au millième de millimètre. La précision d'un tel appareil l'imposa rapidement, en même temps qu'il obligera l'industrie horlogère suisse à adopter le système métrique. Antoine reçut une médaille d'or à l'Exposition Universelle de Londres, en 1851, pour sa remar-

JAEGER-LECOULTRE
REVERSO
JAEGER-LECOULTRE
REVERSO

quable invention. De 1847 à 1910, Patek Philippe choisit les composants LeCoultre pour ses propres montres. C'est pendant cette période (exactement en 1860) que grâce à une technologie de plus en plus avancée, on remplaça la clé des montres par une couronne (molette crantée souvent confondue, dans la terminologie, avec le remontoir, qui est en fait le mécanisme permettant de remonter la montre). Cette période fut aussi marquée par la mise au point des mouvements à répétition à la première minute et au quart (1870) et, en 1903, du mouvement le plus plat du monde (1,38 mm). Cette invention permit de faire des chronographes très plats et une montre à répétition par minutes très mince (mouvement de 3,2 mm), présentée en 1906. La miniaturisation est restée depuis l'obsession de l'industrie horlogère.
Ce n'est qu'en 1925 que LeCoultre se rapprocha de Jaeger. L'association des potentiels techniques et industriels des deux hommes créa les conditions de la production autonome de la première "Jaeger-LeCoultre". De nouvelles inventions suivirent, avec en 1926 le premier boîtier en acier inoxydable, le mouvement "duoplan" (à grand balancier pour réduire les écarts de marche) et en 1929 la glace anti-chocs, ainsi qu'une 2 Lignes, une montre qui eut un succès considérable. La 2 Lignes était (et reste) la plus petite montre du monde. Les 74 pièces de ce mouvement miniature sont logées dans un espace de 3,4 x 4,85 x 14 mm; le mouvement et le cadran réunis pèsent moins de 1 gramme.
Ce chef-d'œuvre de réduction qui pouvait être placé aussi discrètement que possible dans un bracelet de perles ou de diamants convenait bien à l'ère des transatlantiques et des clameurs d'Hollywood. Actuellement, on ne fabrique chaque année que 30 exemplaires de cette montre qui a reçu la royale approbation de Sa Majesté la reine Elizabeth II, qui la portait à son poignet le jour de son couronnement, en 1953 (or blanc, boîtier et lunette incrustés de diamants).
Pourquoi ce nom curieux ("2 Lignes")? Tout simplement parce que la ligne est une ancienne mesure, utilisée en horlogerie, correspondant à 1,256 mm, pour indiquer la taille d'un mouvement; 2 lignes reste le plus petit jamais réalisé. Selon Jaeger-LeCoultre, c'est le nom "... d'un objet de goût exquis, de grande classe, si génial qu'il ne peut recevoir aucun nom".
La gloire de ce modèle a peut-être été éclipsée par le Jaeger-LeCoultre Reverso, une montre sport qui fit ses début en 1931. C'est aujourd'hui encore l'un des modèles phares de la marque, dans sa version d'origine ou dans sa réplique actuelle.
La Reverso avait été conçue pour plaire aux sportifs de l'entre-deux-guerres. Elle avait un boîtier capable de tourner à 180° de telle sorte que la glace, retournée côté poignet, puisse être mieux protégée. La montre était en outre anti-chocs, et elle était conçue pour résister à la corrosion, ce qui la destinait tout particulièrement aux skieurs, aux tennismen et aux joueurs de polo. Son cadran rectangulaire caractéristique aux lignes parallèles était typiquement Art Déco. Une fois retournée, la montre apparaissait comme un vrai bijou. Dans les années 30 on en vit beaucoup de gravées au chiffre de leur propriétaire, lorsqu'elles n'en portaient pas les armoiries. La Reverso disparut du catalogue pendant la Seconde Guerre mondiale, et ce fut un Italien qui lui redonna vie, avant que Jaeger-LeCoultre lui même ne la remette en production, dans une taille différente, en 1979. Aujourd'hui, la Reverso compte pour 2 500 exemplaires dans la production annuelle totale

CI-DESSUS:
Une Reverso de 1940 en or et acier. Le boîtier pivotant rectangulaire contient un mouvement en or.

A GAUCHE:
La fameuse Jaeger-LeCoultre Reverso, avec son boîtier réversible. Cette disposition originale permet de protéger la glace et le cadran. Le plus fameux des modèles de la marque fut relancé à la fin des années 70.

Une autre Reverso de première génération, fabriquée pour Favre-Leuba.

Une montre-blacelet en or à cadran en argent. Le dateur est sous forme de troisième aiguille à flèche rouge parcourant le cadran principal, mais comprend aussi deux fenêtres pour le jour de la semaine et le mois. A 6 heures, l'indicateur de phases lunaires.

de 12 000 montres complètes sortant de chez Jaeger-LeCoultre. Dessinée et fabriquée entièrement chez Jaeger-LeCoultre, cette montre est encore considérée aujourd'hui comme l'un des grands classiques de l'industrie horlogère mondiale. La nouvelle Reverso est proposée en or 18 carats ou en acier, avec un bracelet en cuir ou métallique orné de diamants. Il existe des cadrans colorés. Si le modèle reste très Art Déco, le mouvement, lui, est désormais à quartz (quelques rares modèles mécaniques sont encore livrés). Depuis 1987 la Reverso est devenue étanche et a gagné un affichage des phases lunaires. Une version en or et acier Integrated Reverso, avec un bracelet en or articulé, a été lancée en 1983 pour commémorer le 150ᵉ anniversaire de la marque.

La 2 Lignes et la Reverso ne doivent pas éclipser les autres modèles de la marque témoignant de sa position aux premières places de l'industrie horlogère mondiale. En 1953, ce fut la Futurematic, première montre entièrement automatique pouvant se passer de remontoir. Si elle venait à s'arrêter, un simple coup de poignet suffisait pour la faire redémarrer. En 1956 sortit la première montre automatique à alarme intégrée. Le record de minceur fut battu en 1957 avec un mouvement mécanique dont l'épaiseur ne dépassait pas 2,35 mm; puis ce fut, en 1982, le plus petit mouvement à quartz du monde (1,8 x 11,7 mm).

CI-CONTRE:
Le Gaia, chrono 18 carats pour femme utilisant le plus petit mouvement chronographique à quartz du monde, et la Lepine, montre de poche, de Jaeger-LeCoultre.

A DROITE:
Une montre de la collection Odysseus, sur base du chrono Quantième Perpetuel; elle contient plus de 250 pièces et est programmée pour ne demander aucun réglage avant 2100.

JAEGER-LECOULTRE
AUTOMATIC

La marque a réintroduit avec succès des modèles anciens comme la Memovox de 1951 et la rectangulaire Phases of the Moon de 1940, en séries limitées. Ce modèle utilise un boîtier rectangulaire caractéristique en or 18 carats qui, en 1940, était directement dérivé de celui de la Reverso. Il avait un calendrier journalier et, sur certaines versions, un indicateur de phases lunaires. 600 exemplaires de cette montre ont été produits, estampillés d'une couronne de laurier et portant la date de l'anniversaire de la marque.

Le nombre de possesseurs de Memovox Jubilee est encore plus faible, puisque 350 exemplaires, seulement, ont été produits, commémorant le style désormais classique de la Memovox et ses deux couronnes, l'une pour régler l'heure et l'autre pour régler la sonnerie. C'est désormais la seule montre qui combine un mouvement automatique et une alarme mécanique.

Une montre très classique et pourtant toute simple, en acier, de chez Jaeger-LeCoultre.

Le succès des anciens modèles Jaeger-LeCoultre n'a d'égal que celui des nouveaux. Derrière la Reverso, l'Albatross est désormais le modèle vedette; il est à la base de quelques 150 versions, en 14 tailles, toutes dotées d'un bracelet anatomique. L'autre caractéristique de l'Albatross est son cadran subtilement hexagonal, prévu en trois tailles, avec ou sans diamants. En 1983, un modèle Jubilee, le Blue Albatross, est en titane. Sa couleur d'acier de canon mêlée à l'or fait rêver au Pacifique et aux mers du Sud.

Deux autres montres classiques modernes méritent d'être mentionnées: la Gaïa, à la couronne placée à midi, comme celle d'une montre à gousset, et la Lyre, troisième au hit parade des ventes de la marque. Cette dernière, ainsi appelée en raison de la forme de son boîtier et de celle des pattes de bracelet, rappelant l'antique instrument de musique, a des chiffres bâtons et, sur certaines versions, un dateur et un indicateur des phases lunaires. Le modèle le plus cher est une version pour femme, ayant 83 diamants sur un boîtier en or 18 carats.

Mais lorsqu'on est une grande marque, il faut pouvoir satisfaire tous les goûts, et la Lyre fut parfois considérée par certains comme trop dépouillée. C'est peut-être ce qui a conduit Jaeger-LeCoultre à sortir l'Odysseus Perpetual Calender, une montre automatique ultra-plate programmée jusqu'en 2 100. Elle donne l'heure, la date, le jour de la semaine, les décades et les phases de la lune. L'Odysseus, bien sûr, sait faire la différence entre les mois de 30 jours, 31 jours, 29 jours ou 28 jours. Il faudra cependant aller la porter chez l'horloger le 1er mars 2 100 pour qu'il la remette à l'heure, de façon à compenser les faiblesses du calendrier Grégorien. Nul n'est parfait...

En 1988, la gamme Odysseus s'enrichit d'un chrono qui fut une nouvelle première mondiale pour Jaeger-LeCoultre: c'était le plus petit mouvement de ce genre jamais produit à ce jour. Cette petite merveille, qui a demandé 3 ans de développement, combine la technologie du quartz et des composants mécaniques. Il ne mesure que 3,7 x 23,2 mm, soit le tiers du mécanisme d'un chrono conventionnel, et 40 % de moins que le plus petit des chronos à quartz. C'est ce qui permit le lancement d'une nouvelle génération de chronos superminces, comprenant un modèle pour femme de 30 mm de diamètre. L'Odysseus est proposé en or jaune 18 carats pour le boîtier, avec une lunette chanfreinée en or rouge. Il existe aussi une version en tantale, un métal ayant les subtils reflets et la couleur de la perle grise.

LONGINES

En 1927, Charles Lindbergh traverse l'Atlantique d'ouest en est à bord du Spirit of Saint-Louis; c'est le premier homme à réssussir cet exploît à bord d'un avion, un fragile monomoteur. Pendant cette traversée, réalisée en exactement 33 heures et 39 minutes, il rêve d'une montre conçue pour les aviateurs, qui donnerait l'heure en degrés et minutes d'arc facilitant ainsi la détermination de la longitude. Lindbergh dessina lui-même cette montre et eut l'idée de la doter d'une lunette tournante graduée permettant de tenir compte de l'équation du temps, c'est-à-dire de la différence entre le temps moyen et le temps solaire, qui est variable d'un jour à l'autre. En prévoyant en outre de la doter d'un cadran central mobile, il deviendrait facile de mettre la montre à l'heure à la seconde près, à partir d'un signal radio. De plus, une telle montre permettrait de donner rapidement la longitude du lieu où l'on se trouve, avantage considérable pour un aviateur et navigateur (surtout solitaire).
Il se trouva un homme pour s'intéresser immédiatement à ce projet enthousiasmant; cet homme s'appelait J.-P.V. Heinmüller, Président de Longines aux Etats-Unis qui, par chance était lui-aussi pilote et passionné d'aéronautique; il releva le pari, et donna naissance à la fameuse Longines' Lindbergh Hour Angle, connue en France sous l'appellation de Montre Longines Angle Horaire. Dès 1932, elle devait rendre des services ines-

Rodolphe est le nom du créateur de cette élégante montre à cadran sans repères, mais aussi celui d'une gamme (Rodolphe by Longines) dont les modèles sont identifiables à l'axe vertical traversant la glace, ici transparent, mais souvent en plaqué or 18 carats.

timables à toute une génération de pilotes qui n'avaient pas alors à leur disposition la surveillance radar et radio de l'espace aérien ni l'aide des satellites. La montre Lindbergh n'est pas étrangère à une grande part de la réputation de Longines qui, à partir de cette époque, s'attachera souvent à réaliser des montres spécialisées en fonction des besoins de telle ou telle catégorie d'acheteurs potentiels. Pour commémorer le 60e anniversaire de la traversée de l'Atlantique par Lindbergh, le 21 mai 1987, Longines a eu la bonne idée de rééditer la fameuse montre, de nouveau disponible dans de nombreuses versions et 2 tailles, en acier, en or 18 carats et en or et acier, avec des bracelets en cuir, métalliques ou bi-métalliques (or et acier). Sur le fond intérieur de la montre se trouve une gravure commémorant l'événnement, ainsi que le numéro de la montre; une glace intérieure minérale protège le mouvement. Pour les bracelets cuir, une rallonge permet de porter la montre sur le vêtement, comme avaient coutume de le faire les aviateurs.

Une version de base, en acier et à bracelet de cuir noir , de la fameuse Lindbergh. Le mouvement est désormais à quartz.

Mais l'histoire de Longines ne remonte pas seulement au début des années 30, mais exactement un siècle plus tôt, lorsqu'un jeune commerçant, August Agassiz s'installe en Suisse, dans la région horlogère de Saint-Imier. Il y assemble des montres, faisant appel à des sous-traitants travaillant souvent à domicile. Ils finissaient ainsi les montres qu'il se chargeait ensuite de vendre dans le cadre de sa société: l'Agassiz & Cie. Cette méthode traditionnelle de production des montres était lucrative, et il y eut recours pendant une vingtaine d'années. En 1854, il passa la main à Ernest Francillon, son tout jeune neveu. Celui-ci comprit qu'il n'atteindrait jamais un niveau de qualité élevé en confiant l'assemblage à des sous-traitants qui n'étaient pas capables de faire deux montres exactement semblables et également fiables. Il décida de réunir sa production sous un même toit, en construisant une usine près de Saint-Imier, au lieu-dit Les Longines. Le nom de la marque devait en découler. Une marque qui devrait une bonne part de son succès à l'esprit d'entreprise de Faucillon, décidé à repousser aussi loin que possible les limites de la technique.

Rapidement, Longines démarra, en lançant ses premiers chronos. Le premier d'entre eux sortit de l'usine en 1879. En 1912, Longines inventait le premier dispositif de chronométrage automatique, inauguré à Bâle, au meeting de gymnastique fédéral. L'erreur humaine de chronométrage se trouvait abolie, grâce à un dispositif de câble déclenchant automatiquement l'arrêt du chrono lorsque l'athlète "coupait" le fil. L'univers du sport s'en trouvait soudainement bouleversé, la contestation aux arrivées se trouvant supprimée. Longines a su rester depuis le chronométreur officiel de la plupart des grandes épreuves sportives, des jeux olympiques à la Formule 1 en passant par le ski.

Toutours aux premières loges du progrès technologique, Longines lance ses premiers bracelets-montres en 1910. Les premières montres de ce type pour homme acquièrent leur réputation dans de tristes circonstances, au fond des tranchées de la Première Guerre mondiale. La marque continuera de produire des montres mécaniques d'une incomparable précision jusqu'à la révolution du quartz.

En 1969, Longines invente la première montre cybernétique à quartz. Une nouveauté spectaculaire, à une époque où les circuits intégrés n'ont pas fait leur apparition en horlogerie: le quartz corrige alors la fré-

CI-DESSUS:
Un modèle actuel de la gamme Conquest, en titane microbillé et plaqué or, étanche jusqu'à 100 m.

PAGE DE DROITE:
L'une des premières montres Lindbergh en argent; c'est aujourd'hui une grande pièce de collection.

LONGINES

CI-CONTRE:
Une montre de la gamme Charleston, réplique d'un modèle des années 20, à boîtier plaqué or, cadran blanc et chiffres romains.

PAGE DE DROITE:
La première Conquest automatique, qui mixte chiffres bâtons et chiffres arabes.

CI-DESSUS:
Une ultra-mince ronde de la collection Agassiz; c'est une montre en or 18 carats, étanche à 30 m, dont l'épaisseur ne dépasse pas 3 mm.

quence du mouvement vibratoire, ce qui permit d'atteindre une précision jamais encore atteinte.
Trois ans plus tard, en 1972, Longines lance sa LCD (Liquid Cristal Display) à la foire de la montre de Bâle, avec un cadran à cristaux liquides développé avec Ebauche SA et Texas Instruments; il donne les heures, les minutes, les secondes, la date, et peut être consulté en permanence. Vint ensuite la VHP (Very High Precision), la montre alors la plus avancée du monde, dont la précision atteint 1 minute/5ans. Cette montre intégrait un dispositif prévenant le principal ennemi du quartz: les variations de température.
Longines n'a cessé de développer de nouvelles montres, toujours plus sophistiquées et néanmoins d'une utilisation très simple. Ainsi la Conquest GMT, dont la lunette rotative et une aiguille 24 heures permettent une adaptation à l'heure locale partout dans le monde. Pour le joueur, la Conquest Las Vegas est un "must": elle comprend au dos une mini-table de jeux. Quand à la Conquest 1000 Oe, elle s'adresse à tous ceux dont la profession les expose tout particulièrement à des champs magnétiques élevés; bénéficiant en la matière d'une protection exceptionnelle grâce à un blindage réalisé par deux coquilles de fer doux, entre lesquelles est coulée une couche de plastique isolant, la Conquest Oe s'adresse tout particulièrement aux radiologues, aux techniciens de la télévision, etc, tous métiers dans lesquels les variations de champ magnétique dérèglent les montres.
Mais Longines c'est aussi l'élégance, avec ses répliques des années 20 de la collection Charleston, mais aussi ses créations contemporaines de la ligne Rodolphe et ses fameuses Agassiz, créées en souvenir du fondateur, toutes en or, dont l'épaisseur ne dépasse pas 3 mm.

CI-DESSUS:
Le fameux modèle LCD, première montre du monde à affichage par cristaux liquides.

LONGINES
Automatic
Conquest

Mido
Commander
Mido
OCEAN STAR

MIDO

CI-DESSUS:
Une Mido Ocean Star de femme; elle utilise un mouvement à quartz et est bien sûr étanche. Elle est disponible en or et or et argent.

PAGE DE GAUCHE:
Deux Mido très populaires; la Commander, à gauche, et une Ocean Star, à droite. Elle sont naturellement toutes les deux étanches.

Un modèle carré pour homme de l'Ocean Star.

Le nom de Mido est pratiquement synonyme de montre étanche. Depuis 1978, la marque a focalisé sa production sur ce type de montres, une politique clairvoyante fondée sur l'accroissement du nombre de sportifs s'adonnant à la pêche sous-marine, faisant du bateau, et, en général des sports nautiques. Les Mido sont devenues les fidèles compagnes des surfers et de tous ceux qui pratiquent la planche à voile. Chez Mido, étanche ne veut pas dire laid, les modèles faisant preuve d'une rare élégance, comme en témoignent les bracelets souvent bi-métalliques (or et acier inoxydable) à motifs variés (on remarquera tout particulièrement le splendide motif à chevrons).

C'est en 1934 que la marque lance sa première montre destinée à défier les éléments: la Mido Multifort, qui deviendra aussitôt un véritable best-seller. Montre de l'extrême, la Multifort était conçue pour résister au froid arctique, aux températures tropicales, à l'humidité équatoriale et à tout ce que l'homme était susceptible de rencontrer. A titre d'anecdote, la marque rapportait à l'envie que sa montre avait été plongée dans l'ice-cream d'un glacier de Sao Paulo, que des cow-boys l'avaient attachée à la patte d'une de leurs vaches, que l'explorateur S.B. l'avait emmené dans les sables du désert, etc.

La Multifort devint aussi la montre fétiche des héros de la Seconde Guerre mondiale. Elle accompagna un pilote américain au cours de 68 missions, et ne s'arrêta pas lorsqu'une balle en frappa la glace. Vraie ou fausse, l'anecdote témoigne de l'extraordinaire réputation de la montre.

En 1947, la montre était distribuée dans 65 pays. En 1952, la Superautomatic connut une promotion internationale grâce à un dessin de Salvador Dali.

Lorsque Georges Scharen fonda l'entreprise, en 1918, il s'était fixé pour objectif la conquête de marchés extérieurs, fondée sur l'appréciation des besoins d'une clientèle ciblée avant la mise en chantier d'un modèle déterminé.

Mido a poursuivi son expansion, et reste basé à Bienne, où de nouvelles usines ont été construites en 1947, en 1963, et en 1972, lors du rapprochement avec ASUAG, un grand fabricant de montres suisses. Cela permit à Mido de conserver son mordant technique et de conforter ses positions commerciales, surtout à partir du moment où la marque se spécialisa dans la montre étanche.

Après 70 années d'existence, la marque a su faire évoluer ses modèles initialement destinés à la haute-couture en défiant les modes grâce à une excellente lisibilité, une pureté des lignes et un raffinement des formes comme en témoignent les différents modèles de la Gamme Océan Star.

Les modèles des années 20 et 30 faisaient certes preuve de plus d'invention et elles constituent aujourd'hui de précieuses pièces de collection. Pendant cette période, les montres Mir, destinées pour certaines à la femme des années folles, étaient parfois incrustées d'émeraudes; il s'agissait de montres de poche, mais aussi de pendentifs, en forme de ballon de football ou d'avion, reflet d'une époque où le sport devenait à la mode. L'un de ces beaux exemples de montres est la Bugatti Mido, dont la forme est celle de la célèbre calandre de radiateur, et qui fut créée pour L'Associazione Automobilistica Knac, en 1930. L'une de ces

montres a été vendue 44 500 DM lors d'une vente aux enchères, à Francfort, en janvier 1989. La Bugatti fut la première d'une série de montres représentant des radiateurs de calandres et s'adressant aux fanatiques de l'automobile; elles constituent aujourd'hui autant de pièces de collection. La Bugatti a un chic typiquement Art Déco; elle porte le logo de la marque à midi.
C'est dans les années 20 que Mido commença ses recherches pour produire une montre susceptible de répondre aux exigences du monde moderne, une montre capable de résister aux chocs, à l'eau, à la poussière, au magnétisme, au froid et à la chaleur, aux odeurs, à l'huile et aux agents chimiques. La Multiford, on l'a vu, lancée en 1934, assit la réputation de la marque dans ce registre. En 1935, Mido lança une montre automatique (certes pas la première, mais sans doute l'une des plus pratiques des premières automatiques). En 1936 sortit la Mido Permadur, au ressort incassable, bénéficiant du système Powerwind, présenté en 1934, qui associe un mouvement automatique de construction très simple, avec une plus grande réserve de puissance. Mais c'est incontestablement le système d'étanchéité Aquadura qui vaudra à la marque sa réputation. Le secret de l'étanchéité des montres Miro sort tout droit d'une cave de bons vins. Les techniciens de la marque constatèrent qu'une bouteille couchée, dont le bouchon de liège est constamment humidifié par le vin conserve une meilleure étanchéité qu'une bouteille mise debout, dont le bouchon est au sec. Ils placèrent donc dans le boîtier de leur montre un joint en liège, constamment lubrifié, notamment au niveau de la couronne, d'où une étanchéité exceptionnelle.
La série Ocean Star, équipée de ce système, fut lancée en 1959. Elle fut constamment enrichie de nouveaux modèles. L'Ocean Star n° 1 bénéficia de la signature prestigieuse du grand Bjon Borg. La n° 1 utilise un mouvement à quartz ETA, bénéficie du système Aquadura, possède un boîtier en acier et une glace saphir.
Il faut signaler pour les collectionneurs la très belle Craft, dessinée en 1987, et dont seulement 1000 exemplaires ont été produits. Une ancre remplace le nombre 12 et un délicat motif en forme de cordage orne la lunette. Autre montre de petite série, la Mido Commander a obtenu le très distingué Swiss Watch Styling trophy en 1987.
Pour un public plus jeune, habitué néanmoins des cocktails, Mido a lancé en 1986 la Swing Line, qui sans avoir la même valeur, sera considérée comme une sous-classique du fonctionnalisme moderne.

Deux exemples de Mido Ocean Star.

Mido
QUARTZ
OCEAN STAR
SWISS MADE

MOVADO

Movado est le nom d'une société, qui veut dire "toujours en mouvement" en Esperanto. Elle est née en 1881, à La Chaux-de-Fonds, en Suisse, dans une petite échoppe. Horloger de talent, Achille Ditesheim employait alors 6 personnes, avec lesquelles il fabriquait des montres à la main, selon une technique forcément longue et onéreuse. En 1890, les deux frères d'Achille, Leopold et Isidore, se joignirent à lui. L'entreprise, qui s'appelait désormais LAI Ditesheim avait désormais 30 employés. L'entente des trois frères fut un moteur de développement pour la société: ils persévérèrent dans la volonté de produire des montres d'une excellente qualité, et finirent par acquérir une réputation mondiale, qui leur valut la reconnaissance officielle de l'Observatoire Cantonal de Neuchâtel, en 1890, sous la forme de 6 certificats de 1ère classe.

Dès cette époque, ils consultèrent des artistes pour parfaire la forme de leurs montres en même temps qu'ils en amélioraient constamment la qualité technique. Un troisième des frères d'Achille, qui était graveur, Isaac, rejoignit la famille, apportant en même temps de l'argent frais.
L'année 1905 marque un tournant pour Movado, car c'est là que la société choisit son nom actuel, son symbole (une main) et qu'elle remporta la médaille d'or de l'Exposition Universelle de Liège. Dans les 10 années qui suivirent, l'entreprise progressa sans cesse, freinée seulement par le déclenchement de la Première Guerre mondiale, ce qui ne l'empêcha pas de redémarrer de plus belle ensuite. Movado en profita même pour assurer des commandes militaires et fabriquer une Montre du Soldat bien connue en son temps.
Movado fut le premier à produire des mouvements mécaniques à rubis de 8 1/2 et 5 1/2 lignes. Toujours présente dans les expositions, la marque remporta le Grand Prix de l'Exposition Universelle de Bruxelles.
En 1912, Movado lança la Polyplan, une montre futuriste pour son temps.
Il fallait désormais des machines pour produire les montres en série. Le boîtier bombé de la Polypan ne faisait qu'un avec le bracelet, une forme tout à fait révolutionnaire que devaient reprendre la Curviplan (1931) et la Polyplan (1934), et qui devait assurer leur succès.
Un autre modèle Movado, l'Ermeto (1926) est aujourd'hui très prisé des collectionneurs. Un dispositif permet à la fois à la montre de se remonter automatiquement, et protège le délicat mécanisme contre les chocs et les variations de température et de pression. C'est sans doute pour tester ces fonctions que Piccard et Cosyns ont emmené avec eux une Ermeto lors de leurs

ascension en ballon dans la stratosphère, dans les années 20.
A la même époque, l'Américain George Horwitt conduisit des recherches pour créer un cadran aussi dépouillé que possible. Elles furent sans doute à l'origine de la fameuse Museum Watch de 1947 qui est sans doute la première montre du monde à affichage digital des heures et des minutes. Horwit dit: "la chose ressemble à un tableau d'affichage; nous sommes dans la bonne direction, celle qui permettra une lisibilité bien meilleure et plus rapide de l'heure. Le caractère géométrique de la montre traditionnelle doit être conservé, mais l'heure doit être appréciée en référence au mouvement du soleil, et non plus en fonction d'une séquence numérique".
De fait, la Museum Watch est une étonnante démonstration de ces principes, illustré par un point doré qui, lorsqu'il atteint midi symbolise l'apogée du soleil.
Le modèle étonne par sa simplicité, son dépouillement

Une édition limitée de montres Movado l'Andy Warhol Time/5.

Une Movado en or à dateur par aiguille (date) et fenêtres (jour de la semaine et mois).

MOVADO
MOVADO

MOVADO

CI-CONTRE: Les premières Movado Museum à mouvement mécanique.

et le caractère extrêmement moderne de son graphisme. Jamais rien de pareil n'avait été fait jusqu'alors.
De 1956 à 1960, Horvit proposa sa création à une quinzaine de fabricants de montres. Aucun ne se révéla intéressé. En 1960, la Museum of Modern Art de New York sélectionna la montre pour sa Design Collection, elle devenait la première montre reconnue pour son design contemporain. L'année suivante Movado faisait l'acquisition du modèle, d'où son nom de Museum Watch, et en commença la fabrication et la commercialisation. En accord avec son créateur, la Movado n'est pas exactement conforme au modèle exposé au Museum of Modern Art et au Brooklin Museum.
"Le modèle commercialisé... ne reprend pas le dessin idéal du boîtier, mais il n'était pas possible de faire autrement. Il a une glace incurvée qui donne une impression de grande minceur, alors que le dessin orginal visait à donner un effet de platitude totale". Le mouvement, initialement mécanique, est désormais à quartz.
La montre constitue aujourd'hui une pièce de collection très recherchée, car elle a été produite en série limitée à 250 exemplaires; 50 ont été conservées par Movado, les 200 autres ayant toutes été vendues pour 18 500 dollars pièce pendant l'été 1988.
Quant à l'Andy Warhol Times/5 c'est l'unique œuvre fondée sur les montres de l'artiste en même temps que son dernier travail avant sa mort, en 1987.
Andy Warhol était passionné par les montres; sa collection dépassait 300 pièces. Comme on peut s'y attendre, ses goûts en la matière étaient très éclectiques; "Il s'intéressa aux montres dans les années 70; il était vraiment incollable... cherchant toujours, achetant toujours... il était bien connu de toutes les grandes salles de ventes aux enchères" raconte Vincent Frémont, le directeur de l'Andy Warhol Studio.
Andy Warhol avait été mis en relation avec Movado par son vieil ami Gerry Grinberg, le patron de la North American Watch Corporation (une entreprise liée à Movado). En 1981, Grinberg proposa à Warhol l'idée d'une série limitée de montres d'art; il fut aussitôt enthousiasmé, mais rien ne se produisit. "Avec Warhol les choses ne se faisaient pas tout de suite... il fallait parfois attendre des années". Quand il mit 5 montres bout à bout, il entrevit aussitôt ce qu'il pourrait en tirer, et il proposa l'idée à Grimberg.
Il fit plusieurs essais, rejeta les cadrans colorés, et décida qu'ils devraient porter des photos. A peu près 6 semaines avant sa mort, Warhol montra à Grimberg des photos de New York et sélectionna celles qu'il avait retenues. La sélection finale et le design des montres ont été retrouvés dans une enveloppe après sa mort.

Une Movado Museum ordinaire

Une tempomatic, Movado automatique du milieu des années 30. Les graduations intermédiaires entre les nombres en forme de gouttes d'eau sont inhabituelles.

OMEGA

Le 20 juillet 1969, à 10 h 56, heure de Houston, Omega se posait sur la lune. Neil Armstrong's Speedmaster Professional, la montre qui a mesuré les premiers pas sur la lune est restée depuis le chrono officiel de la NASA, celui qu'emportent tous les astronautes.
C'est aussi une Omega qui chronométrait lorsque Flo Jo battit le record du 100 m. Depuis 1932, Omega est le chronométreur des jeux olympiques, un insigne honneur pour une marque dont la lettre symbolise en grec le summum ou le niveau le plus achevé.
Omega a rarement manqué un événement qui a marqué son temps. Cette position a attiré à Omega des clients comme Christian Lacroix, le créateur de mode bien connu. Depuis quelques années, pourtant, Omega a porté ses efforts sur des gammes intermédiaires plutôt que vers des modèles de luxe. La majorité des modèles — Art, Symbole, Constellation, Seamaster et Speedmaster — sont des montres dont le prix oscille entre 500 et 1500 dollars.
L'usine Omega actuelle a été construite à La Chaux-de-Fonds en 1848, par Louis Brandt. Celui-ci y fabriquait des montres de gousset à boîtier en argent qui se vendirent à travers toute l'Europe. En 1877, il forma la compagnie Louis Brandt & Fils avec son fils aîné, Louis-Paul. En 1880, Louis-Paul et son frère César transportèrent l'entreprise à Bienne, où elle est toujours. Il y avait là plétaure de main-d'œuvre qualifiée, et les frères Brandt commencèrent par faire fabriquer les composants de leurs montres à domicile. Dans les années 1880 apparaissent les premières gammes de la marque, composées de montres adoptant un échappement à cylindre; ces montres reçoivent des noms qui sentent bon la Suisse: Jura, Helvetia, Patria, Gurzelen.
L'entreprise grossit vite. Une dizaine d'années plus tard, elle emploie plus de 600 ouvriers et la production atteint 100 000 montres par an, beaucoup plus que celle de bien des industriels horlogers suisses d'aujourd'hui. Les Brandt introduisent de nouvelles méthodes de fabrication dans leur usine, adoptant le "système d'assemblage" que l'on peut considérer comme une sorte de travail à la chaîne. L'économie de coût de production est telle que le prix des montres peut baisser considérablement, ce qui conduit bien des concurrents à les imiter.
C'est avec ces méthodes que les Brandt lancent en 1894 l'Omega 19 calibre en ligne. En 1896, elle reçoit la médaille d'or de la Foire Nationale de Genève. Le nom d'Omega avait été soufflé par le banquier de l'entreprise, Henri Rieckel, pour marquer le fait que cette montre constituait ce qu'il y avait à l'époque de mieux dans le domaine de l'horlogerie.
Cette montre, précise et surtout très abordable, fut un succès considérable pour l'entreprise et décida de son destin. Louis Brandt & Frère (le nom de la société depuis 1891), devint Louis Brandt & Frère - Omega Watch Co en 1903, puis de nouveau Louis Brandt & Frère en 1947, enfin simplement Omega Ltd en 1982.
La première montre Omega ayant une couronne à 9 heures apparut en 1902.
En 1917 et 1918, les montres Omega furent choisies pour équiper les unités de combat des British Royal Flying Corps, et les troupes de l'armée américaine. Pendant la Seconde Guerre mondiale, le gouvernement britannique commanda à Omega des montres étanches en acier pour les troupes de la Royal Air Force, modèle qui devait être commercialisé après la guerre, à partir de 1948, sous le nom d'Omega Seamaster.

Les montres de la série Seamaster Professional sont disponibles en trois tailles. Toutes sont étanches jusqu'à 200 m. La lunette tournante est graduée de 0 à 60 minutes.

OMEGA
Seamaster
PROFESSIONAL
200 M
OMEGA
Seamaster
PROFESSIONAL
200 M
OMEGA
Seamaster
PROFESSIONAL
200 M

Ω
OMEGA
14
Constellation
CHRONOMETER

Les records d'Omega établis en laboratoire restent inégalés. En 1963, dans les observatoires de compétition de Neuchâtel et de Genève, les Omega battirent tous les records de précision dans leur catégorie (c'était la première fois qu'une même marque obtenait un tel résultat). C'est à cette époque que les responsables de la NASA se mirent en quête d'une montre permettant aux astronautes des missions spatiales Gemini et Apollo de coordonner avec précision leurs manœuvres. Un achat anonyme des meilleures montres fut effectué dans une bijouterie du Texas. Seule l'Omega Speedmaster Professional résista aux tests impitoyables imposés par la NASA pendant 2 ans.

***PAGE DE GAUCHE:* Un chronomètre de la gamme Constellation en or avec lunette incrustée de diamants.**

***CI-CONTRE:* Un grand classique, une Omega pour jeune Symbol Classique.**

En 1965, la Speedmaster était confirmée comme le chrono officiel de la NASA. Lorsque 5 ans plus tard, les instruments de bord d'Apollo XIII furent détruits, le choix se révéla bon, la montre des astronautes restant le seul lien temporel avec la Terre. Pour que la trajectoire soit correcte dans la procédure de retour sur notre planète, la mise à feu des moteurs devait se faire au dixième de seconde près. Ce jour là, la Speedmaster sauva la vie des astronautes et permit le succès de la mission. La montre valut à Omega le Snoopy Award, plus grande distinction décernée par la NASA.

La montre joua également un grand rôle dans la rencontre spatiale entre Russes et Américains, le 17 juillet 1975. Ce jour là, astronautes et cosmonautes portaient une Omega Speedmaster Professional

Créée à l'usage des sportifs en 1956, la Speedmaster est aujourd'hui universellement connue comme la montre lunaire. Pour les collectionneurs, il y a une version en or qui combine la solidité de l'outil professionnel et l'aspect luxueux que lui confère le métal précieux. Le boîtier 18 carats a un fond transparent. Pour commémorer l'alunissage d'Armstrong, cette montre porte, gravée, la mention: “Première montre portée sur la lune”.

Les deux dernières décennies ont été marquées par une série de succès pour Omega. En 1969, ce fut l'Omega Dynamic. L'année suivante, Omega exposa à Bâle un prototype de la révolutionnaire Megaquartz 2400. Ce modèle, lancé en 1974 était celui de la première montre à quartz hyperfréquence (2,4 MHz), et sa précision était dix fois supérieure à celle de la plus précise des montres à quartz du moment. La version calibre 1511 détient également le titre unique de chronomètre de marine. La Megaquartz est un gadget impressionnant pour tous ceux qui voyagent beaucoup en avion: elle se règle lorsqu'on change de fuseau horaire sans se dérégler d'une minute ou d'une seconde.

En 1980, Omega sortit sa Magic comme d'un chapeau. A l'intérieur d'un boîtier entièrement transparent, deux aiguilles en or semblent flotter, sans qu'aucun méca-

Une Omega d'homme en or et acier ultra-mince, modèle De Ville.

nisme ne paraisse les entraîner. Aussi longtemps qu'on regarde, sous quelque angle que ce soit (pourvu qu'on ait la patience de résister à la tentation d'ouvrir le boîtier), il est impossible de voir comment elles marchent. L'épaisseur de la montre est de 1,48 mm (pour les collectionneurs, signalons une version de 1,35 mm d'épaisseur). Ceux qui préfèrent un double contrôle du temps opteront pour L'Equinoxe, une Omega à deux cadrans. Dévoilée en 1981, ce fut la première montre réversible à deux cadrans, analogique d'un côté, digital LCD de l'autre, tous deux chronographiques avec alarme.

Aujourd'hui la gamme vedette d'Omega est la Constellation, introduite en 1952, et redessinée en 1982. Cette montre existe en de nombreux modèles, en or 18 carats, en or et acier, avec un élégant bracelet intégré ou en cuir. Toutes les Constellation sont étanches, certaines étant dotées d'un fond en verre transparent permettant de voir le mouvement (c'est pratiquement toujours le cas avec les mouvements mécaniques). Ceux qui veulent un modèle plus exclusif pourront demander un modèle à cadran en onyx, en nacre ou lapis lazuli; des versions qui ont fait leur chemin dans les milieux d'affaires américains, où il est ressenti comme le signe d'une virilité achevée.

La Seamaster a connu également un grand succès auprès des sportifs. Cette montre trapue, un peu austère, est en titane, le matériau de l'espace, aussi brillant et solide que l'acier pour résister pareillement aux chocs et à la corrosion.

Le succès d'Omega dans le domaine de la haute technologie, et la séduction opérée sur un public très masculin ont un peu éclipsé les victoires d'Omega sur le marché de la montre de femme et en particulier de la montre-bijou. Omega a remporté les plus grandes récompenses en la matière, en association avec les plus grands designers: Gilbert Albert, Luigi Vignando et Andrew Grima. Les années 70 ont été marquées par une brochette de récompenses, 2 Prix de la Ville de Genève, en 1975, pour des montres à affichage digital LED, plusieurs roses d'or au Golden Rose de Baden-Baden pour des montres créées par Luigi Vignando. Les modèles de

EN HAUT:
Une Omega automatique toute simple en acier.

A DROITE:
Une Constellation à calendrier sous forme de deux cadrans auxilliaires, celui de gauche pour les jours de la semaine, celui de droite pour la date.

EN BAS:
La célèbre Omega Speedmaster Professional, que la NASA choisit comme montre officielle. Armstrong portait une montre de ce type au poignet quand il posa le pied sur la lune. L'échelle tachymétrique permet de calculer la vitesse, des rapports, etc.

OMEGA

Un des premiers modèles d'Omega Constellation Megaquartz en acier, avec la date à six heures.

ce dernier — Ramses II (1970), Salambo (1971), Osiris (1977) et Structure (1978) — sont célèbres parmi les collectionneurs, et recherchés par tous ceux qui prisent les montres-bijoux associant pierres et métaux précieux.

En 1987, Omega a ajouté à sa collection les séries Art et Symbol qui perpétuent la tradition de bon goût et de finesse. La collection Art est en fait une série limitée de montres dont le fond est décoré par des motifs originaux de Max Bill, Richard P Lohse et Paul Talman. Des touches de couleurs constituant des formes rythmées semblent évoquer les pulsations et la rotation, exprimant le temps et suggérant le mouvement des aiguilles; certains motifs de style géométrique évoquent, eux, la division du temps. Le fond très coloré contraste avec les cadrans noirs ou blancs où n'apparaît seulement que le logo de la marque. Chaque pièce est numérotée et signée au dos, ce qui en fait une pièce de collection.

Enfin, Omega semble s'être lancé en pleine métaphysique avec la série Symbol, axée autour des thèmes du soleil (Sun) et du Yin/Yang. Pour toutes ces montres, on peut choisir entre un cadran multi-tons ou mono-ton, un boîtier étanche en or ou bi-tons, un bracelet en cuir ou métallique, une glace saphir anti-chocs, des mouvements à quartz.

L'organisation du cadran fait la différence entre les différents modèles. Sur la Yin/Yang, un cercle, qui évoque la perfection du monde est divisé en deux zones égales, l'une noire (le Yin, qui évoque la terre et l'élément féminin), l'autre claire (le Yang, qui représente le ciel et l'élément masculin). Les deux, bien sûr, sont interdépendants, les points de repère de chaque demi-cercle étant de la couleur de l'autre. Sur certains modèles, la lunette et le cerclage sont incrustés de diamants. Le cadran de la Sun est divisé par un cercle et des lignes rayonnantes représentant l'un le concret, et l'autre l'abstrait.

Que vous soyez intéressé par les affaires, le sport ou la culture, Omega a quelque chose pour vous. Les deux tiers des ventes mondiales de la marque sont représentés par des modèles (120) des gammes Art, Symbol, Seamaster, Speedmaster et Constellation.

PATEK PHILIPPE

Qu'y a-t-il de commun entre la reine Victoria, Walt Disney et Albert Einstein? Ils comptent certes parmi les personnalités les plus riches ou les plus célèbres du monde; mais surtout ils possédèrent tous une montre Patek Philippe. Cette marque, qui a fêté ses 150 ans en 1989, compte aujourd'hui parmi les horlogers les plus prestigieux du monde.

Antoni Norbert Patek de Prawdzic était né le 12 juin 1812 à Piaski, une petite ville de Pologne. Jeune homme, il combattit contre les Russes lors de la révolution polonaise, en 1831. L'année suivante, quand le tsar Nicolas Ier écrasa la révolte, il était parmi les milliers de Polonais qui fuirent leur pays pour sauver leur vie. Il émigra en France, travaillant comme imprimeur à Cahors et à Amiens. Passant en Suisse, à Genève, il francisa son nom en Antoine Norbert de Patek et il commença des études artistiques avec un peintre paysagiste, Alexandre Calame.

C'est à cette époque que Patek commença à s'intéresser aux montres, achetant alors quelques mouvements de qualité supérieure. Il passa alors des commandes à des orfèvres, des graveurs, des émailleurs et des peintres miniaturistes pour qu'ils décorent de jolis boîtiers destinés à ces mouvements.

En 1839, Patek créa une société avec un compatriote, François Czapek, la Patek, Czapek & Co.

Son associé, qui avait été également impliqué dans la révolution polonaise, avait étudié l'horlogerie à Vienne et à Prague avant de venir à Genève. Avec une petite équipe, il avait atteint une production d'environ 200 montres de gousset par an. Certaines d'entre elles avaient une très jolie forme, étaient à répétition, et étaient richement décorées. Les décors reprenaient des thèmes polonais caractéristiques: la vierge de Czestochowa et celle d'Ostrobrama étaient souvent représentées à l'intérieur du fond des boîtiers. Chaque montre était numérotée au dos du mouvement. Le 21 novembre 1939, Patek et Czapek produisirent leur première montre à couronne, dotée encore d'un remontoir à clé de secours.

Mais Czapek se révéla un partenaire difficile, et Patek finit par rester seul. En 1844, il rencontra Jean Adrien Philippe dans une importante exposition parisienne. Philippe était le fils d'un horloger français, qui avait été bercé dans le commerce des montres et des hor-

Une très élégante Patek Philippe en or, à chiffres bâtons et cadran auxiliaire pour les secondes.

PATEK PHILIPPE
GENEVE

***PAGE PRECEDENTE:* Les 5 Patek Philippe mises en vente ches Sotheby's, à Londres, le 25 février 1988 (la 4ᵉ montre en partant de la gauche est une Rolex).**

***CI-DESSUS:* 4 autres montres Patek Philippe mises en vente le même jour chez Sotheby's.**

loges. Après avoir travaillé chez un fabricant de chronomètres au Havre, puis un séjour à Londres, il lança une petite entreprise à Versailles avec une subvention du gouvernement français. Il travailla dur pour perfectionner une montre de poche extra-plate à remontoir à couronne. Rejetée par plusieurs fabricants de montres, il présenta son innovation à l'Exposition de Paris, où il obtint la médaille d'or, et où il rencontra son futur partenaire. Pendant ce temps, Patek et Csapek s'étaient souvent disputés et ils s'étaient séparés à l'amiable. L'année suivante, le 15 mai, fut fondée la Patek & Co, à Genève, avec Philippe pour directeur technique.

La Révolution Industrielle toucha tous les métiers. L'horlogerie ne fit pas exception et Philippe entreprit une modernisation des méthodes de production de la marque. En même temps qu'il créait de nouvelles machines, il fit breveter son remontoir à couronne en 1845. Dans les 5 ans qui suivirent, Patek & Co produisit 2 618 montres, un chiffre respectable à une époque où beaucoup d'entreprises horlogères étaient sans travail.

En 1848, Patek décida d'élargir son espace commercial et il voyagea beaucoup, pas toujours de bon cœur. En novembre 1854, il écrit par exemple: "Mes amis, les difficultés du voyage ont commencé. Quand serons nous capables de vendre des montres plus facilement, en attendant les acheteurs chez nous, au lieu d'avoir à parcourir le monde avec notre production, en augmentant les coûts et en endommageant notre santé?". Pendant ses déplacements, Patek écrit beaucoup. Il y trouve tellement plaisir qu'en 1863 il écrira un livre, "Les montres de poche sans clé", et il devint un correspondant régulier du *Journal de Genève* à propos des montres.

En 1851, la marque prit le nom de Patek Philippe & Co, façon de reconnaître les services rendus par Philippe et son rôle dans le développement de l'entreprise.

Une montre rectangulaire en or, à lunette chanfreinée, signée Patek Philippe, estimée avant la vente entre 3 000 et 4 500 dollars.

Une montre rectangulaire en or et acier. Le boîtier en acier est bordé d'or. Le cadran, lui aussi en acier est marqué de chiffres bâtons. Cette montre atteignit le prix d'évaluation record de 2 250 dollars lors de la vente de chez Christie's, à Londres, le 3 mars 1989.

Le nouveau nom de la société correspondit avec l'Exposition Universelle de Londres, où la reine Victoria fit l'acquisition d'une des montres de poche de la marque. L'or de cette montre titrait 18 carats, et elle était décorée de 13 diamants. Le couvercle était émaillé bleu, des fleurs décorant le boîtier. C'était une 10 rubis dotée bien sûr du fameux remontoir à couronne Philippe. Le prince Philippe choisit pour sa part une montre de chasse en or, à répétition des quarts, remontoir à couronne, échappement chronométrique. Dès lors, Pateck Philippe & Co produisit toujours des modèles spéciaux pour les expositions, dont il n'en manqua aucune.

On peut penser que le piratage des modèles est une réalité toute contemporaine. Pourtant, dès 1885, Patek Philippe fut victime d'une contrefaçon: une montre de poche signée Pateck & Cie, Genève. L'ajout du “c” à Patek ne suffit pas à convaincre les juges qui condamnèrent le contrefacteur (Armand Schwob & Frères) à payer 15 000 F au plaignant, et lui interdirent l'utilisation, du nom Patek, quelqu'en soit l'orthographe.

Pendant les premières années du siècle, alors que le bracelet-montre devenait de plus en plus populaire, Pateck Philippe concentra ses efforts sur le perfectionnement des mouvements et des formes de montres. En 1915, la marque sortit un très beau bracelet-montre de femme en platine, à répétition 5 minutes, dont un seul et unique exemplaire fut fabriqué. En 1925, un autre bracelet-montre à répétition 5 minutes, mais cette fois pour homme, fut présenté. Une série de 40 exemplaires de cette montre fut réalisée entre 1925 et 1962.

C'est également en 1925 que sort la première Patek Philippe à calendrier perpétuel, fondée sur une montre de poche de femme réalisée en 1898. L'ancienneté de la ligne abrégea la vie de ce modèle, cette série ne dépassant pas 1941. Ce modèle, qui porte le numéro 1518 (avec chrono) est désormais une pièce de collection très prisée lorsqu'il arrive dans une salle des ventes. L'une de ces montres, en or rose, a été achetée, en 1957, par le célèbre boxeur Ray Sugar Robinson.

Le crack de Wall Street, en 1929, affecta l'industrie dans tous les pays du monde. Apparemment pas concerné, Patek Philippe sortit alors une grande montre classique, la Calatrava (Modèle 96). Cette élégante montre très simple est encore produite aujourd'hui, le mécanisme ayant seulement été périodiquement remplacé par un plus perfectionné. Mais la forme extérieure est restée la même depuis 1932. La Calatrava est devenue un modèle symbole de la marque.

La période de récession fit cependant découvrir à Patek Philippe qu'il n'y avait pas que le marché de luxe au monde. Le manque d'argent frais se fit bientôt sentir, et une partie des actions dut être vendue à la Fabrique de Cadran Stern Frères, qui, depuis longtemps déjà, fournissait des mouvements à la marque. Les derniers liens avec les fondateurs cessèrent lorsque Jean Adrien Philippe, petit-fils du fondateur, abandonna la partie.

Jean Pfister, nouveau patron engagé par les frères Stern en 1932 prit une décision historique: Patek Philippe produirait désormais ses propres mouvements au lieu de recourir à des sous-traitants. La Calatrava marque la renaissance de la marque et en quelque sorte la fondation de l'entreprise actuelle.

Cette stabilisation financière permit la reprise de l'innovation technique. En 1948, un département électronique fut créé; il devait mettre au point la première montre à quartz entièrement électronique sans pièce en mouvement. La commercialisation de ce type de mouve-

PAGE SUIVANTE: Une montre-bracelet à répétition très rare, en or 18 carats, datant de 1960. D'apparence toute simple, elle possède un mouvement en nickel conçu pour résister aux variations thermiques et isochroniques. C'est une 29 rubis à cadran en argent mat et chiffres bâtons. Le 11 novembre 1986, elle atteignit l'enchère record de 132 000 F suisses chez Sotheby's, à Genève.

PATEK PHILIPPE
GENEVE

MAR
MER
PATEK PHILIPPE
GENEVE
NEW-YORK
SAB
NOV

ment commencera en 1970. Mais une décision prise dans les années 60 restera toujours appliquée: Patek Philippe ne produirait jamais de montre à lecture directe par diodes lumineuses ou cristaux liquides.
Entre 1949 et 1979, 40 brevets ont été déposés à Berne par Patek Philippe, ce qui est considérable. En 1949, le balancier Gyromax vit le jour; il ne s'agissait pas seulement d'un balancier de grande précision: son principal avantage résidait dans la possibilité de le régler une fois monté dans le mécanisme. En 1958, Patek Philippe trouva une nouvelle méthode de liaison entre le ressort et le balancier. L'année suivante la marque présenta un nouveau système de remise à l'heure au passage d'un fuseau horaire, dispensant de bouger l'aiguille des minutes. Les recherches portèrent aussi sur la taille des mouvements mécaniques. le plus plat d'entre eux (2,4 mm) fut présenté en 1977; il est toujours en production. En 1985 on y ajouta un calendrier perpétuel qui porta son épaisseur à 3,75 mm.
En ce XXe siècle marqué par la production de masse, Patek Philippe a su résister à la folie du changement de modèles incessant et de la mise au rebut des mécaniques, jugées prématurément obsolètes. La marque limite sa production journalière à 50 montres. Certaines d'entre elles ont demandé de 9 mois à 5 ans de travail!
L'attention portée à la qualité est sans précédent. Lorsqu'ils entrent dans la société, les maîtres horlogers les plus compétents sont soumis à un nouvel apprentissage. Quant aux machines, elles sont testées pendant 8 ans avant d'être jugées dignes d'être utilisées. Les émailleurs de la marque font aussi partie de ce qu'il y a de mieux dans le métier. Tous les dessins et motifs que l'on puisse imaginer peuvent être peints sur les boîtiers par ces talentueux artistes qui, parfois, pour réaliser certains détails d'une miniature, se servent d'un cheveu. Patek est la seule marque au monde à offrir de tels services à ses clients. Les graveurs, orfèvres et joailliers sont tout aussi triés sur le volet, faisant preuve d'une palette de talents incomparables. Il en résulte que chaque montre est subtilement unique, puisqu'elle est fabriquée entièrement à la main jusqu'à la dernière vis, qui est polie avant de trouver place dans le mécanisme.

Une élégante montre d'homme Patek Philippe.

CI-CONTRE: Ces trois élégantes montres Patek Philippe datent des années 30 et 40. Le modèle de gauche est connu sous le nom de type "Chemin de fer"; lorsqu'elles furent présentées à une vente de Christie's, le 3 mars 1989, elles doublèrent leur valeur d'estimation, fixée déjà à 3 750 dollars.

PAGE PRECEDENTE: Différents modèles Patek Philippe, qui furent exposés chez Sotheby's, à Londres, en vue d'une vente aux enchères.

Une Patek Philippe de femme, en or, de forme très inhabituelle.

En plus de la Calatrava, déjà évoquée, il existe un grand nombre de Patek Philippe qui sont aujourd'hui de grands classiques, et méritent d'être signalés ici. La Golden Ellipse (1969) est disponible en mouvement à quartz ou en mouvement mécanique, automatique ou remontable. Ses proportions sont inspirées de celles de la Golden Mean, dont les celles-ci sont étroitement liées à celles des temples grecs et des cathédrales du Moyen Age. Cette forme très caractéristique et très populaire a un cadran bleu et or; il en existe un blanc avec des diamants, un avec cadran tout en or, et un modèle squelette permettant de voir le mouvement.
Les montres de la gamme Nautilus ont un boîtier usiné dans un bloc de métal, en or ou en acier. Elles sont

Deux bracelets-montres et, à droite, un très beau chronographe pendentif en or fabriqué entre 1945 et 1950.

Une jolie Patek Philippe à calendrier perpétuel.

étanches, jusqu'à 60 m pour les montres de femme, jusqu'à 120 m pour les montres d'homme. La plupart des modèles indiquent la date et sont protégés par une glace saphir. Toutes les Nautilus sont à remontage automatique. Certaines ont un cadran à chiffres bâtons, le dateur étant situé à droite. D'autres sont merveilleusement décorées par des émeraudes et des diamants.

Récemment, en 1985 et 1987, deux montres multifonctions furent lancées. Le modèle 3940 (1985) a un calendrier perpétuel et indique les phases de la lune, l'année et possède une alarme 24 heures. Il est aussi le plus mince de la génération, avec une épaisseur de 3,75 mm. La première série du modèle 3970 (1987) fut entièrement vendue avant d'arriver chez les négociants. Cette montre est en plus un chronographe.

La 3919 a également connu récemment un grand succès, avec son cadran en porcelaine, et sa lunette Clous de Paris. Un certain nombre d'exemplaires squelettes ont également été produits.

Patek Philippe réalise aussi des montres très spéciales, réalisées exclusivement sur commande. Parmi celles-ci on peut évoquer celle qui fut réalisée en 1927 pour J.W. Packard, fondateur de la célèbre marque automobile: il voulait que le timbre de la sonnerie fût remplacé par les premières notes de la chanson préférée de sa mère. Ce fut chose faite, et pour 8300 F suisses de l'époque, Packard put entendre la berceuse de l'Opéra de Godard, Jocelyn, au lieu des vulgaires tintements de la sonnerie.

Le 9 avril 1989, Halsburg Feldman, l'actionnaire genevois de la firme, demanda que Patek Philippe réalisât un modèle exclusif pour le 150e anniversaire de l'entreprise. Cette étonnante montre de gousset est sans doute la plus complexe que la marque ait jamais réalisée.

Les Patek Philippe sont forcément très chères car ce sont des chefs-d'oeuvre de qualité. Elles constituent cependant un investissement dans lequel il est très facile de rentrer. Les montres à répétition par minute, par exemple, ont connu une plus-value de 1000 % en quelques années, alors que d'autres ne gagnaient que 100 % dans la même période. Il s'agit presque d'œuvres d'art, scrupuleusement répertoriées, avec (confidentiellement), le nom et l'adresse des propriétaires.

Cette montre très originale n'a pas de cadran principal, mais deux petits cadrans et deux couronnes. Elle est signée Piaget et Asprey.

PIAGET

En tant que directeur de l'une des plus prestigieuses marques de montres du moment, Yves Piaget passe environ 35 nuits par an dans un avion; curieuse destinée pour un homme passionné de chevaux, qu'il sut d'ailleurs somptueusement associer à l'image de sa marque, en créant les Piaget d'Or, courses richement dotées de Deauville, dans lesquels ne s'engagent que les prestigieux yearlings vendus chaque année aux enchères dans la capitale normande du cheval de course. Des courses devenues aussi prestigieuses que le Jockey Club, le prix de l'Arc de Triomphe ou le Grand Prix d'Amérique et que Yves Saint-Martin, désormais à la retraite, regrettait, en 1990, de n'avoir pu épingler à son palmarès.

L'envolée de la société Piaget est relativement récente, comparée à la longue existence de certaines marques rivales. Pourtant, la tradition horlogère de la famille est ancienne, à défaut d'être aussi prestigieuse que d'autres. Au milieu de XIXe siècle, Georges Piaget était l'un de ces petits fermiers qui, dans son petit village de La Côte-aux-Fées, vivait chichement de l'agriculture l'été, et bricolait des montres pendant les longs mois d'hiver. En 1974, il ouvrit un petit atelier où sa grande famille (il eut 14 enfants) pouvait se mettre au travail, fabriquant des mouvements qui étaient ensuite adressés à des horlogers de la ville. Quelques dizaines d'années plus tard, il avait assez de travail pour occuper sa famille à longueur d'année. Rares étaient cependant encore les montres complètes que vendait l'entreprise; des marques portant sur le cadran l'inscription "Piaget & Co", une marque qui n'avait d'ailleurs jamais été déposée.

Il faudra attendre 1937 pour que l'entreprise quitte la petite ferme d'origine, et ce n'est qu'après la Seconde Guerre mondiale qu'elle prendra un essor international, sous l'impulsion de Gérard et Valentin, les petits-fils de Georges, qui réorganisèrent la société, créèrent le premier bracelet-montre et organisèrent la politique commerciale de la marque. Depuis 1950, l'entreprise n'a fait que progresser de manière spectaculaire.

En 1960, Piaget ouvre une joaillerie à Genève — les mouvements restent fabriqués à La Côte-aux-Fées —. En 1961, elle crée sa première filiale étrangère à Offenbach, en Allemagne et en 1964 elle prend la majorité chez Baume & Mercier, horlogers suisses respectés et bien connus.

Piaget a toujours concentré ses efforts sur la montre-bijou de *haute couture*, et jusqu'au milieu des années 80, les modèles pour femme ont représenté quelque 70 % de la production. D'ailleurs, l'entreprise emploie plus de joailliers que d'horlogers, ce qui s'explique par la place prise par les centaines de diamants, de rubis et de saphirs sur la majeure partie des montres de la collection Piaget. Si l'on ajoute à cela que Piaget produit aussi des broches, des boucles d'oreilles et des colliers on comprendra que c'est peut-être plus un orfèvre qu'un horloger.

La marque s'est faite une spécialité de la fabrication de cadrans décorés de pierres précieuses; pas seulement des diamants ou des rubis, mais aussi du corail, de l'onyx, de la nacre, de l'opale et du lapis lazuli, toutes pierres ou matériau semi-précieux.

La Diamond Heart Watch compte 132 pierres dont 18 diamants incrustés dans la lunette, et un bracelet couvert de brillants. Elle adopte un dessin relativement traditionnel, si tel est le mot devant une telle avalanche de brillants et d'éclats. Par opposition, la somptueuse Galaxy, au cadran d'onyx noir, au boîtier et au bracelet tortueux est de lignes fluides ultra-modernes.

Une magnifique montre tonneau en or gris et jaune, au bracelet intégré. Sa structure alternée se prolonge dans le cadran.

Chez Piaget, la montre et le bracelet ne font souvent qu'un. On a compris, en effet, qu'elle devait être portée comme un bijou, et que le bracelet avait souvent plus d'importance que la montre elle-même. Yves Piaget n'a-t-il pas dit: "On ne lit pas l'heure avec une Piaget; on l'admire".

Le modèle le plus stable est aujourd'hui la Polo, présentée en 1980. C'est une montre sport à bracelet intégré en or gris et jaune, marqué d'un bout à l'autre d'une succession de barres jaunes et grises (même sur le cadran). Elle connut un succès immédiat, et fut presque aussitôt imitée. Etanche, elle est aujourd'hui proposée dans de nombreuses versions (avec des diamants, un cadran tout en or ou en pierre, une lunette incrustée de diamants, avec ou sans calendrier perpétuel). Egalement très masculine (et sans doute influencée par le succès de la Polo), la Chukka a un bracelet à lourds maillons. La Diplomat, au dessin très classique, lancée en 1965, reste un best-seller. De forme rectangulaire à coins cassés, elle porte de fines lignes guillochées verticales qui se prolongent dans le cadran. Une élégante version pour femme est désormais disponible, avec un mouvement à quartz, les lignes brunes et or traversant la lunette et le cadran.

Piaget continue à produire des montres mécaniques, qui représentent encore le tiers de sa production, ainsi qu'une ligne de montres de sport et "de jour" (parmi lesquelles la toute nouvelle Dancer), qui arrivent juste derrière les montres-bijoux.

La marque ne produit que 12 000 à 14 000 montres par an, ce qui explique que chaque nouveau modèle fasse l'objet d'une longue recherche de style. L'un des derniers, L'Aura, est une montre-bijou, véritable symbole de la virtuosité des maîtres de chez Piaget. Réalisée entièrement en pierres de couleur et en diamants, cette montre est autant spectaculaire qu'agréable à regarder; c'est le magnifique reflet d'un niveau de maîtrise qu'il est bien rare de trouver aujourd'hui.

RAYMOND WEIL

Raymond Weil est le petit dernier né des fabricants de montres présentés dans ce catalogue de A à Z des maîtres horlogers. Après 25 ans consacrés à la vente, il commença à travailler avec Madame Simone Bedat, en 1976, dans le village des Brenets, à quelques kilomètres au sud-ouest de La Chaux-de-Fonds; dès cet instant, il était évident que Weil ne suivrait pas les routes habituelles des autres grandes maisons horlogères.
Passionné de musique, amateur de Mozart et de Vivaldi, lecteur assidu de Saint-Exupéry, son auteur préféré, Weil est un esthète. Ses montres porteront des noms qui chantent: Fidelio, Othello, Traviata, Adagio et Amadeus. Comment s'étonner qu'il choisisse de s'attaquer au marché de la qualité, du luxe, en usant des moyens du marketing, du sponsoring et de la publicité. Les vieux maîtres horlogers regardèrent avec intérêt — et peut-être avec envie — ses progrès, qui se matérialisèrent bien vite par un chiffre d'affaires en constante progression, fondé sur des montres dont le prix va de 187 dollars à 1 700 dollars. Il ne fabrique pas lui-même ses montres, mais reste en liaison étroite avec ses sous-traitants (beaucoup d'entre eux ne travaillant plus que pour lui).
C'est Raymond Weil lui-même qui est le principal créateur de ses montres. En 1988, la marque lança la collection Traviata, magnifique pièce d'orfévrerie contemporaine en or, dont le cadran est séparé en deux par une tige d'or dans la version homme, et par un diapason dans la version femme; les tiges d'or délimitent le cadran en deux zones de couleur.
Un autre modèle est doté d'un cadran ne comprenant pas moins de 443 pierres.
Mais Weil sait aussi faire des montres classiques d'une grande distinction et de beaucoup de charme, comme en témoignent les gammes Othello, toute or, à bracelet grainé, et Fidelio, à cadran noir, bordé ou non d'or, et bracelet cuir.
Toutes ces montres sont ultra-minces et bénéficient d'une grande attention technique (remplacement de la batterie tous les deux ans, occasion du contrôle du bracelet).

***CI-CONTRE:* Deux très classiques Raymond Weil, de la collection Othello.**

***CI-CONTRE:* Versions pour homme et pour femme, ronde et rectangulaire, à cadran noir ou bordé d'or, de la collection Fidelio.**

Les deux magnifiques versions — homme et femme — de la collection Traviata.

Fidelio

Othello

ROLEX

Le 24 novembre 1927, le Daily Mail consacrait sa "une" à une montre "défiant les éléments", une montre ayant accompli l'impossible! Cette montre, une Rolex Oyster, a traversé la Manche au poignet d'une jeune sténographe londonienne, Mercedes Glietze qui vient de franchir à la nage ce qui est pour elle le Channel, en 15 heures et 15 minutes. Non seulement la montre est en parfait état de marche, mais en plus elle indique l'heure exacte.

Aujourd'hui, on ne peut avoir idée de l'impact d'un tel exploit, concrétisation du rêve d'un homme déterminé. Bavarois d'origine, Hans Wilsdorf, orphelin à l'âge de 12 ans, sait qu'il faut d'abord compter sur soi. Alors qu'il n'a que 24 ans, ayant appris le métier à Londres et à La Chaux-de-Fonds, il se lance dans l'horlogerie. La société Wilsdorf & Davies est fondée en 1905, enregistrée à Londres, avec pour objet le commerce.

Dès l'origine, Wilsdorf a décidé de concentrer ses efforts sur le bracelet-montre. Au début du siècle, alors que la grosse montre de gousset est de rigueur, le bracelet-montre est considéré comme un signe de féminité. De plus, même sans tenir compte de cet a priori, on considérait que la grosseur d'une montre était une garantie de solidité et de fiabilité. Wilsdorf n'en était pas convaincu.

Il se dépêcha de commander à Hermann Aegler, en Suisse, les pièces — notamment un échappement — permettant la fabrication d'un mouvement de taille réduite. Des centaines de "montre de poignet", comme on disait alors, furent fabriquées et testées en Extrême-Orient et dans l'Empire britannique; elles devinrent très populaires en Australie et Nouvelle-Zélande. Une série de bracelets-montres de femme en argent fut bientôt suivie par une autre en or. Le bracelet extensible, aujourd'hui véritable marque de fabrique Rolex, fait son apparition en 1906.

Pendant toute cette période, les montres sortirent sous le nom de Wilsdorf & Davies, une société qui, en 5 ans, devint l'une des principales entreprises de montres en Grande-Bretagne. Depuis des générations, les fabricants et importateurs de montres britanniques vendaient leurs produits sous leur propre nom. Wilsdorf, lui, chercha un nom plus court, facile à prononcer et à se rappeler; c'est ainsi qu'est née la marque Rolex.

Il fallut plusieurs années pour faire accepter ce changement radical. C'est ce qui explique que pendant une vingtaine d'années, des montres furent vendues sous la marque Rolex, d'autres sous le nom Wilsdorf, d'autres, enfin, sous les deux noms. Novembre 1924 marque l'adoption exclusive et définitive du nom Rolex et la sortie de la première montre étanche.

CI-DESSOUS: 5 versions des premières Rolex Princes.

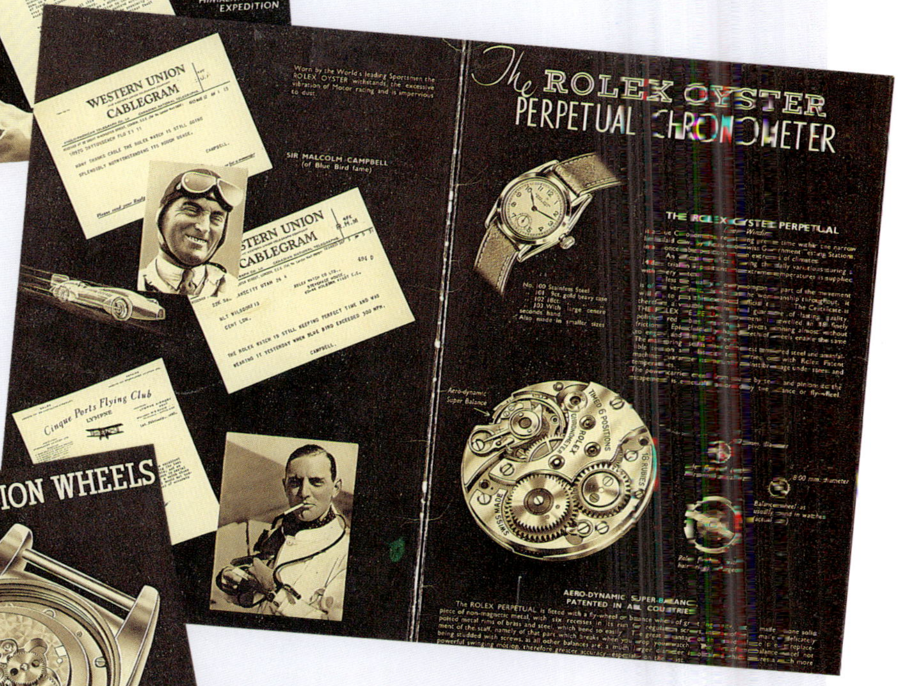

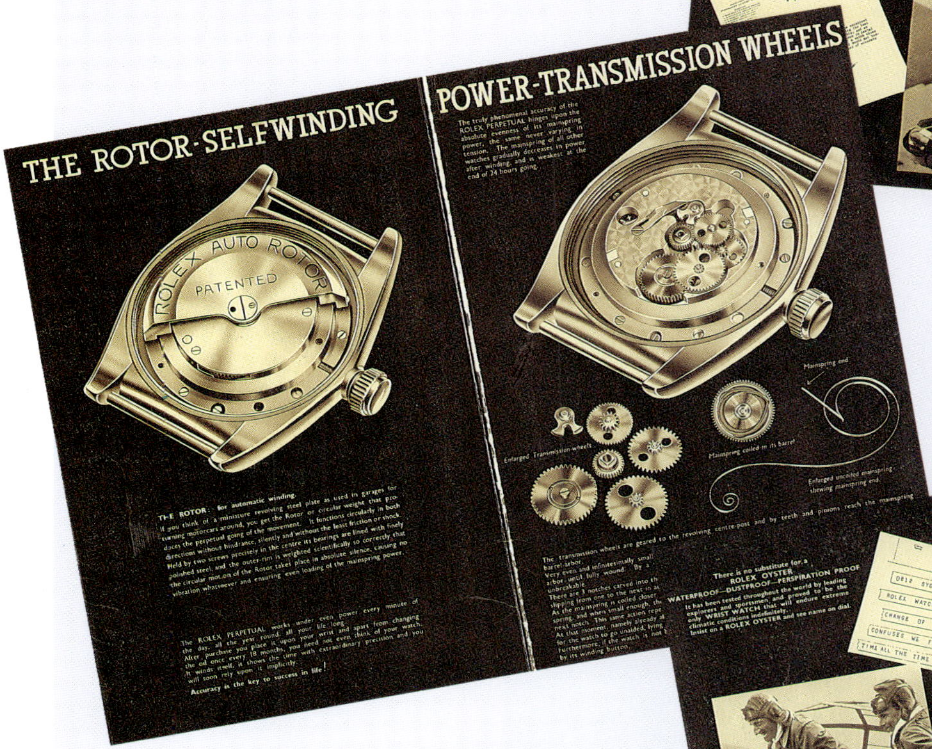

Quelques pages du
catalogue Rolex Oyster
édité par la Rolex
Watch Co Ltd en 1934.

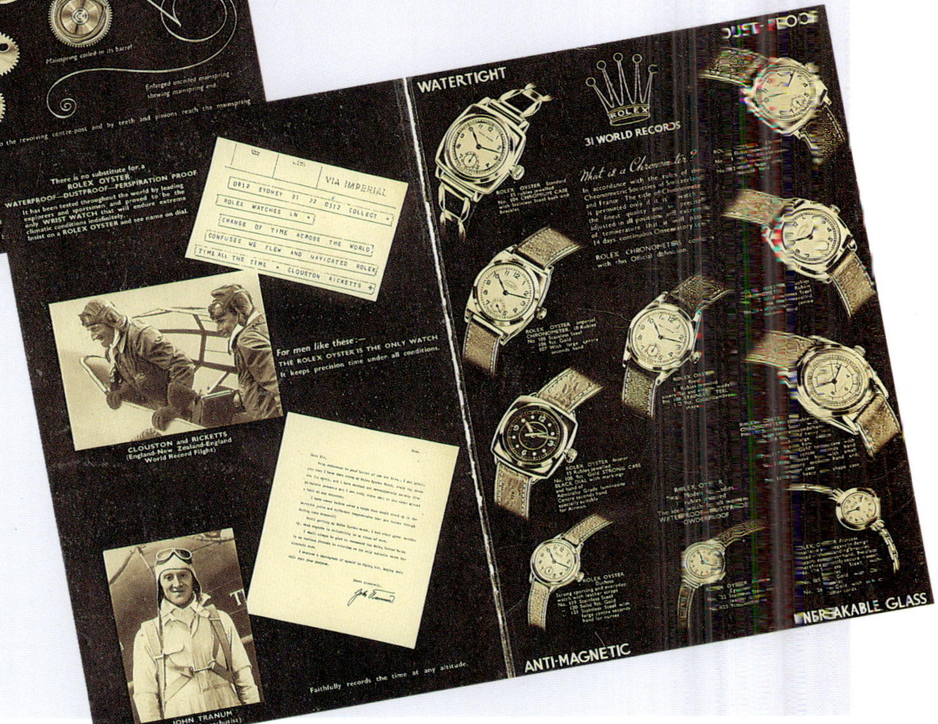

ROLEX
PRINCE
SWISS MADE
CHRONOMETER
SWISS MADE

ROLEX
PRINCE
SWISS MADE
ROLEX
ROLEX
PRINCE

Daily Mail

FOR KING AND COUNTRY

Rolex introduces for the first time the greatest Triumph in Watch-making

ROLEX 'OYSTER'

The Wonder Watch that Defies the Elements.

MOISTURE PROOF
WATER PROOF
HEAT PROOF
VIBRATION PROOF
COLD PROOF
DUST PROOF

BEING hermetically sealed the Rolex 'Oyster' is proof against changes of climate, dust, water, damp, heat, moisture, cold, sand or grease; it can, in consequence, be worn in the sea or bath without injury, nor would arctic or tropical conditions affect the wonderful precision of its beautifully poised movement. The introduction of the Rolex 'Oyster' model marks an unique development in the forward stride of the chronometric science, and perfect timekeeping under all conditions is at last a possibility.

Copyright by Pacific and Atlantic Photos, Ltd.

Miss Mercedes Gleitze carried an 'Oyster' throughout her recent Channel Swim. More than ten hours of submersion under the most trying conditions failed to harm its perfect timekeeping. No moisture had penetrated and not the slightest corrosion or condensation was revealed in the subsequent examination of the Watch.

A HANDSOMELY printed, fully informative Brochure illustrating the entire range of OYSTER Models available, together with the name of nearest jeweller stocking ROLEX Watches, sent post free to any reader who makes application by post-card or letter, giving name and address to our London Office:

THE ROLEX WATCH CO. Ltd.
40/44,
Holborn Viaduct,
London, E.C.4.

Send for this coloured Brochure it's FREE!

ROLEX OYSTER PRICES

The Silver: £5 . 15 . 0
9-ct. Gold: £10 . 10 . 0
18-ct. Gold: £15 . 15 . 0

Fitted with good quality strong leather straps for Men, or Moire Silk bands for Women. If fitted with the fashionable new "FRAYPRUF" (regd.) Woven Flexible Wire Milanese Gold-Filled Bands (White or Yellow) 20/- extra to above.

For MEN or WOMEN

THE ROLEX WATCH CO. LTD.

AUTHENTIC „BIRTHDAY" ANNOUNCEMENT OF THE
WATERPROOF WATCH
REPRINT FROM THE „DAILY MAIL" LONDON FRONT PAGE ANNOUNCEMENT
DATED NOVEMBER THE 24 TH. 1927

PAGE PRECEDENTE:
Une sélection de 8 montres en or et or et acier de la série Princes. Lorsqu'elles sont en bon état, ces montres constituent des pièces de collection très recherchées.

Le problème de la protection du mouvement a excité depuis toujours l'imagination des horlogers. Jusqu'alors, et en dépit de multiples tentatives, dont celle de Borgel, en 1891, la perspective de rendre le boîtier vraiment étanche restait une utopie. Pour certains, même, l'annonce d'une montre étanche serait un argument anti-commercial, car cela reviendrait à vouloir “faire porter une montre à un canard”.

La solution telle que l'envisagea Wilsdorf était triple: une glace parfaitement ajustée à la lunette, un boîtier taillé dans la masse, une parfaite étanchéité au niveau de la couronne du remontoir.

Le premier boîtier à joint, au fond et à la couronne vissée fut breveté en Suisse, en septembre 1926. Après assemblage, serrage et blocage des éléments sur le joint, l'ensemble devenait parfaitement étanche.

Le problème de l'étanchéité de la couronne du remontoir fut plus délicat à résoudre. Le brevet de l'invention fut déposé seulement un mois après celui concernant le boîtier. La solution consista à utiliser un tube fileté extérieurement et intérieurement, vissé dans le boîtier, et dans lequel l'ensemble couronne-remontoir est à son tour vissé. Ce système, baptisé Twinlock, reste utilisé sur les Rolex actuelles, auxquelles il garantit une étanchéité jusqu'à 100 m, largement suffisante pour la plupart des utilisations, même en plongée. Pour ceux qui veulent une étanchéité encore supérieure, Rolex a perfectionné le système, devenu Triplock, pour garantir une étanchéité à 300 m sur les modèles Submariner (et même 1 220 m sur l'exceptionnelle Sea-Dweller 4000, destinée aux plongeurs professionnels). La glace utilisée est en verre synthétique à haute résistance, et Rolex apporte un soin tout particulier à l'assemblage des montres, le serrage des éléments se faisant en phases successives, qui prennent au total 32 minutes. C'est l'exceptionnelle étanchéité des montres de la marque qui a donné l'idée d'associer à Rolex son deuxième nom: Oyster (qui signifie huître en anglais), par référence à celle du coquillage.

CI-DESSUS, A GAUCHE:
L'extraordinaire publicité que Rolex fit paraître à la une du Daily Mail le 24 novembre 1927 après la traversée de la Manche à la nage de Mercedes Gleitze.

CI-DESSUS, A DROITE:
Une des premières Oyster; c'est une pièce de collection de grand prix.

CI-DESSUS:
Une Oyster Perpetual Submariner en acier; elle est garantie étanche jusqu'à 200 m.

En travaillant sur le problème de l'étanchéité des boîtier, Winsdorf ne pouvait que se tourner vers celui de l'automatisme qui, en dispensant d'utiliser le remontoir, réduit évidemment les risques de perte d'étanchéité à ce niveau.
Inventé, dans une forme primitive, par Abraham-Louis Perrelet, du Locle, en Suisse, au milieu du XVIIIe siècle, le système avait été grandement perfectionné par Abraham-Louis Bréguet, qui l'avait baptisé "mouvement perpétuel".
Beaucoup d'horlogers s'y étaient intéressés depuis, mais sans grand succès. La contribution de Winsdorf au perfectionnement du système a porté sur le rotor, cette masse métallique ayant la forme d'un disque dont la surface est à peu près la moitié de celle du boîtier et qui, en tournant sur son axe, remonte automatiquement le mécanisme au moindre mouvement du poignet de l'utilisateur. Baptisé Perpetual, le système est à la base de l'automatisme de la plupart des montres mécaniques actuelles.
Autre innovation due à Rolex, l'affichage de la date dans un petit guichet percé dans le cadran indiquant la date à 3 heures (Datejust) et, pour certains modèles (exclusivement en or ou en platine), le jour de la semaine à midi (Day-Date). L'inscription du jour de la semaine est aujourd'hui disponible en quelques 26 langues différentes.

CI-DESSUS: Une Rolex Oyster GMT-MASTER.

CI-DESSOUS: 4 Rolex Oyster de collection très recherchées.

ROLEX

ROLEX

PAGE PRECEDENTE, EN HAUT:
De part et d'autre d'une belle Rolex carrée en or jaune, deux robustes Princes à couronne protégée.

EN BAS:
Une autre sélection de Rolex Princes.

Le soin tout particulier apporté à la fabrication et au contrôle des Rolex permet à la marque d'accorder, par exemple à ses chronos, le désormais célèbre label "Superlative Chronometer Officially Certified", accompagnant chaque montre d'un cachet de cire rouge. Ce certificat atteste que chaque montre satisfait aux exigences du *Contrôle Officiel Suisse des Chronomètres* (C.O.S.C.).
La fabrication en série des chronomètres a commencé en 1936, à la suite d'une commande de 500 montres de ce type pour le jubilé du roi George V. Chaque montre reçut un certificat, avec la mention "specially good" de la station de Bienne.
Ce genre d'événement valut à Rolex la réputation d'être une vraie montre scientifique, d'être par excellence la montre du XXe siècle, celle des explorateurs, des hommes de records comme Sir Malcolm Campbell, celle des tennismen et tenniswomen, comme Chris Evert, etc. Une Rolex Oyster accompagnait Sir Edmund Hillary au sommet de l'Everest en 1953, ainsi que Reinhold Messner, qui vainquit le même sommet 25 ans plus tard, sans oxygène. Lors de sa Transglobe Expedition, Sir Ranulph Fienne testa une Rolex dans des conditions polaires, tandis que la Commex, entreprise française spécialisée dans les recherches sous-marines a décidé d'équiper tous ses plongeurs d'une Oyster.
Rolex est sans doute moins connu pour ses montres de luxe de la série Cellini, ainsi nommées en souvenir du célèbre orfèvre et sculpteur de la Renaissance.
Des montres de grande classe, proposées exclusivement en or blanc ou jaune 18 carats (Rolex est le principal consommateur d'or de Suisse).

CI-DESSUS:
Une sélection de 5 Rolex rondes. De gauche à droite: 2 Rolex Oyster Perpetual Datejust, 1 Rolex Oyster Perpetual Bubble-back, et 2 autres Oyster Perpetual.

ROLEX
PRINCE
CHRONOMETER
SWISS MADE

ROLEX
OYSTER PERPETUAL
CHRONOMETER

PAGE PRECEDENTE, A GAUCHE: Une Rolex Prince.

A DROITE: Un modèle très simple de Rolex Oyster Perpetual.

Rolex ne tient pas spécialement à faire savoir ses liens avec la marque Tudor, lancée il y a plus d'une quarantaine d'années pour permettre d'offrir la haute technologie Rolex à un prix plus abordable, pour une clientèle moins fortunée. Leur boîtier Oyster, le système de calendrier et leur automatisme ne laisse cependant aucun doute sur leur parenté.

Si les montres Cellini et Tudor peuvent être livrées avec un bracelet en cuir, il n'en est pas de même des Oyster. Toutes sont en effet livrées avec un bracelet métallique intégré: bracelet Président; en or 18 carats ou platine pour les modèles Day-Date, Jubilé, en or, en Rolésor — combiné d'or jaune 18 carats et d'acier —, et en acier inoxydable, pour les modèles Datejust; enfin Oyster traditionnel, créé à l'origine pour toute la collection Oyster, et proposé en or, en Rolésor et en acier.

La lunette des différents modèles est soit unie, soit guillochée plus ou moins finement. Lunette, cadran et bracelet peuvent être sertis de brillants, que le modèle soit pour homme ou pour femme. Une Lady Datejust en or gris a même une lunette sertie de brillants et de 4 rubis à midi, aux quarts et à la demie.

La perfection de fabrication et le sérieux des tests de contrôle font des Rolex des pièces de collection recherchées. Certains modèles ont connu la consécration du luxe en entrant dans les catalogues les plus prestigieux comme Longines, Cartier et Patek Philippe.

CI-CONTRE: Une Rolex au poignet de Roger Moore, dans une scène du célèbre film de James Bond "Vivre et laisser mourir". La montre y joue un grand rôle.

ROLEX
DATEJUST
26

ROTARY

La famille Dreyfuss s'est lancée dans la fabrication des montres, à La Chaux-de-Fonds il y a plus de 100 ans. Aujourd'hui, Edward Dreyfuss, petit-fils du fondateur, Moïse Dreyfuss, perpétue une tradition de qualité, de rigueur et d'élégance qui ont fait l'excellente réputation des montres de la marque, en or ou en plaqué, vendues à des prix très raisonnables. Son fils Robert poursuit cette activité en développant ses collections.
La branche londonienne de l'affaire a été fondée en 1905, par Moïse, fils aîné de George; son frère, Sylvain, arriva quelques années plus tard. Ensemble, ils donnèrent une dimension internationale à Rotary, qui ouvrit une nouvelle usine à La Chaux-de-Fonds, en 1967. Le dernier des trois fils de Moïse Dreyfuss, René, qui était resté en Suisse, y mourra en 1982, à l'âge de 93 ans; on lui doit une magnifique collection de montres en or faites à la main, dont deux superbes squelettes automatiques.

PAGE PRECEDENTES: Plusieurs Rolex de collection récemment vendues en salles.

Cet échantillonnage de montres Rotary en dit long sur l'importance de la tradition dans cette maison.

Les deux tailles de PR-100, celle de droite à trotteuse et calendrier.

TISSOT

Depuis plus de deux siècles, la Suisse abrite certains des plus grands noms de l'horlogerie mondiale, et est devenue de ce fait synonyme de qualité, de précision et de style. L'une des entreprises horlogères suisses les plus connues est peut-être Tissot, fondée en 1853 par Charles-Félicien Tissot et son fils, Charles-Emile, au Locle, où se trouvent toujours les usines de la marque.
Charles-Emile avait passé 5 ans à New York; il rapporta chez lui une approche nouvelle du marketing, et une très belle montre de gousset de la marque ne tarda pas à être présente sur le marché américain. Voyageur né, Charles-Emile n'en resta pas là, et partit pour la Russie pour s'attaquer à ce vaste marché. Les 52 voyages qu'il y fit furent couronnés de succès puisque jusqu'à la révolution russe, en 1917, la Russie fut le premier marché de Tissot.
Le fils de Charles-Emile, Charles, et son fils, Paul, firent leur propre révolution: celle de la mécanisation. Charles supervisa la construction d'une nouvelle usine, et y introduisit des machines susceptibles de permettre une production beaucoup plus efficace. Paul affina celle-ci et suivant une tradition familiale bien établie, s'attaqua à de nouveaux marchés d'exportation, par le biais, notamment, des grandes expositions.
L'originalité et l'innovation furent les maîtres mots de l'entreprise et le restent encore aujourd'hui. En 1930, Tissot lance la première montre antimagnétique. Autre première, la Tissot Navigator, montre automatique à calendrier perpétuel (l'ultime version de la Navigator permet aujourd'hui de lire l'heure immédiatement dans les 24 faisceaux horaires).

Aujourd'hui, la Tissot PR Sonor contient un minuscule microprocesseur qui assure le réglage de la montre en fonction du fuseau horaire, et dont l'alarme peut être réglée avec une extrême précision. Les lettres PR veulent dire "proof", c'est-à-dire étanche: la série Tissot PR100 comprend des modèles garantis étanches jusqu'à 100 m. Ce sont des montres classiques en acier, en or et en or et acier. Il existe aussi encore des Tissot de gousset, mais qui ont abandonné leur mouvement mécanique pour un mouvement à quartz.
L'ultime évolution de la technologie Tissot est incarnée par la TwoTimer (1987). Encore perfectionné récemment, son processus de fabrication est très largement confié à l'ordinateur, ce qui a permis de réduire de 10 % son nombre de composants, et d'en réduire le coût de fabrication de 30 à 35 %. La TwoTimer est une montre multi-fonctions qui a représenté une première dans l'histoire de Tissot. Mouvement et boîtier sont désormais d'une seule pièce, et sont appelés le plateau. Le gain de production est considérable.
L'innovation technique constitue aujourd'hui aussi un facteur de séduction pour le collectionneur de montres classiques. C'est un signe des temps. Il faut que la montre indique la date, le jour de la semaine, le mois, en anglais, en français ou en espagnol, que la programmation du temps suive quel que soit l'endroit où l'on se trouve, que le chrono fournisse ses indications en centièmes de seconde, qu'elle possède une alarme 24 heures, etc. Tissot propose aujourd'hui 9 modèles tous étanches juqu'au moins 30 m. Leur prix reste raisonnable.
Comme la technologie n'est pas tout, Tissot a produit en 1985 une montre exceptionnelle: la Rock Watch, ainsi baptisée par Ernst Thomke, le Président de Tissot,

La TwoTimer est à l'origine d'une fantastique évolution dans la fabrication des montres. Elle possède un cadran à lecture analogique et digitale. Cette photo illustre le processus de fabrication, au nombre d'étapes très réduit.

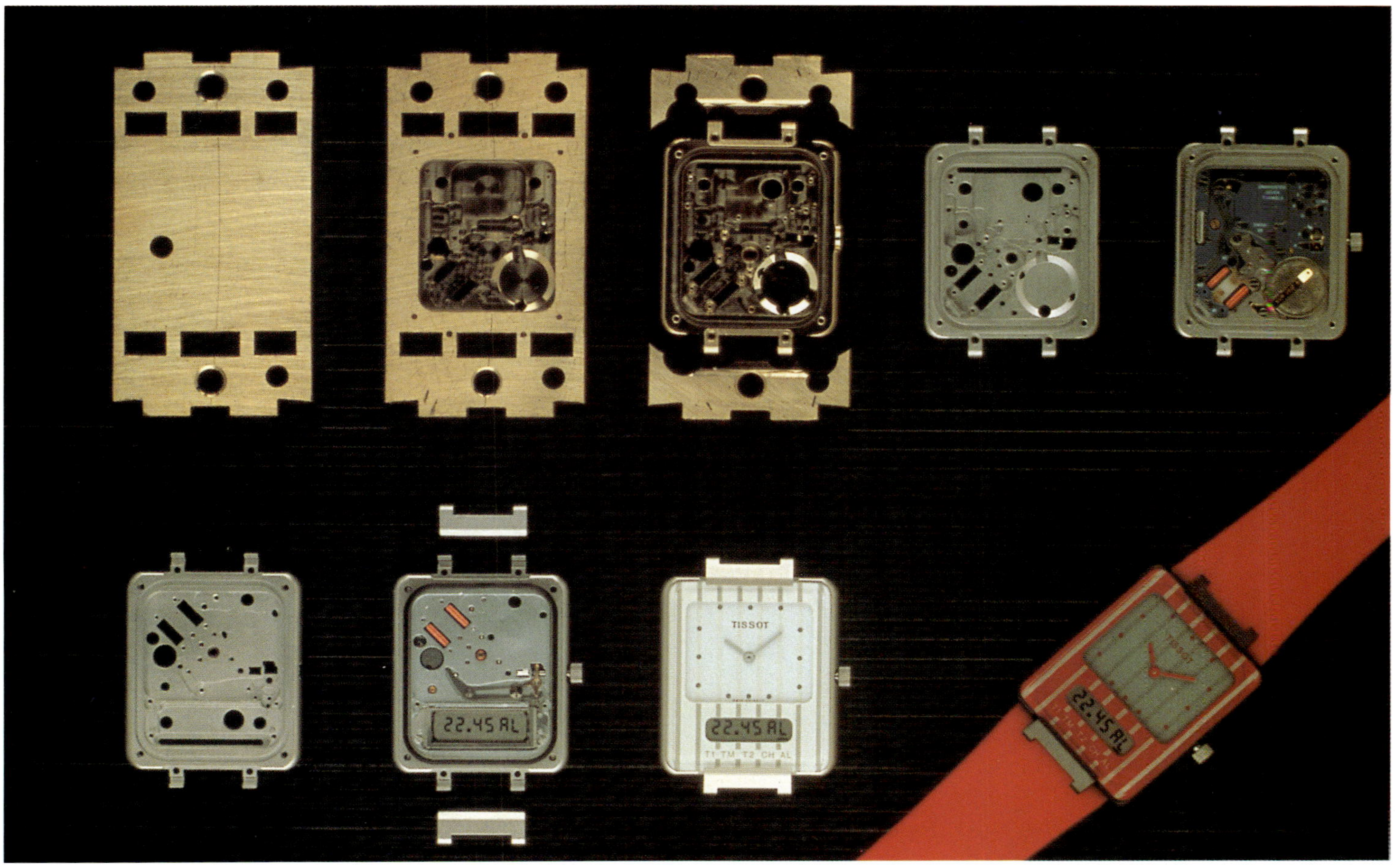

qui en a eu l'idée; son boîtier est taillé dans du granit suisse vieux de plusieurs millions d'années, ce qui garantit qu'aucune des montres de cette série ne soit exactement semblable à une autre. La pierre de ces montres extraordinaires vient de différentes carrières, de Graubunden, Ticino, Valais, Gothard-Furka-Julier. Ses stries, les morceaux de pierres semi-précieuses prisonnières dans le roc (quartz, pyrites, topazes, tourmaline) brillent sur le granit, dont la couleur allant du vert au noir en passant par de multiples nuances, varie en fonction du gisement.
Si la TwoTimer est le reflet du goût pour la "high-tech", la Rock Watch satisfait une autre passion toute aussi actuelle: celle pour la nature. Inspirée de la Rock Watch, une collection de montres comprenant le modèle Jewels of Nature (en basalte, nacre, corail, etc.) a permis de vendre plus d'1 million de montres. En 1988 Tissot à lancé la WoodWatch, au boîtier en bois.

Les fameuses Rock Watch, dont le boîtier et le cadran sont en pierre semi-précieuse.

ULYSSE NARDIN

Ulysse Nardin est considéré par les horlogers suisses comme un vrai sorcier. Pour le profane, ce n'est pourtant pas un nom connu comme Omega ou comme Rolex. Ses montres, il est vrai, ne sont pas destinées au grand public. Les Ulysse Nardin sont des montres rares, des objets de collection précieux. Son acheteur, aussi, appartient à une espèce rare, qui a le démon de la mécanique au cœur et un épais portefeuille.
Le prix d'une Ulysse Nardin telle que la Planetarium Copernic atteint les 45 000 F suisses, et un exemplaire de la série limitée présentant 6 planètes croisées par un météorite coûte bien plus cher encore. Ceux qui s'intéresseraient à une Planetarium, ou à une Astrolabium Galileo Galilei (1985) doivent se placer dans les dispositions d'esprit du collectionneur du XVIIIe s qui chérissait les astrolabes, les globes de poche et autres instruments scientifiques, et qu'il conservait précieusement dans son cabinet comme la matérialisation de la science, de l'art, de l'histoire et du progrès.
Le quartier général d'Ulysse Nardin se trouve dans le Jura Suisse, au Locle, près de Neuchâtel. Il y est depuis 1774, date à laquelle Jean-Léonard Nardin y établit une modeste entreprise de chaudières. Son fils Léonard-Frédéric (né en 1792) en hérita, et devint le premier horloger de la famille. Il prépara le terrain à Ulysse Nardin (1823-1876), représentant de la troisième génération. C'est en 1846 qu'Ulysse fit vraiment décoller l'entreprise, obtenant la reconnaissance internationale pour la suprême précision et l'élégance de ses chronomètres et de ses montres à répétition. Les montres d'Ulysse remportent alors les plus grandes récompenses dans les meilleures expositions.
Les normes établies par Ulysse seront respectées par son fils, Paul-David Nardin, qui prend la direction de l'affaire en 1876. Il orientera l'entreprise dans un domaine très spécifique: celui du chronomètre de marine, très utilisé sur les bateaux de grandes lignes internationales. Après la Seconde Guerre mondiale, les descendants d'Ulysse se spécialiseront de nouveau dans la montre automatique, mais la recherche effreinée de la nouveauté leur restera étrangère.
A l'heure où le chronomètre de marine était supplanté par la technologie du quartz et du satellite, le traditionnalisme des mouvements mécaniques de haute précision semblait dépassé et virtuellement condamné. en

L'Ulysse Nardin Astrolabium Galileo Galilei.

L'Ulysse Nardin Planetarium Copernicus

même temps que la société. En 1983, Rolf W. Schnyder sauva Ulysse Nardin du désastre, en faisant l'acquisition de 60 % du capital. En quelques années, Schnyder a magnifiquement restauré l'image de la marque. Avec un stock invendable sur les bras, et un réseau de revendeurs séduit par les nouvelles montres mécaniques de standing, il lui fallait se battre sur un autre terrain, en créant des montres qui n'aient pas de concurrence. L'Astrolabium Galileo Galilei, bien connue des fanatiques, correspond parfaitement à cet objectif. En 1988, elle fera même la couverture du Livre Guiness des Records. Cet astrolabe exceptionnel, hommage à l'inventeur du télescope, fut publiquement dévoilé en 1985, à la Foire horlogère de Bâle. Ce fut la première montre du monde à offrir, outre l'heure locale, la date et le mois, un certain nombre de données astronomiques. Schnyder dut faire imprimer un mode d'emploi très détaillé pour tous ceux qui n'avaient pas de compétences en astronomie. Pas besoin, cependant, de savoir regarder dans un télescope pour se servir d'une Astrolabium, et pour apprécier de savoir la hauteur du soleil, sa position et son mouvement dans le ciel, ceux de la lune et des étoiles, de prévoir les éclipses de lune et de soleil; d'autres seront heureux d'y trouver les signes du zodiaque.
Plusieurs cadrans durent être fabriqués en fonction de la localisation géographique des acheteurs. Bien qu'on soit loin d'un modèle de sport, la montre fut prévue étanche jusqu'à 30 m. Sur la lunette sont gravées les

chiffres équinoxiaux (chiffres arabes) et les chiffres horaires (chiffres romains). Le boîtier est en or 18 carats.
Un intéressant mécanisme (modèle déposé) comprend un dispositif de type épicycloïdal à 6 indications simultanées sur un même arbre. Pour une meilleure protection contre les chocs, les composants du mouvement sont en alliage léger, qui pèse de ce fait le tiers de la normale.
L'Astrolabium est l'enfant chéri de Rolf Schnyder et du docteur Ludwig Oechslin, archéologue et historien des sciences qui en a développé le concept. En 1978, Ludwig Oechslin s'est vu confié par le Vatican la restauration de l'horloge Farnèse, une magnifique pièce du XVIIe siècle à caractère astronomique, d'une exceptionnelle complexité, et qui était arrêtée depuis plus de 70 ans. Percer ses secrets demanda 4 années de travail et d'études approfondies dans les domaines astronomiques, mathématiques, physiques et même philosophiques.
Schnyder fut l'un des premiers à avoir vent des travaux du docteur Oechslin, alors que lui même s'intéressait à un grand astrolabe qui indiquait le temps aussi bien que la position des étoiles. Avec son instinct commercial bien connu, Schnyder vit tout de suite l'intérêt que de telles compétences pourraient représenter dans la perspective de la création d'une montre astronomique. C'est à cette époque que les liens se tissèrent entre les deux hommes; ils sont restés très étroits encore aujourd'hui. 18 mois plus tard le prototype de l'Astrolabium était prêt. Il fallut d'abord réduire la taille des composants, pour donner quelque chance à la montre, sur un marché dominé par les mouvements ultra-minces. Urs Gyger, le créateur de l'Electra-matic, une montre extrêmement mince, fut appelé en renfort pour revoir le mécanisme d'Oeschlin. Le résultat est un miracle de précision. Mis à l'épreuve de l'ordinateur, le mécanisme de l'Astrolabium est si précis, qu'on a pu calculer qu'il ne déviait de pas plus d'une journée en 144 000 ans!
Ulysse Nardin ne s'est pas endormi depuis sur ses lauriers. La marque produit aujourd'hui environ 40 modèles mécaniques à 3 500 exemplaires par an. Pour les amateurs et les collectionneurs, le choix est très ouvert. Mais comme peu de marques sont aujourd'hui capables de produire des montres mécaniques à répétition par minute, c'est sans doute ce genre de modèle qui aura leur préférence. Parmi ceux-ci, la San Marco Automatons occupe une place de choix, puisqu'elle reproduit, en miniature, sur son cadran, les célèbres automates vénitiens: deux délicates figurines représentant les Maures qui frappent une cloche de leur marteau aux heures, aux quarts, aux minutes. Figurines, cloche, marteaux, chiffres et aiguilles sont en or 18 carats, et se trouvent mis en relief par le bleu translucide de l'émail du cadran.
En 1987, Ulysse Nardin a créé un chronomètre tourbillon sur lequel heures et minutes son séparées, et la très populaire Michelangelo, une montre rectangulaire en or 18 carats, donnant la date, le jour de la semaine, le mois et les phases lunaires.
Pour les collectionneurs, la pièce majeure restera incontestablement la Planetarium Copernicus. Dévoilée à Lucerne, en 1988, c'est la première montre du monde présentant l'ensemble du système solaire: Mercure, Venus, Mars, Jupiter et Saturne. Elle combine astucieusement la vision copernicienne de l'univers, et sa conception géocentrique ptoloméenne.

Le maître d'œuvre de cette merveille fut, on le sait Oechslin, qui s'inspira des travaux de Jorst Burgi (1552-1632), astronome suisse considéré comme le père des logarithmes et qui inventa la première horloge combinant les systèmes coperniciens et ptoloméens.
Le système de sonnerie, extrêmement complexe, lui-aussi, fut développé en collaboration avec Bruno Erni, un ingénieur horloger de l'ETA.
Ce mouvement, déposé pour le monde entier, comprend 213 pièces. Le système de remontage ne mesure que 3,6 mm et le mouvement Planetarium 3,25 mm. Si l'on ajoute le cadran et les aiguilles, l'ensemble ne dépasse pas 8,5 mm d'épaisseur. Les différents composants sont, comme ceux de l'Astrolabium, en alliage super-léger à haute résistance aux chocs. Le disque de remontage automatique constitue une protection supplémentaire du mécanisme contre les chocs.

Un très bel exemplaire de l'Ulysse Nardin Planetarium Copernicus.

VACHERON CONSTANTIN

Jacques-Barthélemy Vacheron, bien connu pour ses montres de collection, s'est associé à François Constantin (1788-1854) en 1819, et l'on sait qu'il fut très satisfait de cette rencontre. L'histoire de l'horlogerie de prestige est marquée par ces "mariages": Audemars rencontre Piguet, Patek rencontre Philippe, Baume rencontre Mercier, Girard rencontre Perregaux, etc.
Le grand-père de Jacques-Barthélemy Vacheron, Jean-Marc (1731-1805) avait fondé son entreprise en 1755, à Saint-Gervais, un quartier de Genève. Le fils de celuici, Abraham (mort en 1833), avait travaillé dur, connaissant souvent bien des difficultés en ces temps difficiles, pour trouver des commandes et obtenir de nouveaux marchés. Constantin fut le partenaire idéal; c'était à la fois un très bon homme d'affaires et un voyageur infatigable. Leurs montres apparurent dans la vitrine des boutiques d'Amérique dès 1833 (où la marque ouvrit bientôt un établissement, en 1864), de Rio de Janeiro en 1840, et des Indes en 1850.
Juin 1839 marque une étape décisive dans l'histoire de l'entreprise. Vacheron et Constantin engagent Georges-Auguste Leschot comme directeur technique. L'homme sera considéré plus tard comme le fondateur de l'horlogerie moderne. Il sut mettre au point des mouvements et des méthodes de production qui permirent de faire vraiment décoller l'entreprise. A l'époque comme encore aujourd'hui, la politique de la marque était fondée sur la production d'un nombre réduit de montres de très haute qualité. Des mouvements minces

Une Vacheron Constantin en or 18 carats bicolore.

CI-CONTRE:
Un chrono Vacheron Constantin; le cadran, en argent, comprend une échelle télémétrique et est marqué de chiffres romains.

CI-CONTRE:
Un chrono en or 18 carats, à cadran percé de deux guichets pour indiquer le jour de la semaine et le mois, la date étant fournie par une aiguille

AU CENTRE:
Une montre en or à cadran carré et lunette moulurée. Les chiffres du cadran sont remplacés par des bâtons horizontaux et verticaux. On remarque la croix de Malte à midi.

CI-CONTRE:
Une très rare montre en or rectangulaire du début des années 50. Il n'en fut produit que 30 exemplaires.

au cadran élégant étaient devenus les critères de base de la production, confortant la position de la marque comme l'un des piliers de la tradition horlogère.
En 1854, François Constantin mourut, et fut remplacé par son neveu, Jean-François Constantin (né en 1830); cependant, en 1867, dans des circonstances inconnues, on le retrouve simple vendeur, alors que César Vacheron lui succède (celui-ci mourra en 1869). Charles Vacheron (1849-1870) mourra à son tour un an seulement après avoir pris la direction de la société et sera remplacé par sa veuve, Laure Vacheron-Pernessin; elle s'associera rapidement avec sa vieille amie, Catherine-Henriette Vacheron, âgée de 88 ans, veuve elle-aussi (de Jacques-Barthélemy Vacheron). Ensemble elles dirigeront l'entreprise à l'étonnement général pendant 5 ans. En 1875 elle est de nouveau reprise en mains par un homme: Jean-François Vacheron, Catherine-Henriette ne s'éteignant qu'en 1883, à l'âge de 101 ans. L'autre vieille dame disparut en 1887, juste après la sortie du premier bracelet-montre.
Pendant cette période mouvementée, l'entreprise passera sous différents noms: Abraham Vacheron-Girod, Vacheron-Chossat, César Vacheron & Co, Charles Vacheron & Cie, Vve César Vacheron & Cie. Finalement, c'est à partir de 1896, que la société prit son nom actuel; elle ne devait plus en changer.
La fameuse marque apparut pour la première fois sur un cadran en 1910, en association avec la croix de Malte, symbole de la firme depuis qu'il était apparu sur une montre de gousset, en 1880.
Pendant la Première Guerre mondiale, l'entreprise se tourna vers la production de montres de poche et de compas destinés à l'armée. La fabrication des montres de gousset continua à l'emporter largement sur celle des bracelets-montres.
En 1936, Charles Constantin prit la direction de la société, redonnant très brièvement à la famille son éclat d'antan. La Seconde Guerre mondiale mit l'entreprise dans de grandes difficultés, qui permirent à

PAGE SUIVANTE:
Des bracelets-montres squelettes pour homme, en or ou platine, à trois cadrans auxiliaires et à indicateur de phases lunaires.

VACHERON CONSTANTIN
GENÈVE

PAGE PRECEDENTE:
Une inhabituelle Vacheron Constantin en or à cadran bicolore.

Une Vacheron Constantin rectangulaire en or blanc. Le cadran, également blanc, favorise la lisibilité des chiffres bâtons noirs.

Georges Ketterer d'en prendre le contrôle en 1940. Son fils, Jacques (mort en 1987) devait prendre sa succession et poursuivre la production de certaines des plus belles montres de collection de la marque.
Imaginez une montre pas plus épaisse qu'un cure-dent! Pour commémorer le centenaire de la marque, en 1955, Vacheron Constantin a sorti un bracelet-montre dont l'épaisseur du mouvement était de 1,64 mm, et le diamètre de 20,8 mm; elle fut à son époque la plus petite montre du monde. La marque connut une nouvelle fois les honneurs du Livre Guinness des Records lorsque la marque produisit ce qui était alors la montre la plus chère du monde. Elle fut baptisée Kallista, ce qui veut dire, en grec, "la plus chère". Ses 140 g d'or provenaient d'un même lingot d'or de 1 kg; elle fut décorée de 118 émeraudes taillées en diamant, selon l'inspiration du peintre Raymond Morette. Celui-ci décora la montre de son unique logo et de sa signature, au dessus des aiguilles. Cette montre demanda 6 000 heures de travail réparties sur 20 mois; son prix était à la hauteur: 5 millions de dollars.
Actuellement, Vacheron Constantin ne produit que 6 000 montres par an, à Genève. L'enregistrement des montres est scrupuleusement suivi depuis 1840. Par delà toutes les vicissitudes, l'entreprise a su perpétuer la tradition de haute qualité voulue par ses fondateurs; la finesse des anciens modèles, que l'on peut admirer dans les plus grandes expositions et les ventes les plus prestigieuses a été conservée, comme en témoignent les modèles actuels, distribués dans un réseau de près de 450 revendeurs fidèles, répartis dans le monde entier. En haut de l'échelle de la gamme se trouvent les modèles Lord Kalla et Lady Kalla, ce dernier ayant, semble-t-il été réalisé tout spécialement pour le poignet de la Princesse Diana. Le cadran et le bracelet en or de cette montre sont décorés d'émeraudes taillées en diamant représentant 30 carats. Son mouvement est l'un des plus petits du monde.

Un modèle rond, en or jaune 18 carats.

LES ENTREPRISES FAMILIALES

Auguste Agassiz

Ernest Francillon

L'histoire de la plupart des entreprises est autant sociale qu'économique. C'est particulièrement vrai des industries horlogères suisses, concentrées dans des petites villes, voire des villages, comme La Chaux-de-Fonds, Le Locle, Saint-Imier et dans des montagnes proches de Bienne. A l'origine, les machines étaient primitives, et beaucoup de choses se faisaient à domicile, chez les habitants, employés comme sous-traitants. Encore aujourd'hui, il est surprenant de constater que bien des entreprises sont restées toutes petites, et les sous-traitants continuent à jouer un rôle majeur dans le processus de fabrication. L'un des exemples caractéristiques de cet état de chose est fourni par Longines. En 1782, Jonas Raiguel commence à vendre des montres à Saint-Imier;

***CI-CONTRE:* Abraham-Louis Bréguet (1747-1823), peut-être le plus grand génie de l'horlogerie.**

***CI-DESSUS:* Remo Bertollucci.**

L'atelier d'ajustage, chez Omega, au début du siècle.

***PAGE PRECEDENTE:* En bas à gauche: La toute première usine Longines;**

***Au centre:* Les usines Longines, telles qu'on peut les voir aujourd'hui dans le Vallon de Saint-Imier;**

***En bas, à droite:* Le Grand-Prix du Brésil, en 1933, dont le chronométreur officielle est déjà Longines, marque très impliquée, depuis longtemps, dans le monde du sport.**

en 1832, son fils est rejoint par Auguste Agassiz et, en 1876, par Ernest Francillon, le neveu d'Agassiz; ensemble ils lancent la première entreprise horlogère près de Saint-Imier, au lieu-dit Les Longines. L'histoire de l'industrie horlogère suisse est semée de noms illustres qui survivront, pour certaines, sur les cadrans, pendant de très longues périodes, quand ils n'arriveront pas jusqu'à nous. C'est le cas, entre autres, de Blancpain, ou encore de Bréguet, l'un des inventeurs les plus prestigieux, dont les découvertes — comme le mouvement tourbillon — sont restés d'actualité. Mais le caractère traditionnel et paternaliste de l'industrie horlogère suisse n'empêche pas l'émergence de noms nouveaux maîtres horlogers, comme Remo Bertolucci ou Gerard Genta. L'origine familiale de ces entreprises reproduit curieusement le scénario de la création et du développement des maisons créées il y a parfois plusieurs siècles par leurs aînés.

***CI-DESSUS:* L'usine Omega en 1902.**

LES HORLOGERS AMERICAINS

Au début du siècle, l'industrie horlogère connaît un développement spectaculaire aux Etats-Unis. Le développement du chemin de fer favorise celui de la montre, et les faveurs du public commencent à aller vers le bracelet-montre. Comme souvent aux Etats-Unis, on s'oriente vers une production de masse, privilégiant la marge bénéficiaire réduite, mais importante compte tenu du nombre de produits vendus, au détriment de l'innovation technique et de la recherche esthétique. Les horlogers suisses gagnent des parts de marché en opposant à la montre à 1 dollar leur "bracelet watch" séduisant et technologiquement très avancé. La Première Guerre mondiale conduit à la production massive de bracelets-montres destinés à l'armée; c'est l'occasion pour le gouvernement des Etats-Unis d'aider puissamment son industrie horlogère, permettant un rééquipement moderne des entreprises. Les années 20 et 30 sont marquées par une nouvelle offensive américaine, surtout durant la période Art Déco. Malgré cette période de renouveau, peu de marques survivront aux années 70.

BULOVA

Pendant une certaine période, Bulova fut le principal fabricant américain. Il s'était rendu célèbre par son Accutron (produite de 1960 à 1976). A noter aussi ses montres dans le style des années 20 et 30 — la ligne Excellency — et la fameuse Charles Lindbergh Lone Eagle Watch (1927).

ELGIN

Elgin fut fondée en 1867, dans l'Illinois. La marque introduisit des bracelets-montres convertibles en 1912. A partir de 1917, elle fabriqua des montres de soldat à boîtier anodisé, chiffres arabes et aiguilles lumineuses, à bracelet kaki. En 1926 elle mit à la mode les montres à très grand cadran. En 1928 et 1929, ce sont les fameuses montres de femme Art Déco, parmi lesquelles Madame Alpha, Madame Premet, Madame Agnes et Parisienne. En 1951, dans ses derniers moments, la marque produira 50 millions de mouvements.

GRUEN

C'est en 1874 qu'est créé Gruen, à Colombus, dans l'Ohio, avec cet avantage que constituent des liens familiaux avec la Suisse. Les "montres de docteur" sorties entre 1929 et le milieu des années 40 sont aujourd'hui très recherchées des collectionneurs. Elles ont des cadrans séparés pour les heures et les minutes, l'un avec des chiffres romains, l'autre des chiffres arabes; elles sont en or blanc ou jaune 14 carats. En 1932, la marque a sorti la fameuse Curvex General, comme son nom l'indique très incurvée, au point de former toute la partie supérieure du bracelet. La Varsity, de 1933, est aussi assez recherchée.

HAMILTON

Hamilton a été fondée en 1892, à Lancaster, en Pensylvanie. Ses premiers bracelets-montres furent produits en 1915 pour répondre aux besoins militaires. Hamilton devint sans doute le plus fin des fabricants américains de bracelets-montres. A la fin des années 30, elle produit des montres à lunette émaillée: Coronado, Spur, Piping, Rock. Elles ont des cadrans séparés pour les heures et les minutes, en noir et blanc, dans un long boîtier mouluré. Deux ans plus tard c'est le modèle

Otis. En 1957, la marque lance sa fameuse Electric 500 à batterie; puis viennent la Pacer, la Pulsar, la Vega et la Ventura. En 1958, c'est l'Everest Electric: elle a un cadran bicolore, le 12 étant porté hors du cadran, sur la lunette. En 1963 sort la Thin-O-Matic. La société connaît des difficultés et disparaît dans les années 70.

ILLINOIS

Comme son nom l'indique, la société a été fondée dans l'Illinois, exactement à Springfield, en 1869. Elle se lance dans le bracelet-montre de femme dès 1905, et dans celui pour homme en 1921. Un rapprochement intervient avec Hamilton en 1927, et les montres Illinois prennent alors le nom Hamilton. Quelques modèles de qualité sortiront encore sous la marque Illinois avec un design original: boîtier asymétrique, grosse montre à boîtier incurvé, modèles Art Déco avec cadran auxiliaire des secondes à 3 heures ou à 9 heures.

INGERSOLL

Voir à ce nom dans les chapitres précédents.

WALTHAM

Fondée en 1885, à Waltham, dans le Massachusets, la marque produit d'abord des bracelets-montres de femme en 1912 (plus tard pour homme aussi). Les montres de soldat produites entre 1917 et 1919 sont aujourd'hui très recherchées. On évoquera l'amusante 20 Year Gold-Filled, montre d'abord de gousset, montée ensuite sur bracelet et de belles montres "baguette" dans les années 30. La société jouera un rôle dans la vie d'International Watch (voir cette marque dans les chapitres précédents).

CI-DESSOUS:
La très recherchée
Hamilton Electric.

MONTRES DE COLLECTION

Si vous envisagez de commencer une collection de montres, il est essentiel de respecter un certain nombre de règles. Beaucoup d'entre elles sont élémentaires et valent pour toute collection d'objets d'art. Le plus simple est souvent d'entrer en contact avec un club ou une association de collectionneurs.

Une Omega Constellation à lunette incrustée de diamants

MONTRES NEUVES

Elles doivent être choisies avec beaucoup de soin, en s'adressant à un négociant spécialisé (horloger professionnel, éventuellement bijoutier ou joailler, magasin officiel d'une chaîne de négociants de produits de luxe). Dans toutes les grandes villes, vous trouverez ce genre de boutique. Si la montre qui vous intéresse appartient à la collection d'une marque comme Cartier ou Dunhill, il est peut-être préférable de chercher une boutique Cartier ou une boutique Dunhill, par exemple, afin de bénéficier d'un choix plus étendu.
Choisissez en fonction de votre goût, mais indiquez au vendeur que vous entendez faire entrer votre montre dans une collection; il saura vous indiquer les séries limitées ou les montres originales et spécifiques qui prendront de la valeur. Dans tous les cas, même si vous partez avec au poignet, n'oubliez pas de demander l'écrin ou l'étui. Si vous avez lu les pages qui précèdent, vous aurez compris qu'une vraie montre de haute qualité bénéficie d'un ou plusieurs numéros et doit faire l'objet d'un enregistrement.

CI-DESSUS: Echantillonnage de montres contemporaines griffées par Tiffany & Co, l'un des plus grands noms de la joaillerie actuelle.

PAGE SUIVANTE: Ces montres prestigieuses furent vendues aux enchères chez Sotheby's, à Londres, le 27 juin 1987. A noter la très belle Patek Philippe à chiffres en diamant.

OMEGA
LUN
MOERIS
ROLEX
SATURDAY
28

FORTIS

Girard-Perregaux
automatic
Sea-Hawk

MONTRES D'OCCASION

A moins d'être un expert, ou tout au moins avoir une excellente connaissance de ce qu'est une montre ancienne de collection, il est indispensable de connaître, au moins de réputation, le vendeur de l'objet. Les risques sont moindres avec un commerçant patenté, spécialiste de la vente d'objets anciens et, si possible, spécialisé dans la vente de montres et horloges; il ne risque pas de disparaître du jour au lendemain. Un professionnel exclusivement de l'horlogerie pourra vous fournir une garantie, éventuellement un certificat d'authenticité, voire le certificat d'origine de la montre. Dans ce cas, assurez-vous de la concordance des numéros. Demandez la boîte ou l'écrin d'origine de la montre (cela augmente la valeur). Notez que toute inscription (généralement gravée) abaisse la valeur de l'objet, sauf bien sûr si elle fait référence à un personnage célèbre et si elle peut être authentifiée. Attention aux négociations à la sauvette en sortie de salles des ventes.

PAGE PRECEDENTE:
En haut:
Une exceptionnelle Fortis Maxi-Classic à cadran noir et indicateur central des phases de la lune; la date apparaît dans un guichet central blanc;

Au centre:
Deux très belles montres Girard-Perregaux, la Seahawk (à gauche) et le chrono 700 GBM.

CI-CONTRE ET EN BAS:
Ces montres ont été vendues à Sotheby's, à Londres, le 8 octobre 1985, à un moment où les collections de montres commençaient à devenir très à la mode.

AU CENTRE:
Quelques très belles montres de joailler. Dernière à droite : Une exceptionnelle Vacheron Constantin.

MONTRES EN SALLE DES VENTES

Jusque dans les années 80 il n'y avait pas de ventes réservées aux montres; on les trouvait occasionnellement dans des lots de bijoux ou d'objets d'art, parfois même avec les bibelots. La mode aidant, il est de plus en plus fréquent de voir des ventes spécifiques de montres dans les grandes salles internationales. Christie's et Sotheby's, dont plusieurs illustrations de cet ouvrage proviennent, se sont fait une spécialité de ce genre de vente.

Comme pour tout autre objet, les montres sont exposées quelques jours avant la vente, généralement dans des vitrines. Renseignez-vous auprès de la salle pour connaître les dates d'exposition et celle de la vente. Vous pourrez vous procurer un catalogue de la vente où sont répertoriés tous les objets, avec plus ou moins de détails. En principe, un commissaire-priseur ou l'un de ses assistants est présent dans la salle le jour de l'exposition. Vous pouvez l'interroger sur la valeur d'estimation de l'objet, sur son prix de "départ" et sur le montant maximal que le commissaire estime probable; cette dernière information n'est évidemment qu'une vague indication de ce que sera la dernière enchère. Vous pouvez aussi lui demander s'il a enregistré des ordres, c'est-à-dire s'il a été mandaté par une personne qui n'assistera pas à la vente pour acquérir en son nom l'une des montres, en portant l'enchère jusqu'à un prix donné; il n'est évidemment nullement tenu de vous fournir ce renseignement.

Les descriptions des catalogues sont souvent très imprécises, parfois même fausses; n'hésitez pas à demander à voir l'objet qui peut être sorti de vitrine (sauf pour les objets de grande valeur, qui ne sont montrés qu'au moment de la vente).

N'oubliez pas que le prix indiqué au moment de l'enchère doit être majoré des taxes en vigueur dans le pays où se passe la vente, et que le prix doit être payé comptant. Pour les sommes importantes, il est souvent nécessaire de disposer d'un chèque bancaire certifié ou il faut payer en liquide.

Notez également que l'importation d'un objet de collection est soumis à déclaration douanière et au paiement de droits en vigueur.

***CI-CONTRE:* Quelques unes des montres vendues aux enchères par Sotheby's, à Londres, le 24 juillet 1986.**

***PAGE SUIVANTE:* Montres vendues aux enchères par Christie's, à Londres, le 3 mars 1989.**

Une sélection de bracelets-montres présentés chez Sotheby's à Londres, le 19 juillet 1988. La Ulysse Nardin avec indicateur de phases lunaires (en bas, au centre) s'en détache nettement.

Une autre superbe sélection de montres de collection présentées chez Sotheby's et vendues le 28 février 1985. Leurs acheteurs peuvent être satisfaits aujourd'hui du prix qu'ils les ont payées.

ROLEX
CERTIFIED
PRECISION
SWISS MADE
CARTIER
Constellation

CONSERVER UNE MONTRE

La première des choses... à ne pas faire, avec une montre de prix, c'est d'ouvrir le boîtier. L'huile s'échapperait, la poussière entrerait, vous perturberiez obligatoirement le mouvement, et l'étanchéité à l'eau ne tarderait pas à disparaître.

La meilleure façon de la conserver est encore de la placer à l'emplacement qui lui est destiné: votre poignet. Si le bracelet est usé (et risque de vous faire perdre la montre) remplacez-le au plus vite, ou (s'il participe, même usé, à la valeur de la montre) conservez la montre dans son écrin (si vous avez la chance d'avoir pu vous le procurer) ou sa boîte. Ne laissez jamais une montre de prix traîner dans votre poche ou dans un sac à main; vous ne feriez qu'accélérer son usure et compromettre sérieusement sa valeur de revente.

Le remplacement du bracelet, tout comme celui des piles d'une montre à quartz est affaire de spécialiste. Seul l'horloger (voire l'atelier de la marque) peut procéder à un nettoyage, à plus forte raison à une réparation. Pensez à demander un devis car une réparation sur une montre ancienne, bien que toujours possible, peut être très onéreuse.

Conservez la garantie et la facture, éventuellement le certificat d'enregistrement d'une montre de prix. Ils vous seront demandés, même bien des années plus tard, lors d'une revente.

PAGE PRECEDENTE:
Montres vendues chez Christy's, à Londres, le 16 octobre 1986.
En haut à gauche: Une Rolex Datejust Oyster Perpetual, avec son bracelet original Jubilé.
En haut au centre: Une Rolex Prince en or rose 9 carats.
Au centre: Une pendulette Cartier 8 jours en argent, de 1935.
En bas, à gauche: Un boîtier et un bracelet de style égyptien.
A droite: Une Omega Constellation de 1968, avec son bracelet original.

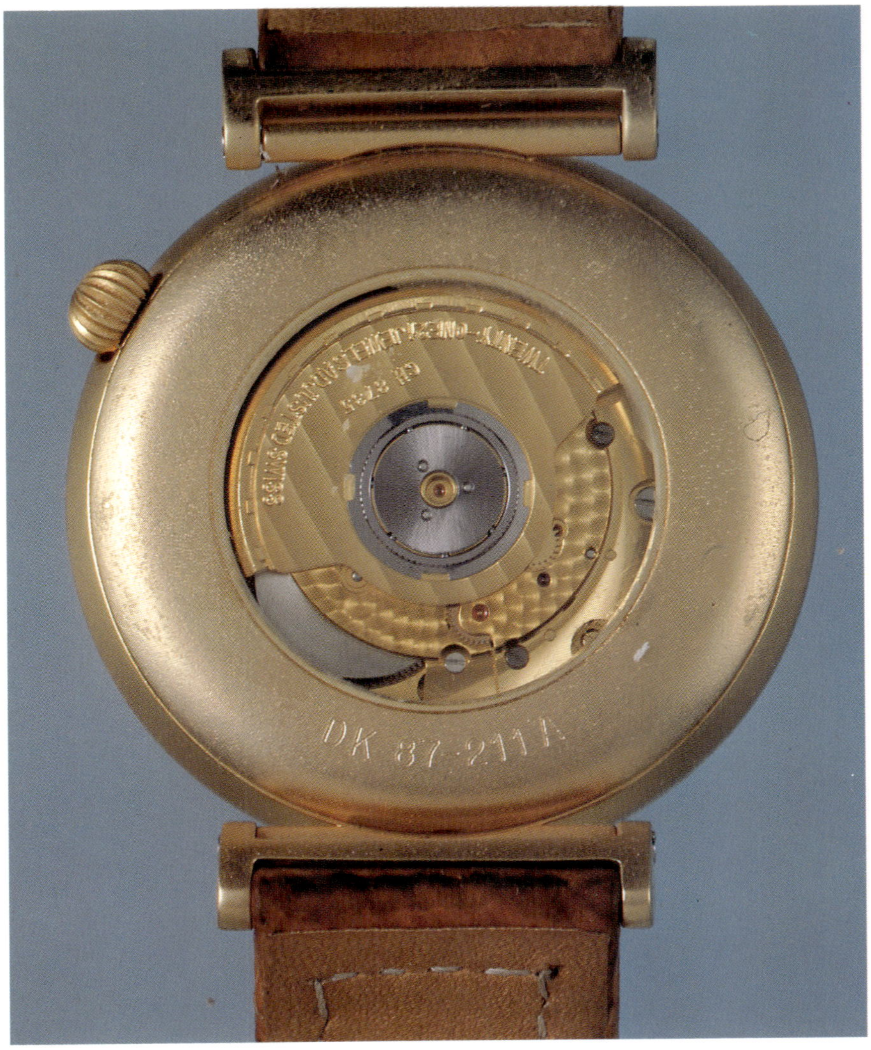

CI-CONTRE:
Une montre automatique très rare à répétition 5 minutes. Son mouvement est un 21 rubis.

CONSTITUER UNE COLLECTION

A moins que vous ne décidiez de ne collectionner que les plus grandes montres (avec ce que cela suppose financièrement), vous avez intérêt à choisir un thème de collection (comme vous le feriez sans doute pour toute autre collection). En vous spécialisant, vous deviendrez un vrai spécialiste dans un domaine donné, dont vous connaîtrez rapidement tous les aspects, ce qui rendra vos achats plus faciles, et donnera ensuite une valeur de revente d'ensemble à votre collection.
Si en revanche vous décidez de ne vous intéresser qu'aux montres les plus prestigieuses, il vous faut hanter les salles des ventes et vous informer sur toutes les ventes qui concernent exclusivement des montres de prix. Il vous faudra aussi voyager car ces ventes étant relativement rares, vous devrez aller dans les salles de différents pays.
Pour éviter les mauvaises surprises, faites toujours expertiser les montres que vous allez vous efforcer d'acquérir. Les grandes salles disposent d'un service spécialisé de ce genre.
Toutes les marques prestigieuses n'ont pu être passées en revue dans cet ouvrage. En voici quelques unes dignes de votre confiance: Auby Frères, Beuchat, Certina, Cyma, Eberhard, Ernest Borel, Eterna, Favre Leuba, Lip, Fortis, Le Phare, Meylan, Oris, Rotherham, Tiffany, Universal, Zenith, Zodiac.

Montres mises en vente chez Sotheby's, à Londres, le 8 octobre 1985.

Montres mises en vente par Sotheby's, à Genève, le 13 novembre 1984.

MONTRES DE VOITURE

Le thème de l'automobile est très prisé par les horlogers qui l'ont maintes fois exploité. celui de la montre — juste retour des choses —, l'est aussi des grands constructeurs automobiles de prestige. Porsche, Ferrari, Aston Martin, pour ne citer que ces marques, ont fait créer et distribuer des montres portant leur nom, représentatives de leur image. Le studio Porsche a pour sa part étroitement collaboré avec IWC pour la réalisation de modèles de cette marque prestigieuse.
Les horlogers se sont prêtés toujours de bonne grâce à cette association avec l'automobile. En 1930, Mido produisit une montre Bugatti, puis plus tard une Buick. Cartier est le fabricant des montres Ferrari. Bueche Girod a fait depuis longtemps des montres Lancia et Mercedes. Quand à Blancpain, il a réalisé en 1932 de merveilleuses montres Rolls-Royce (dans trois versions), dont Joan Crawford fit la promotion.

***CI-DESSUS:* 2 montres bracelets Burberry's**

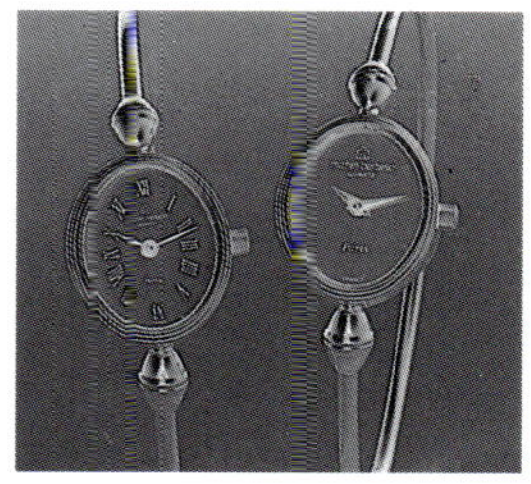

***CI-DESSUS:* 2 montres Michel Herbelin à bracelet métallique rigide très fin.**

LA GRIFFE DES CREATEURS

Un peu de bon goût et pas mal d'argent permettront de réunir une belle collection fondée sur le thème des créateurs à la mode, dont les plus grands noms ont, depuis toujours, été associés à des montres. Burberrys, Carven, Channel ont, ou ont eu, leur ligne de montres. Christian Dior s'est distingué tout particulièrement avec sa fameuse Black Moon, au cadran noir protégé par une glace fumée, ne laissant voir que des aiguilles bâtons et des repères en or. On a pu aussi apprécier la Gucci Bombe, montre de bon goût, surtout en version nacre, avec une glace saphir courbe. Guy Laroche a aussi sa collection. Quant à Hermes (fondé en 1837), il possède sa propre maison de montres, en Suisse, depuis 1978, et certains de ses modèles — Arcean et Kelly (1978), Clipper (1981), Sellier (1987) — sont très intéressants. Karl Lagerfeld a lancé une collection de montres tout à fait surprenantes. Plus classique, Lanvin a présenté des montres d'une grande élégance, fabriquées par Michel Herbelin. Léonard a sa Masterpiece Collection, Pierre Balmain son Elegant Line (sous licence SMH) et Pierre Cardin une collection impressionnante très sport. Rochas signe délicatement certains cadrans, tandis qu'Yves Saint-Laurent dessine luimême toutes ses montres.

***CI-CONTRE:* Aston Martin a récemment commandé deux séries très limitées de montres, l'une au nom de la marque, l'autre intitulée Lagonda, célèbre modèle de la grande firme automobile.**

JOAILLERS

Les créateurs et fabricants de bracelets montres ont une longue tradition de relations très étroites avec les joaillers. Les chapitres qui précèdent, en ont fait clairement la démonstration à travers des marques comme Cartier, Chopard, Gérard Genta, etc.
Beaucoup de joaillers ont leur propre collection de montres. Parmi ceux-ci, l'un des plus prestigieux est sans nul doute Van Cleef & Arpels.

LES SERIES LIMITEES

Certains modèles de montres ne sont produits qu'en petite série, dont le nombre d'exemplaires est déterminé à l'avance, et qui bénéficient d'une numérotation spécifique pour cette série. Elles constituent de ce fait généralement de bonnes pièces de collection, dont le prix, malheureusement souvent élevé, est proportionnel au nombre d'exemplaires produits. La plus spectaculaire est peut-être la série de La Grande Compilation, une montre de gousset de chez Audemars Piguet, dont seulement 100 exemplaires ont été produits depuis 1915. Cartier, Dunhill, Mappin & Webb ont fait des séries limitées. La Riviera Complication de Baume et Mercier en est un autre bel exemple. De même, la fameuse Times 5 d'Andy Warhol, chez Movado, dont 250 ont été fabriqués et 200 seulement mis en vente. Rolex n'a produit que 11 exemplaires d'une montre pour homme dans les années 40, et 100 de son Chronographe Antimagnétique 1956. Presque toutes les marques ont un jour cédé à la tentation de la série limitée, faite de montres bénéficiant d'une finition supérieure à la série avec, souvent, pour objectif, de répondre à une attente spécifique dans un pays donné.

CI-DESSUS: ***Un modèle très moderne, en deux versions (pour homme et pour femme), du grand joaillier Tiffany.***

PAGE SUIVANTE: ***Une montre pour gaucher (la couronne du remontoir est à gauche) de la marque Accurist.***

Accurist
QUARTZ

MONTRES FANTAISIE

Il y a toujours eu une place pour des montres un peu excentriques, sortant de l'ordinaire. Salvador Dali, dans son fameux tableau, la *Persistance de la Mémoire* (1931) n'a-t-il pas inventé la montre molle? Une autre montre, peinte dans l'un de ses tableaux a inspiré bien des fabricants de montres. Les joaillers et horlogers italiens Dino et Roberto Falcone ont produit ce genre de montre, en trois modèles différents. La Cartier Dali est très chère: 40 000 F suisses (juin 1988).

Il existe actuellement un nombre considérable de modèles de montres, dont certaines peuvent être considérées néanmoins comme classiques, malgré leur tirage élevé et leur prix modéré. Parmi celles-ci il y a les inévitables Swatch, dont l'histoire mérite d'être rapportée. En avril 1981, ETA (une division de l'énorme groupe Swiss SMH) décida de développer une montre “économique” pour contrer l'invasion japonaise de montres à quartz, responsable de la fermeture d'un nombre considérable de petites entreprises horlogères, dont la faillite entraîna un bon nombre de maisons plus importantes. En 1981, le concept Swatch était au point. En 1983, les premières Swatch étaient sur les marchés américains et britanniques. En septembre 1988, 50 millions de montres avaient été vendues et 406 modèles créés. Dans une seule usine, les 51 composants de la montre sont assemblés sur une platine, qui est ensuite scellée dans le boîtier de façon à rendre la montre parfaitement étanche. Le design du boîtier est aussi important que celui du cadran. Chaque Swatch a un nom. Touche finale à ce marketing brillant, la marque a prévu pour les collectionneurs un présentoir permettant de conserver l'ensemble des modèles. L'un des plus appréciés est Jelly Fish de 1985.

Les premières montres fantaisies furent certainement celles portant l'effigie de Mickey, en 1933; 2 millions en furent vendues en 3 ans; on dit que l'empereur Hirohito en porta une pendant 50 ans; leur cote n'a fait qu'augmenter régulièrement. Timex a aussi produit une montre Mickey Mouse. Ce genre de montre s'inscrit dans la tradition américaine d'exploitation de tous les personnages célèbres de dessins animés.

***CI-DESSUS, ET À DROITE:* Des montres Flik-Flak.**

***PAGE SUIVANTE:* Présentation publicitaire d'un modèle de montres Swatch.**

***CI-CONTRE:* La remarquable Speech-Synthesizer de Seiko qui, en plus de donner l'heure, d'être un chrono, de sonner, de donner la date, le jour et le mois, a une fonction magnétophone.**

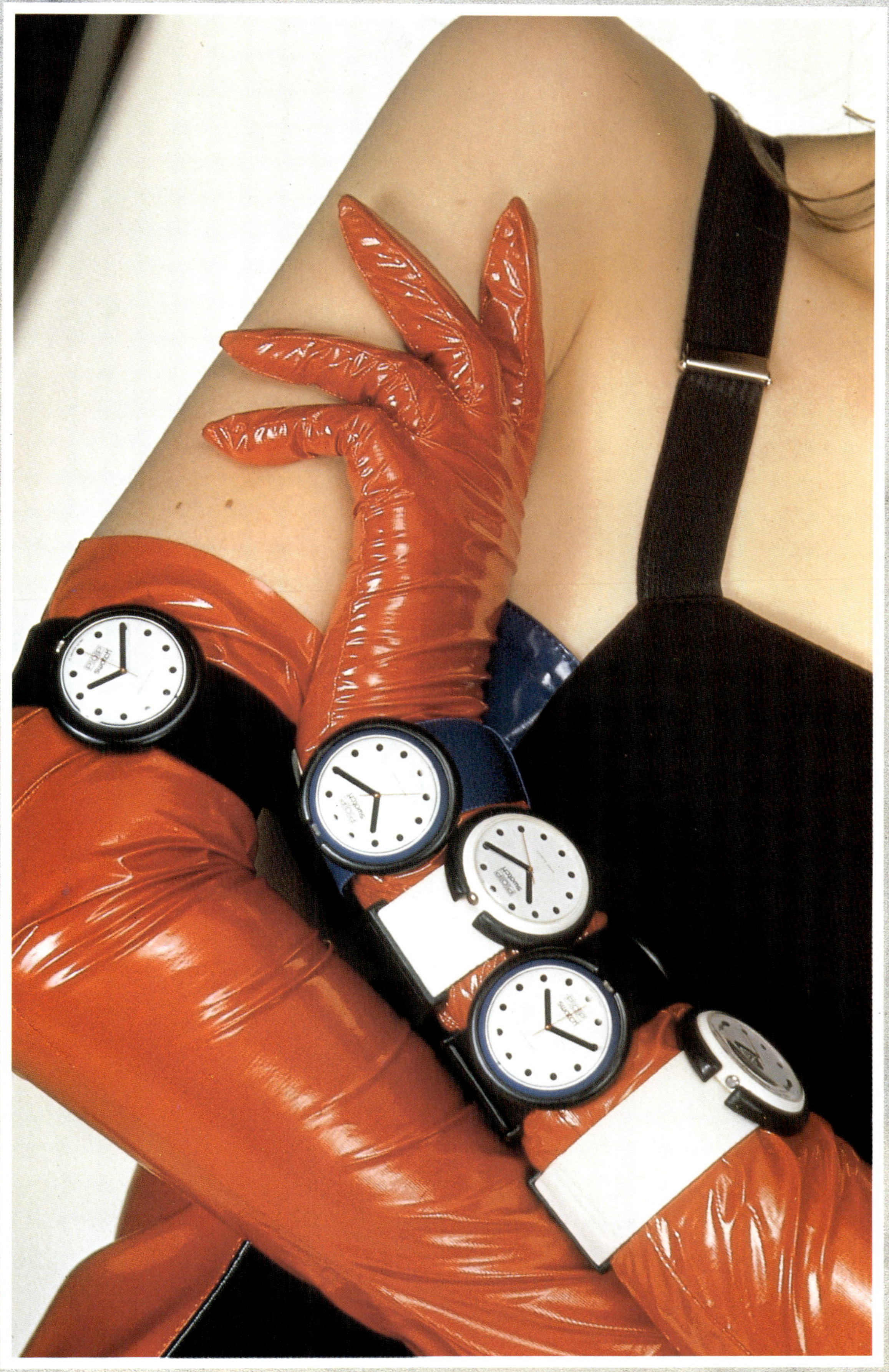

TAG
HEUER

Il existe quelques montres pour gaucher dont, naturellement, la couronne du remontoir est à gauche, et qui sont destinées à être portées au poignet droit; dans les années 20, une montre de ce genre, baptisée Dublin, fut commercialisée en Grande-Bretagne. La marque japonaise Accurist produit aujourd'hui un modèle très classique de ce genre à calendrier indiquant la date, le jour de la semaine et le mois par l'intermédiaire de trois cadrans auxiliaires d'une belle élégance.
Autre montre fantaisie qui prendra sans doute de la valeur, la Fiorucci Time Roulette qui, comme son nom l'indique, permet de jouer à la roulette (sans perdre d'autre argent que celui consacré à l'achat de la montre).

***PAGE PRECEDENTE:* Les chronos TAG-Heuer Formule 1 offrent une multitude de combinaisons de matériaux contemporains et de couleurs modernes. Il s'agit d'une gamme sport se situant un peu en marge des grandes montres classiques de la marque.**

***CI-DESSUS:* Une Wood Watch (montre en bois) très caractéristique de la production Lacher.**

On a vu aussi apparaître des montres à boîtier en bois, notamment chez Lacher (basé à Pforzheim), spécialiste du genre depuis 60 ans. En France, Timber a aussi une collection de ce genre.

MONTRES DE SPORT

Pour répondre à une demande toujours plus exigeante, les fabricants de montres ont dû céder à la pression visant à une constante sophistication de leurs modèles. Le quartz et le microprocesseur n'y sont évidemment pas étrangers. Un certain nombre de ces modèles deviendront certainement des classiques. Le goût de l'aventure pousse à la création de montres “extrêmes”. Breitling, dans le domaine du haut de gamme, a apporté une réponse à cette demande, de même que Revue Thommen et Tag-Heuer. Les plongeurs des profondeurs peuvent se tourner vers la remarquable collection Aqualand de Citizen, qui comprend un indicateur de profondeur avec alarme, etc. Les séries Tag-Heuer 1000/2000/3000 sont destinées à des professionnels. Les navigateurs et les véliplanchistes pourront choisir la couleur de leur chrono. Krieger, en Floride, commercialise un remarquable Tidal Chronometer fournissant des informations sur la marée, et ce dans n'importe quel port.
Citizen produit aussi des montres très compliquées, fondées sur l'affichage digital, pour ce genre de marché. C'est ainsi que la marque a lancé un modèle destiné plus particulièrement aux alpinistes et aux parachutistes, puisqu'il comprend un altimètre.

***PAGE 180:* Cette Citizen sera peut-être considérée comme la dernière des montres classiques des années 80. C'est l'Altichron, première montre du monde à intégrer un altimètre et un compas. Elle n'est utlisable que dans l'hémisphère nord.**

La montre à quartz Swiss Tonic peut contenir bien des choses utiles: pilules et préservatifs...

***PAGE 181:* Les très “artistiques” TAG-Heuer ne manquent finalement ni de charme ni d'élégance. Utilisables par les plongeurs, elles sont étanches jusqu'à 200 m.**

CITIZEN
QUARTZ
WATER RESIST
NW
N
NE
E
SE
S
SW
W

TAG HEUER
TACHYMETRE

AUTRES THEMES

Citons pour finir d'autres thèmes de collections: montres à répétition et alarme, Art Déco, maçonniques, mécaniques, digitales, militaires, squelettes, etc.

CI-DESSUS:
Une Rolex Oyster Perpetual en or et acier, à cadran auxiliaire pour les secondes. Parmi les grand noms, Rolex reste encore abordable.

A DROITE:
Une montre militaire typique de la Première Guerre mondiale.

PAGES SUIVANTES:
Page 183: l'extraordinaire beauté de la Lemania squelette.

Page 184: Une Bréguet en or automatique avec calendrier et indicateur des phases lunaires.

BREGUET 0001

GLOSSAIRE

ACCUTRON
Première vraie montre électronique utilisant le quartz, mise au point par Henrtz en 1960.

AILES
Dents du pignon.

AJUSTAGE
Action d'allonger ou de raccourcir un pendule pour en régler la période.

ANALOGIQUE
Se dit d'une montre indiquant l'heure à l'aide d'aiguilles.

ANCRE
élément de l'échappement devant son nom à sa forme caractéristique en ancre de bateau.

ARBRE
Synonyme d'axe, sur lequel est fixé un pignon ou une roue dentée.

ASTROLABE
Instrument permettant de mesurer la hauteur des astres dans le ciel.

AUTOMATIQUE
Adjectif désignant un mouvement dont le remontage se fait sans utilisation de la couronne du remontoir, par les oscillations répétées et alternées d'une masse cylindrique ou demi-cylindrique sous l'effet des mouvements du poignet.

AXE
voir arbre.

BALANCIER
Elément oscillant qui, associé à un ressort spiral, dans une montre mécanique, donne une rotation régulière aux organes rotatifs d'une montre.

BARILLET
Pièce cylindrique à l'intérieur de laquelle est logé le ressort.

BATTEMENTS
Tic-tac d'une montre.

BELIERE
Anneau de suspension des montres de gousset.

BRUNISSAGE
Action de polir les pivots.

BUTEE
Eléments limitant les déplacement angulaires de l'ancre.

CACHE-POUSSIERE
Petit couvercle protégeant le mouvement des montres de gousset.

CADRAN
Elément de formes variées (ronde, carrée, rectangulaire, etc.) sur lequel sont marqués les chiffres ou les repères permettant de lire l'heure (montre analogique). Une montre peut posséder un ou plusieurs cadrans.

CALIBRE
Mot désignant la façon dont les différentes pièces d'un mouvement sont disposées (calibre plat, en cage, lépine, etc.).

CARROUSEL
Système dérivé du tourbillon, mis au point par Bonniksen.

CHRONOGRAPHE
Montre de précision dont l'aiguille des secondes peut être mise en marche et arrêtée à volonté par un ou deux boutons à poussoir. Un cadran auxiliaire permet généralement de comptabiliser les minutes, voire les heures, durant lesquelles l'aiguille des secondes est laissée en rotation.

CHRONOMETRE
Montre "garde-temps" à échappement à détente, de grande précision.

CLEPSYDRE
Horloge à eau, sans doute inventée dans l'Antiquité par les Egyptiens, perfectionnée ultérieurement par les Chinois, les Grecs et les Romains.

CLIQUET
Dispositif empêchant une roue de revenir en arrière.

CONTRE-PIVOT
Elément sur lequel tourne et vient buter le pivot.

COQUERET
Rondelle métallique utilisée parfois à la place du contre-pivot.

COURONNE
Molette crantée placée au bout de la tige du remontoir, permettant aussi la mise à l'heure des montres analogiques.

COUSSINET
Pièce (le plus souvent en rubis), à l'intérieur de laquelle tourne un pivot.

CUVETTE
Double-fond de certaines montres anciennes (le plus souvent des montres de gousset), souvent décoré ou gravé.

DETENTE
Levier de régulation du mouvement.

EBAUCHE
Mouvement de montre incomplet, livré à un fabricant (ou à une entreprise dont l'horlogerie n'est pas l'activité principale) qui l'installera dans un boîtier qui lui est propre et lui donnera sa marque.

ECHAPPEMENT
Dispositif permettant d'entretenir les oscillations du balancier ; il est placé entre le ressort et celui-ci. Il en existe de très nombreux types : à contact, à recul, à repos frottants, à ancre, à cylindre, à virgule, à roue de rencontre, et aujourd'hui magnétique.

ECRAN
Zone dans laquelle des indications sont fournies sous forme de chiffres ou de lettres, par des diodes électroluminescentes ou des cristaux liquides. Dans certains cas, les aiguilles analogiques sont remplacées par des bâtons se déplaçant sur un écran en forme de cadran.

FONDANT
Mince couche d'émail recouvrant le cadran des montres analogiques.

GLACE
Elément transparent et protecteur du cadran, généralement en verre (parfois biseauté), mais de plus en plus souvent en matériau de synthèse résistant mieux aux chocs et aux rayures.

IMPULSION
Force exercée pendant un temps très court sur le balancier, par l'intermédiaire de l'échappement, pour entretenir le mouvement.

LIGNE
Ancienne mesure encore très utilisée pour désigner l'épaisseur du mouvement, parfois du boîtier, des montres de prestige. La ligne équivaut à 2,255 mm.

LUNETTE
Ce n'est pas, comme on le croit souvent, la glace de la montre, mais l'entourage de celle-ci, élément assurant sa liaison avec le boîtier.

MARCHE
Régularité de fonctionnement d'une montre ou d'une horloge.

MOUVEMENT
Mot désignant l'ensemble des pièces et organes constituant le mécanisme d'une montre ou d'une horloge.

OSCILLATEUR
Organe entretenant les oscillations du mouvement d'une montre (voir aussi balancier).

PERIODE
Durée des oscillations.

PERPETUELLE
Se disait autrefois d'une montre à remontage automatique. Le mot peut aussi désigner le calendrier d'une montre.

PIERRES
Peut désigner les pierres précieuses décorant la boîtier, la lunette et le bracelet d'une montre. Plus techniquement, on appelle ainsi les organes en pierre — rubis — dans lesquels tournent les pignons.

PIGNON
Organe denté (il porte des ailes), sur lequel vient engrener une roue. Dans un pignon à lanterne, les dents, ou ailes, sont remplacées par des petites tiges.

PIROUETTE
Engrenage placé entre l'échappement et le balancier.

REMONTOIR
Dispositif servant à armer le ressort d'une montre mécanique.

REPETITION
Système permettant de faire sonner une montre à un moment déterminé.

RESSORT
Organe métallique (un fin ruban d'acier enroulé concentriquement dans une montre) transmettant l'énergie motrice aux aiguilles, par l'intermédiaire des différentes pièces du mouvement. Son remontage, c'est-à-dire l'action de le bander, se fait manuellement ou automatiquement.

ROUAGE
Ensemble des pignons et des roues d'une montre ou d'une horloge.

ROUE
Le mouvement d'une roue comprend un grand nombre de roues : roue motrice, d'échappement, de champ, de compte, de rencontre,

des minutes, roue menante, etc.

RUBIS
Pierre précieuse dans laquelle on fait tourner les pivots. La qualité d'une montre est souvent évaluée à son nombre de rubis.

SPIRALE
Forme de l'enroulement du ressort en acier de la montre.

SQUELETTE
Se dit d'une montre dont le boîtier et le cadran sont conçus pour permettre une vision aussi bonne que possible du mouvement.

TACHYMETRE
Graduations d'un chronomètre permettant de convertir directement le temps en vitesse.

TONNEAU
Forme caractéristique de certains boîtiers de montres de femme.

TOURBILLON
Dispositif rotatif permettant de limiter les écarts de marche d'une montre mécanique, inventé par Bréguet.

TROUS
Coussinets dans lesquels tournent les pivots.

WATER-RESISTANT
Terme anglais désignant une montre étanche. On parle souvent également à tort de montre waterproof. Rolex a été la première marque à proposer des montre véritablement étanches à grande profondeur.

11
12
1
7
6
5

INDEX

CLE DE REPERAGE: h=haut; b=bas; g=gauche; d=droite; c=centre

L'auteur et les éditeurs ont fait tout leur possible pour identifier les propriétaires des illustrations de ce livre; ils espèrent ne pas en avoir oublié et aimeraient remercier:

Accurist: 175; Apollo: 18; Aston Martin: 173b; Audemars Piguet: 28, 31; Bertollucci: 34, 35; Breitling: 44, 45, 46, 47; Bridgeman Art Library: 157; Burberrys: 173g; Cartier: 48b, 51, 52, 53; Chopard: 54, 55, 56, 57; Christie's Colour Library: 10, 16, 33, 42, 49, 61h, 61c, 93g, 100, 114, 121b, 127h, 128, 129, 137, 138, 139, 142; Citizen: 180; Corum: 59, 60, 61; Daily Telegraph: 11; © Demart Pro Art B V/Dacs 1989: 20-1; Dunhill: 62, 63; Ebel: 68; Flik-Flak: 176h; Georg Jensen: 69, 70, 71, 72; Girard Perregaux: 75, 78, 79; Habsburg, Feldman: 10; Ingersoll: 82; International Watch Company: 83, 84-5, 90; James Bond © 1973 Danjaq S.a. All rights reserved: 141; Jaeger-LeCoultre: 92, 93d, 94b, 95, 96; Jean d'Erc: 17; Lacher: 179h; Lip: 23; Longines: 97, 102, 103; Mary Evans Picture Library: 12, 19; Michel Herbelin: 173d; Mido: 104, 105, 106, 107; Movado: 108-9, 110, 111; Omega: 113, 115, 116, 117, 118, 162h; Patek Philippe: 119; Raymond Weil: 130, 131; Rolex: 133, 136; Rotary: 143; Seiko: 176b; Sotheby's Auctioneers, London: 30, 48h, 50, 67, 94h, 109b, 120, 121h, 126, 132, 134-5, 163, 172; Swatch: 22, 177; Swiss Tonic: 179b; Tag Heuer: 178, 181; Tiffany & Co: 162b, 174; Time Museum: 74, 159; Tissot: 144, 145, 146; Ulysse Nardin: 147, 148, 150; Vacheron Constantin: 151